U0124433

王伟光　夏宝龙／总主编

中国梦与浙江实践

—— 总报告卷 ——

刘迎秋／主　编

黄群慧　王金玲／副主编

社会科学文献出版社
SOCIAL SCIENCES ACADEMIC PRESS (CHINA)

"中国梦与浙江实践"课题组名单

领导小组组长

王伟光　中国社会科学院院长、党组书记

夏宝龙　中共浙江省委书记、省人大常委会主任

丛书编撰委员会主任

李培林　中国社会科学院副院长

葛慧君　中共浙江省委常委、宣传部长

中国社会科学院总协调组

组　　长：晋保平　中国社会科学院副秘书长

成　　员：马　援　中国社会科学院科研局局长

　　　　　张国春　中国社会科学院科研局副局长

秘　　书：孙　晶　中国社会科学院科研合作处正处级调研员

浙江总协调组

组　　长：葛慧君　中共浙江省委常委、宣传部长

副组长：胡　坚　中共浙江省委宣传部常务副部长

　　　　　舒国增　中共浙江省委副秘书长、政研室主任（时任）

　　　　　张伟斌　浙江省社会科学院党委书记

　　　　　迟全华　浙江省社会科学院院长

　　　　　金延锋　中共浙江省委党史研究室主任

总报告组

组　长：刘迎秋　中国社会科学院民营经济研究中心主任、研
　　　　　　究员、原中国社会科学院研究生院院长

副组长：黄群慧　中国社会科学院工业经济研究所所长、研究员
　　　　王金玲　浙江省社会科学院副巡视员、社会学研究所
　　　　　　所长、研究员

成　员：葛道顺　中国社会科学院研究生院社会发展战略研究
　　　　　　院研究员
　　　　原　磊　中国社会科学院工业经济研究所工业运行研
　　　　　　究室主任、副研究员
　　　　王祖强　中共浙江省委党史研究室副主任、副研究员
　　　　贠　杰　中国社会科学院政治学研究所行政管理研究
　　　　　　室主任、研究员
　　　　贾旭东　中国社会科学院文化研究中心副主任、研究员
　　　　俞红霞　中共浙江省委党史研究室三处处长、副研究员
　　　　钟　其　浙江省社会科学院调研中心副研究员

课题组学术秘书：彭杉　中国社会科学院研究生院政府政策与
　　　　　　公共管理系博士研究生

序言（一）

党的十八大以来，习近平总书记发表了一系列重要讲话，深刻回答了新形势下党和国家事业发展的一系列重大理论和现实问题，勾画了党和国家走向未来的宏伟图景，为我们在新的起点实现新的奋斗目标提供了科学指南和基本遵循。习近平同志在浙江工作期间的深邃思考和丰富实践，是科学运用马克思主义世界观和方法论解决当代中国问题的典范，是坚持实事求是思想路线、坚持辩证唯物主义和历史唯物主义的高度体现。2014 年 3 月，为从历史大视野和发展大趋势方面加深对习近平系列重要讲话内在联系的理解，真正在深层次上提高思想理论水平，中国社会科学院与中共浙江省委合作启动了"中国梦与浙江实践"重大课题研究工作。

经过近一年的潜心研究，"中国梦与浙江实践"系列丛书正式出版。这套丛书由 7 卷专著组成，约 200 万字，全景式、立体式地揭示了浙江通过实施"八八战略"取得的发展经验。"八八战略"是习近平同志深入调查研究，科学分析省情，一切从浙江实际出发而形成的科学思路，是战略思维，它明确了中国梦在浙江实践的目标和原则，也指明了浙江实践的路径和方法。"八八战略"的实践成就，是形成了以"经济民本多元、社会包容有序、文化自强创新、政府服务有为、党建坚强有力"为主要特点和基本内容的浙江经验。党的十七大以来，特别是党的十八大以来，中共浙江省委继续坚定不移地实施"八八战略"，推进浙江新实践、新探索。新阶段中国梦在浙江实践的突出特点和基本经验，可以概括为"经济倒逼转型、主动引导，政治基层民主、有效政府，文化务实守信、崇学向善，社会城乡一体、平安和谐，生态绿水青山、金山银山，党建巩固基础、发挥优势"。"八八战略"的经验不仅属于浙江，也属于全国。当前，中国全面建成小康社会进入决定性阶段，全面深化改革进入攻坚期，我们必须破解改革发展稳定难题和应对全球性问题。不断总结浙江人民深入科学探索、成功实践中国梦的基本经验，对于我们正确认识所处时代环境和国内外形势，从容应对各种各样的风险挑战，具有特别重要的理论价值和实践意义。

丛书提出了中国梦在浙江实践的五点重要启示，值得我们深入思考：必须始终坚持和加强党的科学领导；必须把充分发挥市场配置资源决定性作用与更好发挥政府作用紧密结合起来；必须高度重视发掘和弘扬传统文化，用文化软实力支撑和助推经济硬实力；必须坚持科学规划、创新与继承相结合，一张蓝图绘到底；必须弘扬尊重规律、尊重实践、尊重人才、尊重群众的首创精神。

"中国梦与浙江实践"系列丛书的研究编著，是中国社会科学院建设中国特色新型智库、发挥智库作用的一个范例。中国社会科学院正在努力建设成具有国际影响力的世界知名智库，正在努力实践全体哲学社会科学理论工作者的中国梦。我们同样要坚持党的领导，把握正确的政治方向和学术导向；要坚持围绕中心、服务大局；要坚持科学精神，鼓励大胆探索；要坚持深化改革，持续推进体制机制和组织形式创新。只有这样，我们才能充分发挥中国社会科学院资政建言、理论创新、舆论引导、社会服务和公共外交等重要功能。

这套丛书是中国社会科学院与中共浙江省委、省政府第二次合作研究的结晶。2005年，双方携手开展"浙江经验与中国发展"重大课题研究。2007年，《浙江经验与中国发展——科学发展观与和谐社会建设在浙江》（6卷本）出版，在社会上产生了广泛的影响，构建了学术研究机构与地方政府紧密合作、理论源于实践又有力地反作用于实践的范式与机制。这次合作研究是上次研究的继续和深化，中国社会科学院党组和中共浙江省委高度重视这项工作，中国社会科学院抽调了7个研究所（院）的所长及20余位研究骨干，浙江省也精心选调了30多位科研精英、党政领导干部，共同开展调研。书稿曾数易其稿，成稿后，双方专家又反复进行了认真修改，中共浙江省委宣传部、省委政策研究室等部门的领导提出了许多宝贵意见和建议。尤其是夏宝龙同志多次精心指导，并为丛书作序。在此，我们要向付出辛勤劳动的他们表示衷心感谢！

让我们不断奋力谱写中国梦浙江实践、中国梦全国实践的新篇章。

中国社会科学院院长
中国社会科学院党组书记　王伟光

2015 年 2 月 9 日

序言（二）

党的十八大以来，习近平总书记站在坚持和发展中国特色社会主义、实现中华民族伟大复兴中国梦的战略高度，发表了一系列重要讲话，深刻阐释了党和国家发展的重大理论和实践问题，提出了许多富有创见的新思想、新观点、新论断、新要求。习近平总书记系列重要讲话精神是中国特色社会主义理论体系的最新成果，是指导具有许多新的历史特点的伟大斗争的最鲜活的马克思主义。特别是，中国梦以一个朴实无华的概念，把远景的期盼和具体的现实、党的执政理念和人民群众对美好生活的向往，紧密地融合在一起，进一步指明了全党全国各族人民共同的奋斗目标，深刻揭示了中华民族的历史使命和当代中国的发展走向，鲜明宣示了我们党执政为民的理念，已成为中国人民团结奋进的精神旗帜，也得到了世界各国人民的广泛赞誉和高度认同。

习近平总书记在浙江工作期间，坚持干在实处、走在前列，深入实施"八八战略"，推进中国特色社会主义在浙江的生动实践，为浙江留下了宝贵的精神财富。我们学习贯彻习近平总书记系列重要讲话精神，需要与学习贯彻习近平总书记在浙江工作时的重要论述结合起来，切实做到温故知新、学新用新，学而信、学而用、学而行。为此，中共浙江省委和中国社会科学院于2014年3月联合开展"中国梦与浙江实践"重大课题研究，全面梳理2003年以来历届中共浙江省委坚持一张蓝图绘到底、深入实施"八八战略"的历史进程，科学总结中国特色社会主义在浙江生动实践的宝贵经验，深入研究解读习近平总书记在浙江工作期间形成的一系列关于经济、政治、文化、社会、生态文明建设和党的建设的主要思想观点和重大决策部署，深入挖掘阐释其中所蕴含的马克思主义的立场、观点和方法。历经10个月，这一课题研究形成了最终成果——"中国梦与浙江实践"系列丛书。该丛书共有7卷，即总报告卷、经济卷、政治卷、社会卷、文化卷、生态卷和党建卷。

"中国梦与浙江实践"系列丛书，以中国梦为切入口，聚焦浙江经验，解析浙江现象，全面研究了中国特色社会主义在浙江的创新实践。我相信，这套丛书的出版，一定有助于我们更好地把握习近平总书记系列重要讲话精神形成的思想渊源和实践基础；有助于我们更加全面系统地总结浙江的实践经验，更深刻地认识到"八八战略"是引领浙江发展的总纲，是推进浙江各项工作的总方略，是认识新常态、适应新常态、引领新常态的金钥匙；有助于我们进一步坚定一以贯之地续写好"八八战略"这篇大文章的信心和决心，通过干好"一三五"、实现"四翻番"，加快建设物质富裕、精神富有的现代化浙江和建设美丽浙江、创造美好生活，全面推进中国特色社会主义在浙江的伟大实践，谱写好中国梦的浙江篇章。

特别值得一提的是，"中国梦与浙江实践"重大课题研究得到了中国社会科学院的高度重视和大力支持。王伟光院长专程率领专家团队来浙商谈，并就课题研究的主要内容、组织架构、成果规划和具体实施提出了明确要求。由中国社会科学院和以浙江省社会科学院为主的双方专家组成的课题组成员多次深入基层考察调研，精心研究撰写。浙江省各地各部门认真准备，积极配合，为课题研究和丛书出版做了大量工作。在此，我谨代表中共浙江省委，一并表示衷心的感谢！

中共浙江省委书记
浙江省人大常委会主任

2015 年 2 月 5 日

目 录

主报告：中国梦的浙江探索与启示 ···················· 001

第一章　经济：倒逼转型、主动引导 ···················· 036

　第一节　蓝图与构想：经济强省、"两富"、"两美" ···· 036

　第二节　理念与布局：跳出浙江发展浙江 ·············· 046

　第三节　动力与逻辑：创业创新、倒逼转型 ············ 053

　第四节　实践与探索："四大建设""四换三名" ········ 062

　第五节　经验与启示：政府引导、民间活力 ············ 072

第二章　政治：法治浙江、基层民主、有效政府 ·········· 077

　第一节　理念与战略：推进治理现代化 ················ 077

　第二节　思路与格局："法治浙江"建设 ·············· 083

　第三节　根基与活力：基层民主 ······················ 095

　第四节　重点与关键：有效政府 ······················ 102

　第五节　政治建设的几点启示 ························ 109

第三章　文化：合力推动、建立优势 ···················· 114

　第一节　文化发展战略：软实力的硬道理 ·············· 115

　第二节　文化发展格局：建立文化优势 ················ 124

第三节　文化发展动力：文化治理体系现代化…………………… 134

第四节　文化建设的经验与启示 ………………………………… 142

第四章　社会：公正包容、平安和谐 ………………………………… 146

第一节　人民福祉：从经济增长到民生战略…………………… 146

第二节　社会公正：从基本公共服务到政策干预…………………… 149

第三节　社会发展机制：治理体系与社会包容…………………… 156

第四节　社会可持续：结构均衡与良好秩序…………………… 163

第五节　社会发展的基本经验…………………………………… 171

第五章　生态：绿水青山、金山银山 ………………………………… 175

第一节　纲领与理念：绿水青山就是金山银山…………………… 175

第二节　历程与思路：从"绿色浙江"到"美丽浙江" …………… 179

第三节　路径与选择：从专项行动到五水共治…………………… 186

第四节　实践与探索：诗画江南的再现与重构…………………… 192

第五节　生态文明建设的经验与启示…………………………… 196

第六章　党建：巩固基础、发挥优势 ………………………………… 200

第一节　党建理念：红船引领、保持先进…………………… 200

第二节　党建思路：开拓进取、敢于担当…………………… 209

第三节　党建布局：总揽全局、发挥优势…………………… 215

第四节　实践探索：巩固基础、激发活力…………………… 221

第五节　党建工作的经验与启示…………………………… 230

参考文献 …………………………………………………………… 237

后　记 ……………………………………………………………… 241

主报告：
中国梦的浙江探索与启示[*]

浙江，这个改革开放后日渐响亮的省域名称，进入 21 世纪后，在党的十六大精神指引下，通过实施"八八战略"，干在实处，走在前列，创造出了一系列发展的辉煌，形成了海内外各界广泛认同和国内各地积极效法的以"经济民本多元、社会包容有序、文化自强创新、政府服务有为、党建坚强有力"为主要特点和基本内容的浙江经验，[①] 收获了中华民族伟大复兴中国梦在省域结出的第一批丰硕果实。党的十七大以后，特别是党的十八大以来，浙江人民继续沿着中国特色社会主义道路，按照遵循经济规律的科学发展、遵循社会规律的包容性发展和遵循自然规律的可持续发展要求，开拓进取、改革创新，进一步形成了在省域范围内全面建设小康社会和率先实现现代化，并由此推进和实现中华民族伟大复兴中国梦的新实践、新探索、新经验。

中国梦在浙江的成功实践，是浙江人民大力推进科学发展、全面建设小

---

* 本报告是笔者跟随课题组和此后三次带总报告组赴浙江开展实地调研，听取中共浙江省委宣传部、省委研究室、省政府研究中心、省人大和省政协研究室、省党史研究室、省社会科学院及省委、省政府有关部门，部分地市、县、乡、村和企业负责人以及城乡居民代表和有关专家学者意见，在大量查阅相关文献资料和吸收总报告组原磊、葛道顺、钟其、俞红霞及分报告组政治卷贠杰、文化卷贾旭东等人的研究成果基础上完成的。本文初稿完成后，曾分别征求总报告组副组长黄群慧、王金玲和总报告组秘书彭杉的修改完善意见。经进一步修改后，又先后征求了中共中央第十八届候补委员，中国社会科学院党组成员、副院长兼"中国梦与浙江实践"课题组组长李培林研究员，中共中央第十八届候补委员，中共浙江省委常委、宣传部部长葛慧君以及本课题协调人中共浙江省委宣传部常务副部长胡坚同志和浙江省社会科学院的意见，并根据他们提出的宝贵意见进行进一步修改与完善后确定此稿。
① 参见刘迎秋等主编《浙江经验与中国发展》（总报告卷），社会科学文献出版社，2007，第1~35页。

康社会、努力创造物质富裕、大幅提升精神富有、不断推进社会和谐、积极促进环境友好、全面实现法治平安的伟大尝试。总结浙江人民大胆深入科学探索、着力全面推进中国梦在浙江实践的基本经验，对于新世纪新阶段有效应对新常态下国际形势复杂多变、国内改革发展稳定任务繁重、经济社会发展矛盾凸显的挑战，顺利实现全面建成小康社会、最终建成富强民主文明和谐的社会主义现代化强国宏伟目标，具有特别重要的理论价值和实践意义。

一 新世纪新阶段中国梦在浙江的基本实践及其主要成就

这里所说的新世纪新阶段，首先是指进入 21 世纪后中国经济社会发展正处于全面建成小康社会的关键时期和决定性阶段。这既是一个中国 GDP 跃居全球第二超过 5 年、人均 GDP 也已经达到 7000 美元的中等收入发展阶段，又是一个中国经济社会发展正面临能否顺利跨越"中等收入陷阱"的挑战阶段。其次，它是指中国深化改革正处于啃硬骨头、攻坚克难的跨险滩过深水的关键时期和决定性阶段。在这个阶段，各种利益固化的藩篱能否顺利打破，各种妨碍经济社会持续健康发展的体制机制弊端能否全面根除，各种阻碍中国特色社会主义体制机制完善的负能量能否有效消解，各种促进社会发展的正能量能否得到更好统筹和全面释放，各种合法社会利益能否实现更好平衡，各种社会关系能否得到更好调节，各种社会行为能否实现更好规范，如此等等，均具有"硬碰硬"的特征，需要通过进一步全面深化改革加以更好解决。最后，它还是指中国发展正处于既面临一系列重要战略机遇又必须应对众多国际形势复杂多变挑战的新世纪新阶段。与美国、欧盟、俄罗斯以及广大发展中国家和地区的关系及其能够运筹帷幄和得到更加恰到好处的处理，中国参与国际市场及其竞争的机会与挑战能够得到更好把握与有效应对，并在这个过程中实现中国和平发展的战略目标，均面临一系列新的考验，需要有更大的能力和更高的智慧。

就浙江而言，这里所说的新世纪新阶段，首先是指党的十六大以后浙江经济社会发展的新世纪新阶段。早在党的十七大召开之前，时任浙江省委书记习近平就于 2003 年上半年在深入调研的基础上形成了以进一步发挥、推进"八个优势""八项举措"为核心内容的"八八战略"构想。同年 7 月，中共浙江省委第十一届四次会议做出了深入实施"八八战略"① 的决定，开启了浙江经济社会持续健康协调快速发展的新航程。"平安浙江"和"法治浙江"建设以及小康社会建设走在全国前列，也是在这一战略的导引下得以提出和逐步实现的。其次，它还指 GDP 和人均 GDP 分别跃居全国第四以后浙江经济社会发展的新世纪新阶段。浙江作为中国东部沿海省份，土地面积和人口总量虽然分别排在全国除港澳台外的 31 个省（区、市）的第 25 位和第 11 位，但浙江 GDP 和人均 GDP 却已经从 1978 年年底的第 12 位和第 16 位先后于 2004 年和 2007 年上升至第 4 位。除了从 2009 年起浙江人均 GDP 降至第 5 位且至今以外，浙江 GDP 一直保持在全国排名第 4。浙江作为面积较小且"七山一水二分田"的资源小省，其经济总量一直稳居全国排名第 4，人均 GDP 也持续稳定在全国排名第 5 的水平，既从一个侧面展示了浙江经济社会发展所处的新时期、所在的新阶段及其所具有的新特征，又从一定角度表明了浙江经济社会持续健康协调较快发展经验所具有的典型性及其对全国其他地区经济社会发展所具有的重要启发和引领意义。

新世纪新阶段中国梦在浙江的实践取得了一系列重要成就。归纳起来，主要是以下五个方面。

1. 经济发展质与量同升，质的提高快于量的增长

第一，产业结构持续升级。1978 年浙江的三次产业比重为 38.1∶43.3∶

---

① "八八战略"即中共浙江省委于 2003 年正式提出的进一步发挥"八个优势"、推进"八项举措"的战略部署。其基本内容为：一是进一步发挥浙江的体制机制优势，大力推动以公有制为主体的多种所有制经济共同发展，不断完善社会主义市场经济体制；二是进一步发挥浙江的区位优势，主动接轨上海，积极参与长江三角洲地区合作与交流，不断提高对内对外开放水平；三是进一步发挥浙江的块状特色产业优势，加快先进制造业基地建设，走新型工业化道路；四是进一步发挥浙江的城乡协调发展优势，加快推进城乡一体化；五是进一步发挥浙江的生态优势，创建生态省，打造"绿色浙江"；六是进一步发挥浙江的山海资源优势，大力发展海洋经济，推动欠发达地区跨越式发展，努力使海洋经济和欠发达地区的发展成为新的经济增长点；七是进一步发挥浙江的环境优势，积极推进以"五大百亿"工程为主要内容的重点建设，切实加强法治建设、信用建设和机关效能建设；八是进一步发挥浙江的人文优势，积极推进科教兴省、人才强省，加快建设文化大省。

18.7。此间浙江的农业比重高于全国平均水平，第二产业和第三产业则低于全国平均水平。到 2014 年浙江的三次产业比重已经转变为 4.4∶47.7∶47.9，呈现第二产业明显高于全国平均水平、第三产业与全国平均水平持平、第一产业较为接近发达国家水平的显著特征。这些特征表明，目前浙江已经彻底地从一个经济发展水平明显落后于全国的"农业小省"发展成长为一个工业和服务业协同发展的"工业强省"。

第二，单位 GDP 能耗大幅下降，产出效益大幅度提高。以 2013 年工业领域高耗能产品监测结果为例，在 36 种监测产品中浙江有 26 种产品单位能耗实现了大幅度下降，其中炼油、乙烯、钢铁等产品的单位能耗持续保持国内领先水平。在 2014 年，规模以上工业企业能源消费比上年下降 0.2%，单位工业增加值能耗下降 6.7%。① 与此相对应，浙江产出效率也是持续大幅度提升的。这也是浙江省 GDP 能够从 2004 年起跃居全国排名第 4 和人均 GDP 从 2005 年起跃居全国排名第 5 且保持至今的一个重要原因。

第三，经济发展的独特优势进一步彰显。一是在国有经济部门主导作用得到充分发挥的同时，民营经济部门的重要支柱作用得到进一步彰显。例如，到 2013 年年底，主要处于关系国民经济发展命脉领域、规模以上国有及国有控股工业企业增加值所占比重虽然已降至 16.84%，但其主导作用明显；港澳台和外商投资工业企业增加值所占比重为 24.87%，大体与全国平均水平持平；规模以上民营工业企业增加值所占比重高达 58.3%，基础和支柱作用十分明显。② 二是以质量为基础的品牌优势明显增强。例如，在 2012 年国家工商行政管理总局公布的新一批 599 件中国驰名商标名单中，浙江共有 52 件商标榜上有名，接近全国总量的 1/10。到 2012 年年底，浙江企业拥有的国家主管部门行政认定的全国驰名商标总量达 318 件，拥有量位

---

① 浙江省统计局：《2014 年浙江省国民经济和社会发展统计公报》，http：//www. zj. stats. gou. cn/tjgb/gmjishfzgb//201502/20150227_ 1533，最后访问日期：2015 年 6 月 8 日。

② 浙江省统计局：《2013 年浙江省国民经济和社会发展统计公报》，浙江省人民政府网站：http：//www. zj. gov. cn/art/2014/2/26/art_ 12371_ 1119958. html，最后访问日期：2015 年 1 月 8 日。

居全国前列，品牌优势相当明显。三是以产业集群为重要载体的块状经济继续发挥独特的产业聚集与产品高质量高附加值示范效应。例如，绍兴的纺织面料、义乌的小商品、宁波的服装、海宁的皮革、永康的五金、温州的打火机和低压电器、诸暨的袜业、嘉善的木业、桐乡的羊毛衫、慈溪的工业模具和塑料、嵊州的领带、苍南的标牌和编织袋、温岭的摩托车等，产业的块状聚集和产出的高附加值化倾向及其带动作用不断凸显。

第四，传统产业与现代信息技术紧密结合，经济增长呈现新业态，高质量取向渐成浙江未来经济发展新常态。以大数据、云计算等为代表的现代信息技术与传统制造业和物流业的深层结合，不仅给浙江带来了市场流通与周转速度持续加快效应，而且给浙江实体经济与虚拟经济带来了内生融合和资源配置效率大幅度提升的效应。这两大效应既从一个侧面展现了浙江经济近期发展呈现的新业态，又从一个角度预示了浙江经济未来发展的新常态。

第五，城乡收入差距低于全国平均水平，国民福祉不断改善，社会和谐稳定。城乡收入水平及其差距，是衡量地区经济发展水平与质量的一个重要指标。2014 年浙江人均 GDP 为 72967 元（按年平均汇率折算为 11878 美元）。[1] 城乡居民收入比的平均值 2013 年为 2.4∶1，明显低于 2012 年全国平均 4.1∶1 的水平，[2] 大体相当于 20 世纪 30 年代美国人均 GDP 为 8688.7 美元（按 2008 年美元兑换人民币汇价计算）期间其城乡居民收入差距的最大值水平（2.49∶1）。[3] 这种情况表明，经过改革开放后 30 多年的持续发展，

---

[1] 浙江省统计局：《2014 年浙江省国民经济和社会发展统计公报》，http：//www. zj. stats. gou. cn/tigb/gmijshfzgb/201502/20150221/_ 1533，最后访问日期：2015 年 6 月 8 日。

[2] 浙江省统计局：《2013 年浙江省国民经济和社会发展统计公报》，浙江省人民政府网站：http：//www. zj. gov. cn/art/2014/2/26/art_ 12371_ 1119958. html，最后访问日期：2015 年 1 月 8 日；国家统计局：《中国经济景气月报》2014 年第 8 期，第 198、200 页。

[3] 参见谷军、康琳《缩小中国城乡收入差距的可靠性措施研究——以美国、日本、韩国经验为借鉴》，《发展研究》2011 年第 2 期，第 83 页；《美国历年 GDP 和人均 GDP》，百度文库：http：//wenku. baidu. com/link? url = Vm4PKsalfWBEPwOiTHNLAz - TpDlH_ vcZuFbw9jnJC 77TgAOl8blDsGWhOM4h07bh2yuzRdx1 - buduT_ Jc8NsuJs3_ PJkWivSYgKkHEsiPsq，最后访问日期：2015 年 1 月 8 日。

浙江经济增长水平和发展质量已经达到了一个相当高的水平。

总之，近 10 年来，浙江经济呈现持续快速增长、经济发展质量提升明显快于数量扩张的特征。

2.“法治浙江”建设进入新阶段，“平安浙江”建设达到新水平

第一，“法治浙江”建设进入新阶段。根据“八八战略”的总体要求，2006 年 4 月中共浙江省委十一届十次全体（扩大）会议审议通过了《中共浙江省委关于建设“法治浙江”的决定》，明确提出了“法治浙江”建设的总体目标、基本原则和主要任务，浙江法治建设从此全面展开。根据“法治浙江”建设的总目标和总任务，浙江积极探索和完善党总揽全局与人大、政府依法有效行政之间的关系，实现了充分发挥党的领导作用与充分发挥人大、政府能动作用之间的统一，逐渐形成了以依法治国为核心内容，以执法为民为本质要求，以公平正义为价值追求，以服务大局为重要使命，以党的领导为根本保证，以经济、政治、文化、社会和政府决策与管理等各个领域法治水平进一步提高为基本目标，以最广大人民群众的政治、经济、文化、社会等各项权益得到切实尊重和有效保障为重要基础和基本原则的“法治浙江”建设总体规划和具体实践，浙江的法治建设走在了全国前列。

第二，“平安浙江”建设达到新水平。浙江省委不仅站在科学发展与和谐社会建设的高度，明确提出了建设“平安浙江”的新概念，而且于 2004 年 5 月做出了《中共浙江省委关于建设“平安浙江”，促进社会和谐稳定的决定》。该文件确定了“发展促和谐、民主推和谐、公正求和谐、管理谋和谐、稳定保和谐、文化育和谐”的广义上的平安建设总目标、总原则，为经济、政治、文化、社会、对外往来等各个领域构建具有中国特色、时代特征和浙江特点的和谐社会建设做出了总体部署。在此基础上，2008 年 4 月中共浙江省委进一步做出《关于全面改善民生促进社会和谐的决定》，在一个更高认识层面上细化了“平安浙江”建设的政策内涵和具体措施。2011 年 6 月，为更好地应对“十二五”期间浙江社会管理面临的新情况、新问题、新挑战，中共浙江省委又做出《关于加强和创新社会管理的决定》，进

一步深化和发展了"平安浙江"建设的科学内涵。经过近 10 年的大胆探索与深入实践，到目前为止，"平安浙江"建设已见成效：浙江的社会管理创新迈上了一个新台阶，浙江的基层党建、和谐劳动关系、公共安全管理、网络舆论综合防控等诸项建设均取得显著成就。恶性群体事件、各类违法案件、各种犯罪活动以及群众来信来访总量等均显著下降，小有所学、成有所为、病有所医、老有所养、社区公民和谐相处、城乡协调均衡发展等，均已成为浙江经济社会生活的新常态。

3. "浙江精神"凝聚力进一步提升，浙江文化建设上新台阶

文化与"精神"不可分割，"精神"与经济又常常是一对孪生姐妹。"浙江精神"是浙江文化的高度凝结，浙江文化是浙江经济及其发展的重要支撑。不仅如此，一旦文化的力量与经济和社会发展的力量有机融合，就不仅会演变成为经济发展的内在"助推器"，而且会演变成为社会和谐的重要"黏合剂"，[1] 同时还会进一步演变成为生态文明的机制"总开关"，最终则会成功演变成为政治文明的特有"导航灯"。[2]

浙江自古就有义利并重、农商并举的文化传统。党的十六大以后，中共浙江省委根据省情、社情和历史文化积淀形成的文化优势，于 2005 年 7 月做出了《关于加快建设文化大省的决定》，启动了包括文明素质、文化精品、文化研究、文化保护、文化产业促进、文化阵地建设、文化传播和文化人才培养在内的八大建设工程，以此来带动和深入发掘"自强不息、坚韧不拔、勇于创新、谋求实效"的浙江精神，引领浙江经济社会发展。此后，中共浙江省委又于 2008 年 6 月制定了《浙江省推动文化大发展大繁荣纲要（2008～2012）》，2011 年 11 月则在总结"文化大省"建设实践经验的基础上做出了《关于认真贯彻落实党的十七届六中全会精神、大力推进文化强省建设的决定》，进一步加大了从"文化大省"建设向"文化强省"建设迈进的步伐。在这个过程中，一个以社会主义核心价值观的建树为核心，以

---

① 参见习近平《之江新语》，浙江人民出版社，2007，第 149 页。

② "导航灯"是习近平曾经做出的一种概括。参见中共浙江省委党史研究室编著《创业富民 创新强省——中共浙江省第十二次代表大会以来》，浙江人民出版社，2012。

"百强文化企业振兴计划"、20 个"重点文化产业园区拓展计划"、20 家
成长性好且发展潜力大的文化企业"上市助推计划"等为主要内容的
"122 工程"全面启动。其间，超过 1600 家县级以上爱国主义教育基地拔
地而起，每年有 100 余万名中小学生参加爱国主义教育读书活动。被广大
民众誉为"孩子开心、家长放心、学校称心、社会安心"的"春泥计
划"，在超过 1 万个自然村中深入开展，每年多达 200 万个未成年人参加
此项活动。文化站、文化馆、图书馆、博物馆、村级文化活动室建设如雨
后春笋快速发展，"文化信息共享"的基层服务站点更是多达 45000 个以
上。从 2012 年起，浙江省又运用省级财政积极扶持的办法，推出了积极
推广和大力发展乡村精神文化地标——"文化礼堂建在农村"工程。农村
文化礼堂由礼堂、讲堂、文体中心、便民服务中心和文化长廊等要件组
成。农村文化礼堂建设工程的启动与积极推广，适应了农村人均收入水平
持续大幅度提升后精神需求日益旺盛的需要，为广大农民打造出了更多更
好的精神家园，保证了广大农民不仅能够"身有所栖"，而且能够"心有
所寄"。文化精品上架、文化产品下乡、文化礼堂千村落户、非物质文化
遗产保护工作如火如荼，文化市场与文化产业互相促进，不仅满足了不同
层面广大民众的不同精神需求，而且实现了文化软实力的大幅提升，有效
助推了经济硬实力的更大发展。并且，大力推进社会主义核心价值观建
设，"最美浙江人"现象成为风尚。到目前为止，以"浙江精神"为深刻
内容的浙江文化，已经成为浙江在经济社会发展方面的一个光彩夺目、内
容厚重的巨大名片。

4. 社会保障全面发展，国民福祉大幅改善

第一，社会保障得到全面发展。早在 2003 年，浙江就颁布实施了《关
于建立新型农村合作医疗制度的实施意见（试行）》，在全国率先建立起了
以县为单位的大病统筹农村新型合作医疗制度。到 2014 年，参加企业基本
养老保险的人数已达 2442.6 万人，参加城镇职工基本医疗保险人数已达
1900 万人，参加失业保险的人数已达 1210.4 万人，参加工伤保险的人数已
达 1899.4 万人，参加生育保险人数为 1248.9 万人，均比 2003 年前有大幅

度增长。目前，企业退休人员基本养老金月人均水平超过 2500 元。[①] 至此，浙江大体建成了"保基本、全覆盖，多层次、相协调，可持续、高效率"的大社保体系，居民社保建设和发展水平位居全国各省份前列。

第二，就业服务体系不断完善，劳资互利合作共赢关系渐行渐成。例如，根据省委、省政府的战略部署，杭州市政府率先颁布实施了《关于深入发展和谐劳动关系的实施意见》《加强企业社会责任建设的意见》《杭州市劳动关系和谐指数评价体系（试行）》等政策法规，运用定量与定性分析、官方统计与第三方调查相结合的办法，在制度建设上形成了较为健全的就业服务体制机制。杭州市萧山区则在上述政策要求的基础上，于 2011 年着手实施《企业和谐劳动关系标准（试点版）》，从劳动合同、职工工资、社会保险等 8 个方面，用 29 条的篇幅对企业内部劳资关系的处理做出了明确具体的规定，不仅提出了更加清晰的企业和谐劳动关系的认证标准，而且明确了使之得到贯彻落实的具体环节和要求。这些政策措施的实施，达到了"职工得实惠、企业得效益、经济得发展、社会得和谐"的劳资共赢目标，劳资共赢关系渐行渐成，从一个侧面反映了浙江就业服务体系建设和劳资关系处理取得了积极成就。

第三，收入分配合理统筹，社会公平不断推进。在中国现阶段，收入分配不公不仅表现在城乡、个人收入差距过大等方面，而且表现在企业或政府部门内部工资标准不统一、劳动贡献与其收入不对称等方面。在推进市场经济大发展的过程中，浙江高度重视并积极推进收入分配关系的合理统筹，重点抓好公务员工资标准统一化、取消小金库以及全面贯彻落实奖金、津贴标准政出一门制度，在收入分配关系调整与标准统筹上取得了显著成效。以义乌市为例，该市不仅通过改革实行了同级公务员同等工资水平的制度，而且做到了各机关单位临时聘用人员（如司机、保洁员工等）工资水平也大体一致。通过统筹收入分配标准，不仅较为有效地消除了收入分配领域存在的

---

① 浙江省统计局：《2014 年浙江省国民经济和社会发展统计公报》，http：//www. zj. stats. gou. cn/tigb/gmjishfzgb//201502/20150227_1533，最后访问日期：2015 年 6 月 8 日。

各种不公，而且在较大范围实现了社会公平，提高了政府以及企业和社会服务等方面的工作效率。

第四，公民福利不断改进，百姓福祉大幅改善。例如，浙江不仅普及了12年义务教育，而且到2014年年底已实现全省高等教育毛入学率高达54.0%、比2001年提高39.0个百分点的骄人业绩。浙江的城乡居民人均住房建筑面积也从2001年的18.5平方米和13平方米提高到了2014年的40.9平方米和61.5平方米，提高幅度分别高达1倍和4倍多。2014年浙江城镇居民人均可支配收入为40393元、农村居民人均可支配收入为19373元，分别连续13年和29年雄居全国各省份首位；① 在2013年，城镇居民家庭恩格尔系数为34.4%，农村居民家庭恩格尔系数为35.6%，远低于同期全国平均水平。② 此外，无论是在浙江省的大中城市，还是在小微社区或广大农村，反映公民福利改进的另一个重要指标——社会治安，也同样达到了一个相当高的水平。调查表明，浙江城乡居民安全感满意率连续多年保持高位，2013年更是进一步提升至95.93%的水平。

5. 生态建设迈出新步伐，生态文明实现大发展

"走向生态文明新时代，建设美丽中国，是实现中华民族伟大复兴的中国梦的重要内容。"③ 这不仅是习近平总书记的一贯思想，而且早在任浙江省委书记期间就已成为他的基本工作实践。2003年1月，经国家环保总局批准，浙江省成为全国5个生态性建设试点省份之一。同年5月，时任省委书记习近平亲自挂帅成立"生态省建设工作领导小组"，6月便出台了《关于建设生态省的决定》，7月将"进一步发挥浙江的生态优势，创建生态省，

① 浙江省统计局：《2014年浙江省国民经济和社会发展统计公报》，http://www.zj.stats.gou.cn/tigb/gmjishfzgb//201502/20150227_ 1533，最后访问日期：2015年6月8日。

② 参见中共浙江省委理论学习中心组《中国特色社会主义在浙江实践的重大理论成果——学习〈干在实处走在前列〉和〈之江新语〉两部专著的认识和体会》，《浙江日报》2014年4月1日，第1~2版。

③ 参见新华社《习近平致生态文明贵阳国际论坛2013年年会的贺信》，中央政府门户网：http://www.gov.cn/ldhd/2013-07/20/content_ 2451855.htm，最后访问日期：2015年1月8日。

打造'绿色浙江'"纳入"八八战略",① 8月则正式下发了《浙江生态省建设规划纲要》。在前述一系列战略部署和全面规划与落实的基础上，2008年年初浙江省政府着手制订并开始实施包括节能降耗、资源节约、集约用地、环境保护等内容的"全面小康六大行动计划"，以"811"环境保护三年行动（2008~2010年）为主要抓手的浙江生态省建设也从此拉开大幕。②

2010年6月，浙江省进一步做出了《关于推进生态文明建设的决定》。该文件不仅进一步明确了加强生态省建设、走生态省发展道路，而且进一步确定了发展生态经济、优化生态环境、注重建设生态文化、打造"富饶秀美、和谐安康"生态浙江的战略目标。这项决定的颁布实施，为把浙江省建设成为全国生态文明示范区奠定了新的坚实基础。

2013年11月，中共浙江省第十三届四次全会在总结干好"一三五"、实现"四翻番"③取得的一系列重大成就的基础上，做出了"五水共治"（治污水、防洪水、排涝水、保供水、抓节水）以及将其与全面推进转型升级结合起来的重大决策，不仅进一步深化了浙江生态省建设的科学内涵，而且进一步明确了浙江生态省建设发展的新方向。2014年5月，中共浙江省委在总结生态省建设工作的基础上进一步做出了《关于建设美丽浙江创造美好生活的决定》，明确提出了进一步大力推进"美丽中国"在浙江的要求，确定了加快生态文明制度建设、努力走向生态文明建设新时代的新目标。

如今的浙江，生态文明理念、生态文明行动、生态文明保护、生态文明建设、生态文明发展、生态文明居住、生态文明生产、生态文明生活等观念不仅更加深入人心，而且已经成为浙江人的共同文化追求和普遍行动目标，经济生态化与生态经济化相互促进、金山银山与绿水青山协调发展的局面正

---

① 参见中共浙江省委党史研究室编著《干在实处　走在前列》，浙江人民出版社，2007，第3页。

② 参见中共浙江省委党史研究室编著《创业富民　创新强省——中共浙江省第十二次代表大会以来》，浙江人民出版社，2007，第227页。

③ 其具体含义可参见之江平《干好"一三五"　实现"四翻番"——新年寄语之一》，《浙江日报》2013年1月2日，第1版。

在浙江全面形成。

6. 努力保持和发展党的先进性，党的执政能力建设跨上新台阶

习近平早在任浙江省委书记期间就曾深刻地分析指出："85 年来党的先进性建设的历史坚定地昭示，先进性建设始终是我们党生存、发展、壮大的根本性建设。"① 正是在这样一种指导思想的引领下，新世纪新阶段历届浙江省委、省政府都在党的先进性建设上进行了一系列成功的探索。

首先，坚持做到学在深处，谋在新处，干在实处。围绕党的先进性建设这个中心，浙江省委紧跟党中央的战略部署，于 2003 年 7 月及时做出了《中共浙江省委关于兴起学习贯彻"三个代表"重要思想新高潮，进一步加强和改进党的建设的决定》，明确提出了"学在深处、谋在新处、干在实处"的要求。次年，又在上述部署和要求的基础上，深入开展了县处以上部门"树立科学的发展观、树立正确的政绩观、树立牢固的群众观，创为民、务实、清廉好班子"的教育实践活动。以党的先进性建设为中心，谋新、务实、干在实处，长期坚持、常抓不懈，真正做到了"加快转变经济发展方式、推进经济转型升级、再创浙江科学发展新优势"。

其次，以党员领导干部作风建设为主要抓手，努力保持党的先进性。浙江省委于 2004 年出台《关于进一步转变领导作风的意见》，率先对党员领导干部提出了"四条禁令"② 要求，通过普遍建立民主评议机关工作，不仅抓住了要害，而且使党的作风建设具体化、经常化、制度化了。接着省委、省政府又于 2005 年出台了《关于建立健全为民办实事长效机制的若干意见》，保证做到每年年初的省"两会"提出本年度为民办实事的 10 项任务，年底再把办理情况向社会公示，产生了良好的示范引领效果。2010 年省委又以"治庸治懒、提能增效、狠抓落实"为主题，在全省开展了"进一步

---

① 习近平：《干在实处　走在前列——推进浙江新发展的思考与实践》，中共中央党校出版社，2006，第457页。

② 即"严禁擅离岗位，擅离职守；严禁网上聊天、炒股，玩电脑游戏；严禁中餐饮酒（接待省外客人不在此列）；严禁在办事、办证中接受当事人宴请和礼品、礼金"。参见中共浙江省委党史研究室编著《干在实处　走在前列——中共浙江省第十一次代表大会以来》，浙江人民出版社，2007，第254页。

深化作风建设年"活动。通过几年的实践，"治庸"提升了能力，"治懒"增强了效率，"治散"纠正了风气。2012 年 12 月党中央出台"八项规定"后，浙江省委及时做出了全面贯彻落实的"28 条办法"和要求，实现了党的作风建设"一竿子插到底""一根线通始终"。

最后，以完善浙江特色的惩治和预防腐败体系为载体，努力实现党的先进性建设经常化、具体化，从根本上保证和提升了党的执政能力。2003 年，在全国率先出台了《浙江省反腐倡廉防范体系实施意见（试行)》，积极创新和完善党风廉政建设载体，切实选好反腐倡廉防范新抓手，注重浙江特色，形成浙江省党的先进性建设整体构建、专项构建、行业构建、联合构建、科技构建的"4 + 1"构建方式，拓展了惩防的工作深度与广度，努力探索和实现党的先进性建设经常化、具体化。2005 年后，省委除提出《惩治和预防腐败体系实施意见》《建立健全惩治和预惩防腐败体系 2008～2012 年实施办法》《建立健全惩治和预防腐败体系 2009～2012 年制度建设工作计划及实施方案》等，还将党的先进性建设纳入党的日常工作，制定领导分工和工作计划进度表，不仅将 5 大类 73 项制度建设任务分解落实到具体部门，而且将其与全面落实省委提出的"八八战略"紧密结合起来，收到了"巩固八个方面的基础，增强八个方面的本领"的良好效果。以后两届省委领导班子继续积极探索进取，不仅于 2012 年 6 月进一步提出了建设"物质富裕精神富有的现代化浙江"的要求，而且次年又进一步将这一要求具体化为"六戒六要"（戒贪图安逸，要锐意进取；戒消极怠慢，要恪尽职守；戒不学无术，要善学善思；戒坐而论道，要踏实肯干；戒松散狭隘，要团结合作；戒骄浮奢侈，要心怀敬畏），保证了党风廉政建设与党的先进性建设、党的先进性建设与党的执政能力的互相推进与内在统一。

总之，浙江省委始终站在"把加强党的执政能力建设作为推进党领导的中国特色社会主义伟大事业和党的建设新的伟大工程的结合点"① 的高

---

① 习近平：《干在实处　走在前列——推进浙江新发展的思考与实践》，中共中央党校出版社，2006，第 401 页。

度，紧跟时代步伐，适应形势变化，不仅把加强党的先进性建设与提高党的执政能力紧密结合了起来，而且将其贯穿于党的思想、组织、作风和制度建设全过程，为中国梦在浙江省的成功实践提供了根本保证。

二 新世纪新阶段中国梦在浙江实践的突出特点和基本经验

如果说从 1978 年 12 月党的十一届三中全会决定实施改革开放到 2002 年 6 月中共浙江省第十一次代表大会召开，是中华民族伟大复兴中国梦在浙江初步探索和初步实践的时期，那么可以说从 2002 年 12 月中共浙江省十一届二次会议做出全面加快小康社会建设、提前基本实现现代化决定到目前为止，则是中华民族伟大复兴中国梦在浙江深入科学探索与全面付诸实践的时期。浙江的科学探索与全面实践，既是改革开放以来谋求国家富强、民族振兴、人民幸福这样一个宏伟蓝图从构想到实践的真实写照，更是新世纪新阶段中华民族伟大复兴中国梦从探索到全面实践的生动缩影。在这项伟大探索与实践的过程中，浙江人不仅创造出了一系列行之有效的浙江经验，而且形成了一系列符合社情民意和客观规律、反映时代要求的浙江特点。归纳起来，新世纪新阶段中国梦在浙江实践的突出特点和基本经验主要包括如下几个方面。

1. 经济：倒逼转型、主动引导

在国际金融危机和外部市场大幅收缩的冲击与影响下，伴随国内经济增长换挡期、经济结构调整期和经济发展方式转型期的到来，同全国其他地区一样，浙江经济发展也遇到了一系列前所未有的困难与瓶颈。一是生产要素禀赋条件发生重大变化。在国土资源供给原本就不宽裕的背景下，浙江的生产成本特别是劳动力成本持续上升，甚至成为全国各省份中最高的省之一。例如，早在 2010 年浙江的工业用地价格就已成为全国最高梯队重要成员，其中经济并非最发达的温州（排在杭州、宁波之后），其工业用地价格已经高达 1693.5 元/平方米，成为仅次于经济发达的深圳之后的全国工业用地第二高价位城市。再如，根据国际劳工组织统计，按购买力平价计算，2011 年年初越南的工人工资是 85 美元/月，印度尼西亚是 148 美元/月，而浙江工人的最低月工资标准在不同县市分别是 1650 元、1470 元、1350 元、1220元，工人的实际工资水平则要比这个标准高得多。① 可见，浙江的劳动力成本不仅已经远高于东南亚国家，而且也已经明显高于全国其他大部分地区。二是工业化发展进入后期阶段。在这种情况下，工业规模继续扩大不仅面临发展空间进一步扩大的制约，而且面临企业综合要素成本进一步上升的限制，同时还面临技术替代劳动过程中资金供给不足等瓶颈。大量资料和实际观察均表明，与全国其他地区相比，浙江的民间融资成本始终是居高不下的。三是产业转移浪潮的巨大冲击。浙江的产业结构和产品技术结构大多与东南亚国家同构，大部分产业和产品生产技术都是从日本、韩国以及欧美等发达国家和地区承接过来且处于产业链中低端。2008 年国际金融危机后，中国产品的出口导向和技术的进口替代均遭遇国际市场需求严重不足的挑战，并形成新的产业转移冲击。在这个过程中，浙江同样未能幸免。这样一种发展背景，客观上决定了浙江经济求生存谋发展的唯一出路只能是"逆向调整、倒逼转型"。

所谓"逆向调整、倒逼转型"，既不是简单地从所有制关系角度实现的从公有部门到民营部门依次推开的调整与转型，也不是简单地从行政隶属关系角度强制推行的调整与转型，更不是依据产业链上下游关系进行的一般性调整与转型，而是超脱于上述三种正向顺次关系的逆向调整与转型安排，以及在这种逆向调整与转型安排过程中形成的"倒逼"和由这种"倒逼"强制的"转型"。

回顾改革开放以来浙江经济发展的历史，"逆向调整、倒逼转型"的思想，最初就是由时任浙江省委书记习近平首先提出和推动实施的。2004 年，浙江的固定资产投资增长比 2003 年（38.9%）下降了 18.7 个百分点，同期浙江的经济增速也从全国领先水平降至第 21 位。造成投资回落、经济增速下滑的原因很多，其中煤、电、油、水等资源瓶颈日趋突出，土地供需矛盾

---

① 按照 2014 年 9 月份汇率均价（1 美元 = 6.2 元人民币）计算，浙江省 4 档最低月工资标准分别为 266 美元、237 美元、218 美元、197 美元。

日渐凸显，生产资料价格持续上涨，投资结构性明显失衡和日趋严重的低水平重复建设等是主要原因。① 基于这样一种判断，时任省委书记习近平曾明确指出，虽然到 2004 年浙江的 GDP 超万亿元，成为全国"万亿俱乐部"中的第四大成员，但这种以高投入、高消耗、高排放为特征的粗放型增长方式难以为继。"'天育物有时，地生财有限，而人之欲无极'，浙江必须凤凰涅槃，浴火重生"，浙江不仅要接受和实施"倒逼转型"，而且要尽可能做到"有所为，有所不为"。② 由此，浙江省于 2005 年出台了《浙江省先进制造业基地建设规划纲要》和《浙江省先进制造业基地建设重点领域、关键技术及产品导向目录》。这两个文件不仅明确了政府引导经济发展的主攻方向，而且明确肯定了市场有效配置资源的基础作用。

在总结前期"逆向调整、倒逼转型"工作经验和产业转型升级客观规律的基础上，浙江开始着手探索与实施将产业转型与企业升级的选择权交给市场，政府主要抓"主动引导"和推进产业转型升级基础能力建设的方针，以达到通过倒逼"在选择之中，找准方向，创造条件，让绿水青山源源不断地带来金山银山"③ 的目标要求。一是实施"五水共治"，用生态环境倒逼。2014 年 3 月，浙江启动"治污水、防洪水、排涝水、保供水、抓节水"的"五水共治"工程，通过全面消灭黑河、臭河、垃圾河，保证清洁供水，倒逼企业转型升级。二是实施"三改一拆"，以法治手段倒逼。浙江人多地少、土地资源非常紧张，发展初期产业"低、小、散"的特征和粗放经营方式明显，因此不少地方存在大量违法建筑，成为转变发展方式和产业升级的"拦路虎"和"绊脚石"。2013 年，浙江在全省部署开展"三改一拆"行动，大力改造旧住宅区、旧厂区、城中村，拆除违法建筑。截至 2014 年11 月底，全省累计拆除违法建筑面积 29752 万平方米，进行"三改"建筑

---

① 参见葛立成执行主编《2005 年浙江发展报告·经济卷》，杭州出版社，2005，第 3~11 页。

② 参见记者张延龙《民营经济大省的倒逼式转型》，《经济观察报》2007 年 2 月 19 日，第A12 版。

③ 习近平：《干在实处　走在前列——推进浙江新发展的思考与实践》，中共中央党校出版社，2006，第 198 页。

面积33124万平方米，拆违涉及土地面积31.05万亩，"三改"涉及土地面积27.30万亩，这无疑为浙江未来发展带来了巨大的红利。三是实施生产要素达标管控，用加强监管的办法倒逼。政府做出明确规定：凡生产要素效率不达标的企业，一律列入政府加强监管"黑名单"。凡用地规模在10亩及以上的工业企业，其土地存在闲置或低效使用的，在整改完成前，取消新增土地竞买资格和停止供地。例如，杭州市就曾根据省委要求，明确规定凡市区新增工业用地投资总额低于5000万元、强度低于400万元/亩、产值低于720万元/亩、税收低于30万元/亩的，均不再安排新增建设用地指标，不单独组织供地；凡土地使用不符合产业发展要求、产能低下、圈而不用的，均纳入政府收回计划。四是借助市场机制，实行政府帮助"促退倒逼"。浙江采用的主要做法是，凡处于产业链低端有退出要求却无力承担全部退出成本的企业，政府或通过"牵线搭桥"帮助其实现低成本退出，或给予一定退出补贴促其退出；凡生产工艺技术不达标的企业，则通过大幅度减少政府采购等压缩需求的办法实施倒逼；凡能耗高、排污多的企业，则通过阶梯能源价格和差别贷款利率等办法实现倒逼。

同时，浙江在"倒逼"过程中，政府还借助"浙商回归""四换三名"和创新驱动等工程促进和深化浙江的经济转型和产业升级换代。一是实施"浙商回归"工程，深化浙江的经济转型。为促进"浙商回归"，浙江出台了"411"有效投资行动计划，大力招引研发基地、营销网络、融资平台、地区总部，充分挖掘浙商在技术、管理、人脉等方面的资源优势，促进前沿技术、高端人才、优秀团队的引进与发展，实现有效提升浙江经济发展质量和经济增长效益的目的。二是开展"四换三名"工程，促进浙江产业升级换代。在扎实推进"腾笼换鸟、机器换人、空间换地、电商换市"的过程中，浙江还注重加快培育知名企业、知名品牌、知名企业家，做好"个转企、小上规、规改股、股上市"等工作，并由此加快发展信息、环保、健康、旅游、时尚、金融、高端装备制造7大行业，抢占现代市场经济发展的制高点。三是实施创新驱动工程，支撑浙江的经济转型发展。为全面实施创新发展战略，浙江还开展了"八倍增、两提高"科技服务专项行动，通过推进青山湖科技城、杭州未来科技城和宁波新材料科技城的规划建设，总结推广浙江清华长三角研究院"北斗七星"发展模式，加快推进协同创新平台建设，有效破解了长期困扰浙江经济新飞跃的科技投入产出不匹配、产学研用结合不紧密、评价考核科技成果的标准不科学、科技创新的体制机制不适应等"四不"问题，较为成功地打通了科技与经济转移转化的现代通道。

总之，通过充分发挥市场资源配置的决定性作用和政府主动引导产业逆向调整、经济倒逼转型，浙江经济不仅实现了持续稳定较快增长，而且实现了经济发展水平和质量的大幅提升。"倒逼转型、主动引导"，既是近年来浙江经济发展的突出特点，更是浙江经济实现持续健康较快发展的成功经验。

2. 政治：基层民主、有效政府

众所周知，浙江既是一个民营经济发达、中小企业众多、浙商群体庞大、"民本多元"的"草根经济"大省，又是一个市场交换关系发育最早、市场发展程度最高、国民经济发展速度最快、经济社会结构变化最深刻的市场经济大省。市场经济的迅速发展既给广大浙江人民带来了前所未有的实惠，展现了中国特色社会主义辉煌灿烂的发展前景，同时又给浙江人民带来了过去不曾遇到的众多"成长中的"烦恼、矛盾和问题。其中一个突出的矛盾和问题，就是随着人们收入水平的持续提高和利益诉求的日益多样化，需要协调处理的人与人、劳工与企业、企业与企业、企业与政府、家庭与社会之间的关系甚至矛盾、纠纷与冲突越来越多。据统计，1998～2002年，浙江省各级法院审结的刑事、民商事、行政等各类案件1691900件，比上一个5年增加了68.6%；① 2004年一年内仅行政诉讼案件就达4000件以上。② 在这种情况下，"依法治省"就不仅是浙江广大民众"平安"有序生活的基本需求，而且是浙江众多企业健康生存与平稳发展的基本条件。正是在这样一种背景下，浙江省委于1996年和2000年先后做出和实施了《关于实行依法治省的决议》和《关于进一步推进依法治省工作的决定》。2006年

---

① 参见陈柳裕主编《2006年浙江发展报告·法治卷》，杭州出版社，2006，第66页。
② 参见陈柳裕主编《2006年浙江发展报告·法治卷》，杭州出版社，2006，第96页。

4月，在总结前期实践经验的基础上，浙江省委又做出了《关于建设"法治浙江"的决定》。这个决定不仅第一次将"法治浙江"建设与更好地实施"八八战略"紧密结合了起来，而且第一次将"八八战略"的实施上升到了"法治浙江""平安浙江"建设的高度。

加强"基层民主"建设是"法治浙江"建设取得成功的一条基本经验。"基层民主"是民主政治制度建设的重要基础，是构建地方治理体系现代化的重要根基，是有效保障广大人民群众享有更多和更切实的民主权利以及人民群众当好家、做好主的重要条件，是中国特色社会主义民主政治的最为广泛和最为深刻的社会实践，是推进中国国家治理体系和治理能力现代化的重要内容。通过在村民自治、社区治理、企业管理、社会组织培育等方面的积极探索和大胆实践，浙江逐渐形成了独具特色、能够适应转型、推动加速发展、形成内生驱动、达到多元有序的基层民主发展模式。浙江通过积极探索和推进基层民主制度建设，不仅有效克服了民主政治建设中长期存在的"强行政和弱民主自治"等弊端，而且逐渐形成了农村村民自治、城市社区自治和民营企业科学管理"三位一体"多元协调、竞相发展的新格局和新机制。台州市温岭首创的"民主恳谈"制度，杭州市余杭区唐家埭村村委会实行的"自荐海选"制度，城市社区探索推行的居委会"选聘分离"制度，武义县探索实行的"村务监督委员会制度"，天台县创造推行的村务监督"五步工作法"以及民间创设的议事协商会、协商民主会、民间智囊团、听证会、"民情气象站"等，分别以不同形式并从不同层面体现了"以民主促民生"的本质内涵，形成了多元主体共同参与、基层协商综合治理的"法治浙江"架构基础，保证了浙江经济社会的持续健康发展和"平安浙江"建设的顺利实现。

"有效政府"则是浙江政治建设的一个重要支撑。正如《中共中央关于全面深化改革若干重大问题的决定》明确指出："科学的宏观调控，有效的政府治理，是发挥社会主义市场经济体制优势的内在要求。"[1] 在以基层民

---

[1] 《中共中央关于全面深化改革若干重大问题的决定》，《人民日报》2013年11月18日，第1版。

主为基础的"法治浙江""平安浙江"建设过程中，浙江省不仅最先实践了"政府服务有为"，而且最早进行了"有效的政府治理"的探索，开展了"效能政府"的建设，并在此基础上构建形成了"有效政府"的基本逻辑框架与实施机制。尽管受中国现行体制机制的制约，浙江省还不可能单独建成符合市场经济发展要求的"小政府"，但从改革开放之初直至现在，浙江历届政府始终践行"积极服务""有为服务"的基本宗旨，已为形成"服务型政府""有效政府"奠定了必要基础，并开始逐渐将其固化为制度。例如，2004 年 11 月，浙江省委、省政府围绕解决人民群众最关心、最直接、最现实的利益问题，制定了《关于建立健全为民办实事长效机制的若干意见》，系统提出和明确推行包括就业再就业、社会保障、科教文卫、基础设施、城乡住房、生态环境、扶贫开发、权益保障、社会稳定等服务于民、办事为民的 10 个方面的要求和政策。省政府则连续 10 年在省人代会上做《政府工作报告》，陈述已经办成的"实事"和下一年度必须兑现的各项承诺，受到了广大民众的热烈欢迎与认可。为大幅度提升政府运行与管理效率，浙江还率先进行了"强县扩权"改革，积极推进行政权力下放，不断优化各级政府的权力配置，深入探索省管县由财政领域向行政领域扩展。除此以外，浙江省委还根据市场经济发展的内在要求，从 20 世纪 90 年代后期就开始试水行政审批制度改革，清理规范审批事项、创新审批方式、强化实时监督、削减审批项目 2/3 以上。以上虞市 1999 年率先成立全国首家行政服务中心为标志，浙江首轮审批制度改革已使原有 3251 项审批事项减少了 50.6%。此后，浙江省又于 2002 年 1 月、2003 年 10 月和 2013 年 11 月先后三轮实施行政审批制度改革。① 特别是 2013 年浙江省又在全国率先推出"四张清单一张网"（政府部门权力清单、企业投资负面清单、财政专项资金管理清单、责任清单和浙江政务服务网），通过清权、确权、制权，不仅把政府权力边界理得更加清晰了，而且使广大民众对政府权力边界了解得更加清楚，监督

---

① 参见记者黄平、实习生金敏丹《"权力清单"的浙江样本》，《经济日报》2014 年 9 月 21 日，第 8 版。

也更加方便有效了。① 正是通过这样一系列具有内在联系的深入改革，浙江的政府"服务有为"不仅更加富有成效，而且浙江的企业活力更加强大，市场配置资源的效率也得到了进一步的提升。

总之，"基层民主""有效政府"，既是浙江经济社会持续健康较快发展的一个突出特点，又是浙江经济社会能够实现持续健康较快发展、在各个方面率先走在全国前列的一条基本经验。

3. 文化：务实守信、崇学向善

浙江是一个文化传统久远、底蕴丰厚的文化大省。始于 2005 年的浙江文化大省建设，既是浙江经济社会发展达到一定阶段的内在要求，又是浙江经济社会发展具备此类文化基础的必然结果。千百年来，浙江人形成了崇文重学、好学上进、务实肯干、不怕吃苦、勇于创新、容忍失败、团结合作、善于成功的浙江文化，不仅世代相传、历久弥新，而且积累成为一种内涵独特且富有乡土气息与时代特色的浙江人品格和浙江精神。深入发掘这种品格与文化、弘扬这种理念与精神，既是 10 多年前浙江省委做出的战略安排，也是今天浙江经济社会发展所达水平与高度的客观要求。就此而言，"浙江文化大省建设"的提出及其实施之意义，怎样评价都不会过分。归纳起来，浙江人具有"务实""守信""崇学""向善"四大特点。

浙江人务实，即浙江人讲求实效、实事求是。这不是仅就哪一个个人的评价和看法，而是浙江人的普遍行为方式与准则，是浙江人以及所有去过浙江或与浙江人打过交道的人的普遍认同与共识。浙江人历来不尚空谈、不图虚名，不争论、不攀比、不张扬，踏踏实实从小事做起，一步一步地创业，一点一滴地积累。对于探索中的尝试，浙江人更是崇尚"多做少说，只做不说"。对于卓有成效的做法与探索，不论别人怎么争论甚至不认可，浙江人都能坚信不移、决不动摇、勇于坚持。面对自己认定符合事物发展内在规律的各种事物，浙江人都能不屑于争论、坚持实干。面对

---

① 参见记者沈锡权、岳德亮《浙江"四张清单一张网"加速政府改革》，《经济参考报》2014年 7 月 20 日，第 8 版。

已经取得的成绩，浙江人则能够从长看待，既不欣喜于眼前的一时辉煌，也不在事后追求过分的炫耀。著名的现代商城温州和"草根经济"大本营，就是"在外部争论中出名，在内部不争论中发展"的。① 求真务实，扎实肯干，不怕失败，勇于和善于胜利，是浙江人普遍具有的人文品格和时代精神。

浙江人守信，即浙江人尊重规则、信守承诺，言必信、行必果。浙江人不仅较好地继承了古代社会早已形成的商业文化理念和"以利和义"的朴素诚信观，而且较好地发掘、弘扬和实现了对这样一种诚信观的现代升华。"守规矩"，是浙江人经商、从政、做人、办事的普遍遵循。"讲规则"是浙江人处理包括商业活动在内的各种事务的基本依据。"遵承诺"，是浙江人一诺千金的行为准则，不论是经商、办事，只要做出了承诺，哪怕最终结果一定是自己吃大亏，也决不反悔。正因为如此，才历来就有"跟浙江人打交道心里踏实"之说。浙江能够从一个地域小省、经济穷省、人均收入低省，于2004年跨入"万亿收入俱乐部"，与浙江人的普遍"守信"的理念与精神密不可分。

浙江人崇学，即浙江人尊学、好学、重学、善学。学习使人进步。早在新石器时代，浙江就涌现出了成就显著的跨湖桥文化、河姆渡文化、马家浜文化和良渚文化。这些文化积淀，既充满了浙江先人们的智慧与创造，也表明了浙江先人们尊学、重学、善学及其开拓进取与创新发展的精神。浙江人的耕读传家思想经久不衰、弥久如新。正如时任省委书记习近平当年总结指出："从大禹的因势利导、敬业治水，到勾践的卧薪尝胆、励精图治；从钱氏的保境安民、纳土归宋，到胡则的为官一任、造福一方；从岳飞、于谦的精忠报国、清白一生，到方孝孺、张苍水的刚正不阿、以身殉国；从沈括的博学多识、精研深究，到竺可桢的科学救国、求是一生；无论是陈亮、叶适的经世致用，还是黄宗羲的工商皆本；无论是

---

① 参见习近平《干在实处　走在前列——推进浙江新发展的思考与实践》，中共中央党校出版社，2006，第318页。

王充、王阳明的批判、自觉，还是龚自珍、蔡元培的开明、开放，等等，都展示了浙江深厚的文化底蕴。"① 2009 年的一份统计资料显示，1955 ~ 2009 年中国两院院士，出生地为浙江的有 223 人，居第 3 位；浙江大学毕业的有 33 人，居第 8 位。② 这个小小的统计，既从一个侧面显示了浙江教育的质量和水平，又从一个角度展示了浙江的深厚文化底蕴。10 多年前，曾经对中国经济发展产生较大影响的"温州模式"以及近年来又横空出世甚至改变了生产与销售业态的"阿里巴巴现象"，同样是浙江人崇学精神的时代展现。

浙江人向善，即浙江人心从善、善心如流。说浙江是一片向善的大爱之地，是一点也不算夸张的。例如，仅以道德模范为例，在浙江就有全国皆知的"最美司机"吴斌，"最美妈妈"吴菊萍，"最美教师"姜文、陈霞、江忠红以及当代"活雷锋"孔胜东，浙江省第七地质大队和浙江省皮肤病防治所上柏医疗部等。他们既是新时期、新时代、新生活造就的新型道德楷模和浙江平民英雄，又是浙江人向善文化的楷模。不仅如此，一个需要引起人们思考的"温州人现象"同样值得我们回味。因为，遍布全国各大城市的"温州村""温州街"以及扎根于世界主要国家的"温州饭店""温州市场"等，更是一个充满平民的"德行"与"大爱"的典范。调查发现，不管走到哪里，不论是在中国的大城市北京、上海或遥远的穷乡僻壤，还是在欧洲、美国或俄罗斯以及东南亚与非洲，不论遇到什么麻烦或困难（比如创业过程中出现了缺钱的难题），只要你说你是温州人，就一定能够得到温州同乡伸出的援助之手，感受到温州人的"向善"之心。它表明，"善"不仅是深刻于浙江人内心世界的普遍而永恒的美德，而且是独印于浙江人灵魂深处的海涵"包容"与"向善"的修养。

---

① 习近平：《干在实处　走在前列——推进浙江新发展的思考与实践》，中共中央党校出版社，2006，第 317 页。
② 参见中国校友会网大学评价课题组《2009 中国两院院士调查报告》，中国校友会网：http：//www. cuaa. net/cur/2009ysdc/，最后访问日期：2015 年 1 月 8 日。

为什么改革开放后浙江能够从一个地域小省、经济穷省、资源弱省成长为一个经济大省？理由可能有千万条，但其中最重要的一条就是文化。浙江文化在浙江经济社会发展过程中发挥了不可替代的引领与支撑作用。浙江文化大省建设则是浙江经济社会持续健康发展的强大推动力。浙江不仅高度重视城市文化建设，而且特别重视农村特别是边远农村的文化建设。通过城乡文化建设提升浙江精神，通过提升浙江精神形成务实守信、崇学向善的共同价值观，既是浙江经济社会持续健康发展的一个突出特点，更是浙江经济社会得以持续健康发展的一条重要经验。

4. 社会：城乡一体、平安和谐

浙江的"走在前列"和"率先实现现代化"，不仅体现为在全面建设小康社会上走在了前列，而且体现为在政府管理、法治和文化建设上走在了前列，同时还体现为在社会管理与建设上也走在了前列。早在20世纪初中期，浙江就构建和形成了以"包容有序"为核心内容的"民众、企业、社会组织和政府相互理解、合作共赢的行为范式，各类居民特别是本地居民和外来居民在经济、政治、社会和文化生活中相互接纳、相互包容、共生共荣的行为状态，社会生活在道德、法律规范基础上协调运转的格局与机制"①。党的十七大以来，浙江人创造的这条经验更是得到了进一步丰富、发展和完善。其中，最具代表性的是如下两个方面。

一方面，以城乡一体化建设为主要载体，构建"平安浙江"发展建设大棋局。一是加大社会投入，积极构建"民生财政全覆盖体系"。经过几届政府的努力，浙江省政府不仅兑现了于2007年做出的确保新增财力2/3用于改善民生的承诺，而且做到了用于教育、社保、医疗卫生、保障性住房财政支出占总支出比重明显领先全国的实绩（2010年就高达37%，已大体接近发达国家水平）。二是大力推进"基本公共服务均等化"。到目前为止，浙江已在全省建立起了城乡一体的最低生活保障制度、乡镇企业职工基本养

---

① 刘迎秋等主编《浙江经验与中国发展》（总报告卷），社会科学文献出版社，2007，第7页。

老保险制度和城乡居民社会养老保险制度，形成了以城带乡的医疗卫生体系、残疾人服务体系，实现了城乡社会救助全覆盖。[①] 三是着力推进城乡公共设施一体化建设。通过实施"千亿基础网络工程""千亿惠民安康工程""千亿产业提升工程"，不仅把城镇基础设施建设延伸到了农村，而且把公共服务覆盖到了农村，还把现代城市文明辐射到了农村。

另一方面，创新"枫桥经验"，完善社会管理体制机制，促进浙江平安和谐发展。一是通过构建人民调解、行政调解、司法调解三位一体的"大调解"工作体系，达到了通过预防、疏导、排查、调解在先，有效化解社会矛盾、共谋社会和谐发展的要求。二是通过全面推行"网络化管理、组团式服务"，把乡镇（街道）划分成若干单元网格，据此整合各类基层资源，建立管理服务团队，形成以信息网络为载体的民情、民意、民事、民怨、民争解决数字平台与机制，消除政府和社会管理的"盲区"与服务的"真空"，把矛盾和问题切实化解在萌芽状态。三是依法保护企业和劳动者的合法权益，构建和谐劳动关系。通过把党支部建在民营企业的办法和实施"和谐企业创建工程"，考核企业"劳动关系和谐指数"，完善监督管理，把劳动争议和矛盾化解在源头、解决在基层。四是完善社会公共管理和应急管理，科学运用网络虚拟管理，及时发现和解决影响社会稳定的各种突出问题，促进和示范社会和谐稳定。[②]

总之，在"包容有序"基础上构建"城乡一体"、实现"平安和谐"，既是新世纪新阶段浙江经济社会发展的一个新特点，又是浙江经济社会持续健康包容有序发展的一条新成就、新经验。

5. 生态：绿水青山、金山银山

如前所述，改革开放之前，无论是国民经济活动总量还是人均水平，无论是三次产业结构还是工业化发展水平，浙江都一直位于全国的中后位置。

---

① 参见中共浙江省委党史研究室编著《创业富民 创新强省——中共浙江省第十二次代表大会以来》，浙江人民出版社，2012，第8～10页。
② 参见中共浙江省委党史研究室编著《创业富民 创新强省——中共浙江省第十二次代表大会以来》，浙江人民出版社，2012，第176～196页。

改革开放之后，不仅浙江的国民经济活动总量和人均收入成倍增长，而且三次产业结构和工业化水平也发生了翻天覆地的变化。到2014年年底，浙江GDP达到40153.5亿元，按不变价格计算，是同期全国GDP增长倍数（25倍）的2.48倍，年均递增12.4%，比全国平均递增速度（9.87%）高出2.6个百分点。浙江GDP于2004年跃居全国第4保持至今，占全国GDP的比重则从1978年的3.4%上升到了2014年的7%左右。2014年浙江人均GDP高达72967元，是同期全国平均水平的2倍左右，名列全国各省份第一。①工业在三次产业中的比重于2006年达到最高点（54.1%），至2013年仍高达49.1%，比全国平均水平高出了5.2个百分点。

然而，由于浙江是一个能源及矿产资源极度匮乏的省份（一次能源95%以上靠外省调入），工业生产又主要集中于一般加工业，且大多工业企业生产技术处于中低端水平，因此，浙江经济发展不可避免地遇到了能源和物质资源消耗较多且工业产出附加价值较低的矛盾。例如，2003年，浙江每创造1亿元的GDP需要排放28.8万吨废水，每创造1亿元的工业增加值需要排放2.38亿标立方米工业废气、产生0.45万吨工业固体废物，这3项排放分别比1990年增长了84.8%、3倍和1.3倍。2004年，浙江用电统调负荷实际最大缺口曾超过700万千瓦，累计拉电损失量占国网公司的一半，占华东电网的92%。工业产出高增长与高资源消耗、高碳排放和高固体废物以及原材料供给不足的矛盾日显突出，"绿水青山和金山银山这'两座山'之间关系"②问题历史性地摆到了浙江人面前。

究竟是走"先污染后治理"、不考虑或者较少考虑环境承载能力、一味索取资源谋求增长的道路，还是走"既要金山银山，但是也要保住绿水青山"、"绿水青山可以源源不断地带来金山银山"的道路？③面对这一问题，

---

① 浙江省统计局、国家统计局浙江调查总队编《浙江统计摘要（2015）》，内部版，2015，第2页。

② 参见习近平《干在实处　走在前列——推进浙江新发展的思考与实践》，中共中央党校出版社，2006，第198页。

③ 参见习近平《干在实处　走在前列——推进浙江新发展的思考与实践》，中共中央党校出版社，2006，第198页。

浙江省委一班人和浙江广大人民群众选择了后一条道路，并由此形成了一系列与此相关的战略安排。例如，2002 年 6 月中共浙江省第十一届党代会明确提出和启动了"绿色浙江"建设，同年 12 月中共浙江省十一届二次全会研究确定了生态省建设目标；2003 年 7 月中共浙江省十一届四次全会进一步把创建生态省、打造"绿色浙江"纳入"八八战略"，全面启动了"凤凰涅槃""腾笼换鸟"战略；2004 年开始启动，预期到 2015 年能够完成 3 轮"811"（浙江 8 大水系和 11 个设区市）环境污染整治行动计划；2008 年着手实施"全面小康六大行动计划"；2010 年 6 月中共浙江省十二届七次全会做出《关于推进生态文明建设的决定》，同年省政府据此启动了"两区"（粮食生产功能区和现代农业园区）建设；2013 年提出并着手实施"五水共治"；2014 年 5 月开始大力推进"建设美丽浙江创造美好生活"工程；如此等等，可谓一步跟着一步、一环接着一环、步步相随紧跟、环环相扣递进。这样一个前后一贯、逐渐深化的实践过程，既体现了浙江人所具有的超凡能力和高超智慧，又表明了浙江人所特有的坚韧不拔、勇于胜利的精神和高度负责、科学发展的理念。

浙江经济持续健康较快发展，城乡一体、产业协调、环境优美，"既要金山银山更要绿水青山"并坚持做到"绿水青山就是金山银山"，核心是处理好生态环境保护与发展的关系，决不以破坏生态、牺牲环境为代价换取一时的经济增长，目的是向绿色要"发展红利"，让人民分享"绿色福利"，等等。这既是浙江人长期探索形成的科学发展理念，又是浙江人全面建成小康社会和率先实现现代化的成功经验。

6. 党建：巩固基础、发挥优势

回顾和总结浙江经济社会持续发展取得的一系列成就，原因很多，其中一个重要方面就是党的科学有为和坚强领导。党的科学有为和坚强领导，既缘于浙江历届党委一班人的积极努力、尊重实践、勇于坚守、开拓进取、敢于担当，又缘于浙江历届党委重视并加强党的基础建设，还缘于浙江历届党委重视和充分发挥党的政治优势。

党的十六大以来，中共浙江省委领导班子秉承前贤，于 2004 年 10 月召开的第十一届七次全会上通过了《中共浙江省委关于认真贯彻党的十六届四中全会精神，切实加强党的执政能力建设的意见》，确定了进一步加强党的执政能力建设的总要求。在这次会议上，时任省委书记习近平代表省委首次深刻阐述了浙江党建必须"巩固八个方面的基础，增强八个方面的本领"的基本要求，强调指出加强浙江省党的建设的关键和重点，为推进浙江省党的建设指明了方向。此后，几届浙江省委始终围绕这个总部署、总要求，紧紧围绕"巩固基础、发挥优势"这条主线，认认真真地抓党建，努力提高科学执政、民主执政、依法执政的本领，着力促进浙江经济社会更好更快发展。

所谓"巩固基础"，实质是巩固党的执政基础，核心是加强党的思想、组织和队伍建设，确保党的先进性、影响力、组织力和领导力。一是注重加强党的政治思想教育和作风建设，努力培养和造就为民、务实、清廉的党员干部队伍。浙江省历届党委始终坚持"围绕中心、服务大局，拓宽领域、强化功能"的方针，努力把各级党组织建设成为忠实实践中国特色社会主义的组织者、推动者和实践者，德在人先、利居人后，亲民爱民、为民谋利。二是注重加强党的经济基础建设。按照党"要领导发展，就必须正确解决什么是发展、为什么发展、怎样发展和如何评价发展这些基本问题"的要求，领导和实现好浙江经济的"既快又好的发展"①，为党更好地执政为民提供更加坚实的经济基础支持。三是注重加强党内民主制度基础建设，加强党内民主制度建设，推进党内民主生活的规范化、程序化和重大决策的科学化，提升党的影响力、感召力和领导力。四是注重加强党的基层组织建设，充分发挥基层党组织的管理、组织和领导作用。既要高度重视公共企事业党的基层组织建设，更要重视民间机构特别是民营企业和农村的党组织建设。经过一个时期的努力，到目前为止浙江的大多数规模以上民营企业均建立了党组织，大批新社会阶层中的优秀分子也被吸收入了党，实现了民间资本与党的基层组织建设的有机结合。为适应新世纪新阶段农村经济社会发展

---

① 习近平：《巩固执政基础　增强执政本领》，《党建研究》2005年第2期，第19页。

新动向、新发展，浙江省委紧紧抓住农村党组织建设这个关键环节，严把农村党组织换届候选人"入口关"，在公布和监督"九种贿选情形"等违背组织原则行为和劝退、取消不符合条件候选人的同时，严肃查处各种违法违纪案件，确保农村党组织的堡垒建设质量。五是注重加强党的政治基础建设，加强党风廉政、依法治国、依法执政、依法行政以及党员领导干部保证执法、支持司法、带头守法等工作。

所谓"发挥优势"，核心就是发挥党的领导优势。在这个方面，浙江同样做出了有益的探索。一是注重充分发挥党的理论领导优势，不断推进马克思主义中国化、时代化、大众化，从理论上保持和提高党的先进性和领导力。二是注重充分发挥党的政治领导优势，通过加强思想政治教育，改进党员特别是党员领导干部的政治思想和工作作风，从政治上保证党的先进性和领导力。三是注重充分发挥党的组织领导优势，通过不断健全党的基层组织和完善党的基层管理、培养和建设高素质干部队伍和人才队伍，从组织上实现党对经济社会发展工作的领导。四是注重充分发挥党的制度领导优势，通过坚持民主基础上的集中和集中指导下的民主，巩固党的团结统一，增强党的创造活力，提升党的领导能力，从制度上实现党对中国特色社会主义各项事业的坚强领导与科学管理。特别是浙江在党的制度建设上有许多创新。始于1988年台州市椒江区的党的代表大会常任制等，是全国改革开放以来最早探索党的代表大会制度建设的试点。五是注重充分发挥党密切联系群众的优势，通过践行党的根本宗旨，贯彻党的群众路线，实现党的建设目标与广大人民群众意志、利益和要求的内在联系和有机统一，从工作方法上保证党对各项事业的坚强领导。

总之，巩固基础、发挥优势，既是浙江省推进党的建设、加强党的领导的一个突出特点，也是浙江省在党的建设工作中积累的一条成功经验。

三 以"四个全面"为引领实现伟大中国梦

党的十八大以来，以习近平同志为总书记的党中央从坚持和发展中国特色社会主义全局出发，提出并推动形成了全面建成小康社会、全面深化改革、全面依法治国、全面从严治党的重大战略布局。这一重大战略布局是我们党总结中国改革开放历史经验，深入分析中国处于重要战略机遇期、发展进入新阶段的新情况和深层次问题而提出的，具有根本性、全局性，对于实现中华民族伟大复兴的中国梦具有重大而深远的意义。

实干成就梦想。虽然浙江在全面建成小康社会上走在前列，但对照中央提出的新要求，对照人民群众的新期待，要更加主动适应发展"新常态"，坚定不移地以"八八战略"为总纲，照着"绿水青山就是金山银山"的路子走下去，继续打好"三改一拆""五水共治""四换三名"等转型升级"组合拳"。要进一步下定改革的决心、扛起改革的责任、挑起改革的重担，把重要领域、关键环节、重大项目作为突破口，在牵一发而动全身的关键点上集中发力，确保重大改革举措落实到位，再创浙江发展新优势。要抓住领导干部这个"关键少数"，把能不能遵守法律、依法办事作为考察干部的重要内容，着力营造最优的法治环境。要把抓好党建作为最大的政绩，坚持思想引领、制度规范和严肃问责相结合，把守纪律、讲规矩作为不能触碰的红线，以严厉的问责落实党风廉政建设"两个责任"。具体来说是做到"五个必须"，以干在实处、走在前列的实际行动，努力推动"四个全面"战略布局在浙江的实践。

1. 必须始终坚持和加强党的科学领导

中国民主主义和社会主义革命与建设的经验反复告诉我们，所谓党的领导，归纳起来，主要是思想领导、政治领导和组织领导。在中国经济社会发展转型的新世纪新阶段，上述三个基本方面的领导归结到一起，就是党的科学领导。而党的科学领导，首先是科学思想和科学理论的领导，其次是科学的组织制度领导。科学的理论来源于科学的思想，科学的思想来源于对丰富实践的深刻理解、辩证认识和科学把握与总结。马克思主义给我们提供了认识世界、改造世界的基本理论和基本方法，但是它不可能提供从事中国经济社会发展实践的具体理论和具体方法。因此，必须将马克思主义基本理论与中国具体实践结合起来，并在此基础上进行再创造，才能最终形成科学的思想，升华为科学的理论，转化为科学的实践。浙江之所以能够在很多方面领先于全国，特别是能够较早形成和提出"八八战略"思想并在此基础上做出"法治浙江""平安浙江""生态浙江""绿色浙江"等一系列战略部署，先于其他省份 10 年开展"金山银山"与"绿水青山"辩证关系的深入讨论，做出"腾笼换鸟"、转型升级、建设生态浙江以及进一步做出"五水共治""倒逼转型"等一系列具有战略意义的重大安排，均缘于浙江人能够以马克思主义的世界观、方法论为指导，缘于浙江人能够以科学立场和方法正确地观察与分析实践中出现的新现象、新问题，缘于浙江省委能够在中国特色社会主义基本理论和基本思想指导下，从浙江实际出发，形成符合国情、社情、民情与客观发展规律的科学判断、科学认识、科学理论和科学决策。所有这一切均需以科学的组织制度建设为前提。科学的组织制度建设是实现党的科学领导的重要基础和基本保证。科学的组织制度不是凭空产生和随意选取的。科学的组织制度必须以科学的理论为指导，以正确的实践为基础。浙江于 1988 年率先在台州市椒江区探索实行党的代表大会常任制，首开社会主义市场经济条件下积极推进党内民主、健全党的民主集中制、加强党的执政能力建设和先进性建设的先河，拓宽了代表在闭会期间发挥作用的渠道和形式，开辟了基层民主政治建设的新途径，完善了了解民情、反映民意、集中民智的体制机制，强化了党内监督，提高了民主决策的质量和水平。也正是在此基础上，在浙江，党与政、与群、与社的关系，党的政治领导与党的群众工作的关系，党的领导班子中主要领导与班子其他成员的关系，党的上级领导与党的下级部门的关系，党的组织纪律管理与党的思想政治教育、党内民主和集中的关系等，都得到了较为科学妥当、合理有效的处理，从而才使党对各项工作的领导更加坚强有力。

2. 必须把充分发挥市场配置资源的决定性作用与更好发挥政府作用紧密结合起来

到目前为止，几乎无人不知浙江是中国民营经济发展大省和市场经济发展强省。但是，对于浙江从经济落后、规模弱小的省份成长为民营经济大省和市场经济强省的深层原因与逻辑线索到底是什么，却鲜为人知。追根溯源，浙江民营经济的发展和市场经济强省的建设，不仅仅是因为浙江人自古就有义利并重、农商并举的文化传统，也不仅仅是因为浙江人聪明能干、善于发现市场商机，也是因为改革开放后浙江有了一个建立在浙江文化基础上的服务有为、开明有效的人民政府。如果没有这样一个"有效政府"及其有为服务和主动引导，就既不可能有浙江经济社会持续健康发展，也不可能有改革开放早期阶段以温州为代表的个体工商和民营经济快速成长与持续发展，更不可能有后来浙江民营企业的做大做强和形成较大影响的"浙商潮"。至于在台州这样一个原本不起眼的地级市生长出三家活力极强的民营银行，同样是不可想象的。正是因为浙江有了一个既能深刻理解又能放手践行市场配置资源决定性作用，既能积极做好公共服务又能主动引导市场发展的政府，才给商品这个"天生的平等派"提供了自发成长的机会，从而才使"商品本性的规律"和市场的巨大能量通过成千上万的个体工商户和民营企业家等"商品占有者的天然本能表现出来"[1]、释放出来，"浙商"们才能够冲破千难万险、跨越千山万水、穿过千沟万壑、历尽千辛万苦，在"毫无例外地和无情地为自己开辟道路"[2]的过程中，创造浙江经济发展的奇迹。在这个方面，值得一提的"草根英雄"众多，其中更具引领特征的是近年来出现的"阿里巴巴现象"。2014 年 9 月 23 日阿里巴巴在美国的成功上市及其后续的快速发展，包括它在成功上市前后进行的一系列体制机制创新和市场探索，不仅给中国市场经济体制的改革和传统产业与现代信息技术的紧密结合提供了许多可圈可点的经验，而且对包括美国在内的整个世界的未来发展产生了许多积极而深远的影响。"阿里巴巴现象"不仅从一个侧面反映了浙江市场经济持续健康充分发展的巨大成就，而且从一定角度表明了政府在有效作为、积极引导、主动服务市场发展方面可以和能够发挥的重要作用及其必然成果。

3. 必须高度重视发掘和弘扬传统文化，用文化软实力支撑和助推经济硬实力

浙江是最先提出文化大省建设的省份。浙江文化大省建设，与浙江拥有

---

① 《马克思恩格斯文集》第 5 卷，人民出版社，2009，第 105 页。
② 《马克思恩格斯文集》第 9 卷，人民出版社，2009，第 191 页。

丰厚的传统文化积淀有密切关系，但只有能够充分认识、深入发掘和积极弘扬传统文化，努力使传统文化与现代市场经济实现新的结合，才会形成真正的文化软实力，并以此推动本地经济硬实力的更好更快发展。浙江的文化大省建设就是从认识、发掘、弘扬入手起步的。例如，浙江人的"务实守信、崇学向善"，虽是浙江古已有之的文化传统，但只有在进入 21 世纪特别是在党的十六大后，经过深入发掘、精心打造、全面升华与广泛普及，才使浙江人有了一个新的思想境界，甚至成为"当代浙江人的共同价值观"。这一共同价值观的提炼与形成，不仅为浙江经济社会持续健康发展提供了社会理念的支持，而且为中国社会主义核心价值观的形成与确立提供了探索基础。改革开放后越来越多的人之所以特别认同"浙江人办事牢靠""说话靠谱"，普遍"愿意跟浙江人打交道"等，一个重要原因就是浙江人"务实守信、崇学向善"。它从一个角度表明，浙江已经具备强大的文化软实力。至于浙江人乐于助人、善于合作、不怕吃苦、能够干别人不屑一顾和不愿意干的"小事"，能够"白天当老板、晚上睡地板"，能够做到敢想敢干敢闯敢为天下先等，真正助推的力量，说到底就是"务实守信、崇学向善"这样一种具有巨大潜在能量的文化软实力。

4. 必须科学规划、创新与继承相结合，一张蓝图绘到底

"本届政府不管上届政府事"，既是中国转轨时期很多地方或政府部门行政过程中存在的一个严重弊端，又是转轨时期中国经济社会生活中广泛存在的一个"行政潜规则"，更是现阶段中国政府运行效率未能达到最优状态的一个重要原因。但是，在浙江，人们却找不到这种政府运行弊端和行政潜规则存在的余地与空间。回望历史，曾经对浙江经济社会发展方式大转型产生巨大推动作用的"八八战略"，就是在深入总结和全面继承前 20 多年改革开放取得的成功经验和历届党委、政府领导浙江人民创新发展的内在规律的基础上，通过再创新提出的一个关系浙江近期生存与长远发展的重大战略安排。"八八战略"的提出、启动和全面实施，不仅给浙江经济社会发展指明了方向，而且为浙江经济社会发展注入了新的活力，增加了新的动力，激活了新的潜力，创造了新的推力。在"八八战略"全面实施和陆续取得阶

段性成果之后的两届继任党委和政府，不是放下"八八战略"另起炉灶，而是在坚持正确的政治方向和科学规划的前提下，在不断强化政府治理现代化的过程中，坚持深化改革与法治浙江建设的内在统一，努力做到"萧规曹随"、创新发展，既注重总结"八八战略"的成功经验、承其精神实质、取其本质内核、用其基本理念，又强调赋其以新的内涵、添其以新的色彩、增其以新的光辉，"一张蓝图绘到底"。"一张蓝图绘到底"，不仅可以有效地避免行政过程中出现各种不必要的麻烦甚至浪费，而且可以保证不同时期、不同届别、不同政府组成人员制定的政策的连贯性，还可以由此进一步强化政府运行与管理的科学性和有效性。

5. 必须倡导尊重规律、尊重实践、尊重人才、尊重群众的首创精神

众所周知，中国经济体制改革的根本目标是建立社会主义市场经济体制，促进市场经济持续健康发展，全面建成小康社会和社会主义现代化强国，实现中华民族伟大复兴。而要实现这个目标、完成这项任务，就必须有法治的支持。离开了法治，诸如"知法犯法、以言代法、以权压法、徇私枉法现象"① 便不可避免，市场经济也就不可能实现持续健康发展。在推动市场经济发展的过程中，浙江率先启动"法治浙江"建设工程，率先探索浙江市场经济发展的法治基础和市场行为规范，率先探寻法治与浙江市场主体行为的逻辑联系及其表现形式，率先探讨权力有效运行所必需的制约和必要的监督，率先探究"把权力关进制度的笼子里"的路径和方法，如此等等，正是浙江人尊重实践、尊重人才、尊重人民群众的首创精神，归根结底是尊重规律的结果。浙江省委、省政府提出并着手实施"平安浙江""和谐浙江"建设，说到底是浙江人尊重社会发展规律并由此促进浙江经济社会包容、和谐、健康发展的过程，也即浙江人遵循客观规律，让各种促进经济社会持续健康发展的活力竞相迸发，让广大人民群众的积极性、创造性充分发挥的过程。在鼓励创新和支持引导民间资本更大发展的过程中，浙江省

---

① 《中共中央关于全面推进依法治国若干重大问题的决定》，《人民日报》2014 年 10 月 29 日，第 1 版。

委、省政府从实际出发"腾笼换鸟"、主动引导、"倒逼转型"，说到底是浙江人尊重经济规律并由此从根本上促进浙江经济科学发展的过程。在引领浙江经济社会发展的过程中，注重大力推进城乡一体化，努力建设"绿色浙江""生态浙江""美丽浙江"，"让居民望得见山、看得见水、记得住乡愁"，说到底是浙江人尊重自然规律和从根本上推动浙江经济社会可持续发展的过程。尊重规律、尊重实践、尊重群众的首创精神，让有助于中国特色社会主义建设与发展的各种活力竞相迸发，让有助于社会主义市场经济持续健康发展的人才各尽其用，让有助于中国经济社会各项事业持续健康发展的广大人民群众的积极性、创造性充分发挥，是新世纪新阶段浙江省委、省政府带领浙江人民全面建设小康社会、率先实现现代化的又一条成功经验，尤其值得推广和借鉴。

第一章
经济：倒逼转型、主动引导

改革开放以来，历届浙江省委、省政府的一个共同特点就是善于将党中央的战略方针与当地实际相结合，从而确定正确的发展思路和工作重点。也正是因为有了这样的特点，浙江省才能够在改革开放中，始终"干在实处、走在前列"，从一个资源贫乏的地域小省，发展成为全国体制机制最活、开放程度最高、经济发展最快、人均收入最多的省份之一，不仅在经济建设上取得了巨大成就，而且在生态文明建设、社会文化建设等方面均处于全国领先水平。浙江的发展经验既是浙江省人民和各级领导的智慧结晶，将继续引领浙江经济向前发展，同时也是全国人民的共同财富，能够为其他地区的发展提供借鉴。

第一节 蓝图与构想：经济强省、"两富"、"两美"

党的十六大以后，时任省委书记的习近平同志率领省委一班人，深入调查研究，逐步形成了引领浙江现代化发展的新思路。2003 年，浙江省委启动实施"八八战略"。而后在"八八战略"的基石上，浙江省委、省政府进一步提出了建设经济强省，建设物质富裕和精神富有的"两富"浙江，以及建设"美丽浙江"、创造美好生活的"两美"浙江，作为经济发展的蓝图与构想，体现了统筹兼顾，以人为本，转型升级，全面、协调、可持续发展的要求。

一 浙江经济发展取得的巨大成就

改革开放以来，浙江一直将经济建设作为工作重点，取得了令人瞩目的成就。经济规模跃居全国前列，增长质量明显提高，形成了很多独特的竞争优势。

（一）经济规模跃居全国前列

改革开放以来，浙江经济增长速度远远高于全国平均水平，无论是GDP，还是人均GDP，均获得了飞速增长。从GDP来看，1978～2013年浙江省名义GDP增长了303倍，去除价格因素后实际GDP增长了62倍，年均增速达到12.9%，而同期全国名义GDP增长了155倍，去除价格因素后实际GDP增长了25倍，年均增速为9.9%。目前，浙江GDP已经达到了37568.5亿元，跃居全国第4位。从人均GDP来看，1978～2013年浙江省名义人均GDP增长了205倍，去除价格因素后实际人均GDP增长了42倍，年均增速达到11.2%；而同期全国名义人均GDP增长了109倍，去除价格因素后实际人均GDP增长了17倍，年均增速为9.6%。目前，浙江人均GDP已达68462元，是全国平均水平的1.6倍，列全国各省份第1位（见表1-1）。

表1-1　改革开放以来浙江省经济规模的快速增长

年份	GDP				人均GDP				
	全国（亿元）	全国增速（%）	浙江（亿元）	浙江增速（%）	全国（元）	全国增速（%）	浙江（元）	浙江增速（%）	浙江是全国的倍数
1978	3645.2	11.7	123.7	21.9	381.2	10.2	331	20.2	0.9
1983	5962.7	10.9	257.1	8.0	582.7	9.3	650	6.8	1.1
1988	15042.8	11.3	770.3	11.2	1365.5	9.5	1853	9.9	1.4
1993	35333.9	14	1925.9	22.0	2998.4	12.7	4469	21.3	1.5
1998	84402.3	7.8	5052.6	10.2	6796.0	6.8	11394	9.6	1.7
2003	135822.8	10	9705.0	14.7	10542.0	9.3	20149	13.2	1.9
2004	159878.3	10.1	11648.7	14.5	12335.6	9.4	23817	12.7	1.9
2005	184937.4	11.3	13417.7	12.8	14185.4	10.7	27062	11.2	1.9
2006	216314.4	12.7	15718.5	13.9	16499.7	12	31241	12.2	1.9
2007	265810.3	14.2	18753.7	14.7	20169.5	13.6	36676	12.8	1.8

续表

年份	GDP				人均GDP				
	全国（亿元）	全国增速（%）	浙江（亿元）	浙江增速（%）	全国（元）	全国增速（%）	浙江（元）	浙江增速（%）	浙江是全国的倍数
2008	314045.4	9.6	21462.7	10.1	23707.7	9.1	41405	8.6	1.7
2009	340902.8	9.2	22990.4	8.9	25607.5	8.7	43842	7.7	1.7
2010	401512.8	10.4	27722.3	11.9	30015.1	9.9	51711	9.5	1.7
2011	473104.1	9.3	32318.9	9.0	35197.8	8.8	59249	7.2	1.7
2012	519470.1	7.7	34665.3	8.0	38459.5	7.1	63374	7.7	1.6
2013	568845.2	7.7	37568.5	8.2	41907.6	7.1	68462	7.8	1.6

资料来源：国家统计局编《中国统计年鉴（2013）》，中国统计出版社，2013；浙江省统计局、国家统计局浙江调查总队编《浙江统计年鉴2013》，中国统计出版社，2013。

（二）经济增长质量明显提高

浙江省在经济总量迅速扩大的同时，经济增长的质量也得到了明显提高。一是产业结构升级。浙江省1978年三次产业比重为38.1∶43.3∶18.7，除了农业比重高于全国平均水平以外，第二产业和第三产业均低于全国；到了2013年，浙江省三次产业比重已经转变为4.8∶49.1∶46.1（见表1-2），农业比重远远小于全国平均水平，而第二产业远远高于全国平均水平，第三产业与全国平均水平持平，产业结构得到了极大的改善，从一个经济发展水平落后于全国的"农业小省"发展成为一个工业和服务业协同发展的"工业强省"，经济现代化进程实现了质的飞跃。二是单位GDP能耗大幅下降，且处于全国前列。长期以来，浙江省单位GDP能耗一直远低于全国平均水平，且能够超额完成国家下达的节能目标。2013年在工业领域重点监测的36种高耗能产品中，共计有26种产品单位能耗实现下降，炼油、乙烯、钢铁等一批高耗能产品的单位能耗持续保持国内领先水平。三是城乡收入差距低于全国平均水平。浙江在经济高速发展中，并没有造成城乡收入差距的扩大，而是差距趋于缩小。2003~2013年，浙江城乡居民收入比平均值为2.4，而全国平均水平为3.2，浙江远低于全国平均水平。四是打造了很多著名品牌。在2012年国家工商行政管理总局公布的新一批599件中国驰名商标名单中，浙江共有 52 件商标榜上有名，占全国的近 1/10，创历史新高。截至 2012 年，浙江行政认定驰名商标总量达 318 件，保持驰名商标数量位列全国前茅。

表 1–2　改革开放以来浙江省经济增长质量的提升

年份	三次产业比例关系		单位 GDP 能耗(吨/万元)		城乡居民收入比	
	全国	浙江	全国	浙江	全国	浙江
1978	28.2∶47.9∶23.9	38.1∶43.3∶18.7	15.68	—	2.53	—
1983	33.2∶44.4∶22.4	32.2∶44.0∶23.8	12.27	—	1.82	—
1988	25.7∶43.8∶30.5	25.4∶46.0∶28.6	9.79	—	2.17	—
1993	19.7∶46.6∶33.7	16.4∶51.1∶32.5	7.95	5.05	2.80	—
1998	17.6∶46.2∶36.2	12.1∶54.8∶33.2	5.74	3.65	2.51	—
2003	12.8∶46.0∶41.2	7.4∶52.5∶40.1	5.10	3.52	3.23	2.45
2004	13.4∶46.2∶40.4	7.0∶53.7∶39.4	5.39	3.50	3.21	2.45
2005	12.1∶47.4∶40.5	6.7∶53.4∶39.9	5.35	3.45	3.22	2.45
2006	11.1∶47.9∶40.9	5.9∶54.1∶40.0	5.20	3.33	3.28	2.49
2007	10.8∶47.3∶41.9	5.3∶54.1∶40.6	4.94	3.19	3.33	2.49
2008	10.7∶47.4∶41.8	5.1∶53.9∶41.0	4.68	3.01	3.31	2.45
2009	10.3∶46.2∶43.4	5.1∶51.8∶43.1	4.51	2.85	3.33	2.46
2010	10.1∶46.7∶43.2	4.9∶51.6∶43.5	4.33	2.76	3.23	2.42
2011	10.0∶46.6∶43.4	4.9∶51.2∶43.9	4.24	2.67	3.13	2.37
2012	10.1∶45.3∶44.6	4.8∶50.0∶45.2	4.10	2.51	3.10	2.37
2013	10.0∶43.9∶46.1	4.8∶49.1∶46.1	3.94	2.42	3.03	2.35

　　注：单位 GDP 能耗的计算方法为：能源消耗总量÷GDP（可比价，1978 年＝100），其中 GDP 由 1978 年实际值×生产总值指数获得；城乡居民收入比的计算方法为：城镇居民家庭人均可支配收入÷农村居民家庭人均总收入。

　　资料来源：国家统计局编《中国统计年鉴（2013）》，中国统计出版社，2013；浙江省统计局、国家统计局浙江调查总队编《浙江统计年鉴 2013》，中国统计出版社，2013。

（三）形成了经济发展的独特优势

　　浙江领市场经济风气之先，大胆创新、敢为人先，充分释放了人民群众的首创精神和智慧力量，在很多方面形成了经济发展的独特优势。一方面，民营经济高度发达。浙江民营经济已经成为县域经济的主要支柱。在 2013 年全国百强县中，浙江省占据 14 席，仅列江苏和山东之后，位居全国第 3 位，而在这些百强县中，民营经济占生产总值的平均比重超过 80%，占工业总产值的平均比重超过 90%。另一方面，形成了很多专业化的产业集群。在浙江工业化过程中，各地根据产业发展的历史传统、资源禀赋、人力资本和市场需求，遵循产业集聚理论，适应现代社会消费需求个性化、多样化的特点，培育出了大量区域产业集群，例如绍兴的纺织面料、义乌的日用小商品、宁波的服装、海宁的皮革制品、永康的五金制品、温州的皮鞋和打火机、诸暨的袜业、嘉善的木业、桐乡的羊毛衫、慈溪的塑料和模具、嵊州的领带、永康的日用五金、苍南的标牌和编织袋、温岭的摩托业等。并且，随着经济的转型升级，高新技术产业、信息产业、石油化工产业、生物医药产业和文化产业等形成了新的优势。

二 浙江经济发展面临的新形势

浙江经济发展取得了巨大的成就，但同样也面临着一些压力。一方面，这与经济发展阶段的变化有关，作为经济相对发达的东部省份和市场经济的先发地区，一些矛盾和问题也易早发先发；另一方面，这与外部环境的变化有关，中国在全球分工体系中的地位变化，以及其他省份的赶超战略也对浙江经济增长造成了影响。

（一）生产要素禀赋条件发生重大转变

与改革开放初期相比，浙江的要素禀赋条件已经发生了根本性变化，曾对经济增长起到关键作用的低成本优势正逐步丧失。例如，从劳动力成本来看，目前浙江不同县市的最低月工资标准分为 4 档，分别为 1650 元、1470 元、1350 元、1220 元，不仅高于全国其他大部分地区，而且远远高于东南亚国家。① 据国际劳工组织统计，根据购买力平价计算，2011 年年初越南工

---

① 按照 2014 年 9 月份汇率均价（1 美元 = 6.2 元人民币）计算，浙江省 4 档最低月工资标准分别为 266 美元、237 美元、218 美元、197 美元。

人工资是 85 美元/月，印度尼西亚是 148 美元/月。从土地成本来看，浙江工业用地价格在全国属于最高梯队，2010 年温州工业用地价格为 1693.5 元/平方米，成为仅次于深圳，全国地价第二高的城市。宁波、杭州等地区也属于国内工业用地价格较高的城市。从资源环境来看，浙江本来就是一个人口密度高、环境容量小、经济总量大、资源自足能力弱的省份，因此，资源环境对经济增长一直有着很强的约束。尤其是近年来，随着人们对生活质量日益重视，国家对节能减排工作加大力度，资源环境约束更是成为浙江经济增长的巨大压力。然而，最终决定一个国家经济增长潜力和产业竞争力的不是资源、气候、地理位置、非技术工人和半技术工人等低级生产要素，而是现代化通信的基础设施、高级人力资本、技术、各大学研究所等高级生产要素。浙江在传统比较优势丧失的同时，也积累了一些新的、更加高级的比较优势。一是资本积累取得很大成绩。在多年的发展中，浙江企业的规模越来越大，资本积累也越来越多，能够满足大规模投资的需要。二是产业基础大幅改善。浙江在改革开放初期时基本一穷二白，产业基础非常薄弱，但经过几十年的发展，浙江已经建立了相对完整的工业体系，产业配套能力很强。三是劳动力素质大幅提升。劳动力人口受教育水平的提高，最主要体现在未上过学人数的减少和受过高等教育人数的增加，这对于改善劳动力素质和提高人力资本水平能够起到至关重要的作用。浙江在全国各省份中第一个基本普及 15 年教育，高等教育入学率达到全国前列水平。四是企业技术水平大幅提升。2013 年浙江省专利申请和授权量分别为 294014 项和 202350 项，占全国的比重为 12.4% 和 16.7%，位居全国前列。

（二）工业化进入新的历史阶段

一般认为，工业化是一国或地区随着工业发展、人均收入和经济结构发生连续变化的过程，人均收入的增长和经济结构的转换是工业化推进的主要标志。[①] 基于人均 GDP、三次产业产值结构、制造业增加值占总商品生

[①] 参见陈佳贵、黄群慧、钟宏武《中国地区工业化进程的综合评价和特征分析》，《经济研究》2006 年第 6 期。

产增加值比重、城镇化率、第一产业从业人员占比 5 个指标对浙江工业化水平进行综合评价，认为浙江省工业化进程迅速推进，目前已经进入后期的后半阶段。[①] 与前期和中期相比，工业化后期经济的增长趋势和运行机制将发生转变。一是工业规模继续大幅扩张的空间面临制约。一个国家在工业化的初期和中期，通常是工业规模迅速扩张的阶段，而到了工业化后期，工业规模的扩张速度会大大放缓。例如，美国建国以后便开始了工业化历程，到 1860 年进入工业化中期，1925 年进入了工业化后期，其中不同阶段经济增长速度有着明显不同：GDP 年均复合增长率 1820～1870 年为 4.2%，比世界同期快 3.27 个百分点；1870～1913 年为 3.94%，比世界同期快 1.83 个百分点；1993～1950 年为 2.84%，比世界同期快 0.96 个百分点。二是工业对国民经济的作用由增长拉动转向结构升级和效益提高。进入工业化后期的一个重要特征就是技术进步取代要素投入成为经济增长的核心动力。工业作为技术进步的基础载体，将不断改造第一产业和第三产业，从而带动整个国民经济的生产组织方式和资源利用方式的改进。例如，美国进入工业化后期以后，吸引了全世界的技术资源，成为世界科学中心。从投入和产出两个角度分析，均可得出 20 世纪 20 年代美国逐步进入技术集约化阶段的结论。三是工业对服务业的带动作用大大增强。先进制造业是一个国家进入工业化后期以后工业发展的主要形式，也是当今世界西方国家控制全球分工体系的战略制高点。先进制造业实质上是工业和服务业的融合发展，是将高新技术成果综合应用于产品的研发、设计、制造、检测、销售、服务、回收全过程。在下一阶段，随着中国先进制造业的发展，工业企业会越来越多地将服务业务外包，逐步形成对生产性服务业发展的巨大需求，从而带动服务业比重和质量提升。例如，美国进入工业化后期以后，服务业占国民经济的比重开始稳步上升，1947 年达到 53%，目前已经接近 80%。

[①] 陈佳贵、黄群慧、吕铁、李晓华：《中国工业化进程报告（1995～2010）》，社会科学文献出版社，2012，第 136 页。

（三）新一轮全球产业转移浪潮带来冲击

浙江是东部沿海地区，也是改革开放的前沿地区。浙江经济的发展在很大程度上是承接西方发达国家产业转移的结果。第二次世界大战后，全球范围内较大规模的产业转移完成了三次：第一次在 20 世纪 50 年代，美国将钢铁、纺织等传统产业向日本、联邦德国等地区转移；第二次在 60～70 年代，日本、联邦德国向"亚洲四小龙"和部分拉美国家转移轻工、纺织等劳动密集型加工产业；第三次在 80 年代，欧美日等发达国家和地区及"亚洲四小龙"等新兴工业化国家和地区把劳动密集型产业和低技术型产业向发展中国家转移，特别是向中国内地转移。也正是在第三次全球产业转移中，浙江成为承接地和受益者，经济实现了腾飞。然而，目前全球经济正面临第四次产业转移，劳动密集型的以出口或代工为主的中小制造企业由中国向越南、缅甸、印度、印度尼西亚等劳动力和资源等更低廉的新兴发展中国家转移，或者由中国沿海地区向中国中西部地区转移；而同时也有一部分高端制造业在美国、欧洲等发达国家和地区"再工业化"战略的引导下回流。① 在第四次产业转移中，浙江经济遭受了严峻考验：一方面，低端企业为降低成本，被迫转移到其他国家和地区；另一方面，制造业自身缺乏核心技术，在短期之内难以实现转型升级，建立起新的竞争优势，以至于出现竞争优势断档。同时，中西部地区一些省份在承接了东部沿海地区的产业转移后，经济快速增长，也对浙江经济形成了赶超压力。

三 "经济强省""两富""两美"的目标要求

在新的经济发展形势下，浙江省委、省政府尊重规律，勇于创新，提出了"经济强省""两富""两美"并将之作为未来经济发展的蓝图与构想。"经济强省"是浙江一以贯之的发展目标。浙江省第十三次党代会进一步提出"必须按照中国特色社会主义事业总体布局，加快建设经济强省、文化强省、科教人才强省和法治浙江、平安浙江、生态浙江，促进经济社会全面协调可持续发展"，后来这一思想被总结为"三个强省"和"三个浙江"。"两富浙

---

① 参见赵晓、陈金保《全球第四次产业转移真的来了》，《商周刊》2012 年第 23 期。

江"是在浙江省第十三次党代会中首次提出的,而"两美浙江"是在中共浙江省委十三届五次全会上对"两富浙江"进一步发展而来的。"两富浙江"和"两美浙江"共同称为"两富""两美"。"经济强省""两富""两美"有着丰富的内涵,是对浙江经济发展阶段变化和外部条件变化的积极应对,也是对经济发展本源要义的理性回归。具体来看,主要是从经济总量、增长质量、资源环境、人民生活四个方面,对浙江省经济工作提出了目标要求。

(一)经济总量平稳增长

浙江经济建设取得了巨大成就,在全国经济实力排名中位居前列,而这一切的取得,在很大程度上是由于在较长时期内保持了较高的经济增长速度。在下一阶段,浙江的经济强省建设仍离不开经济总量的提升,需要维持平稳的经济增长速度。目前,从全国来看,因为劳动力、资源环境等因素条件的改变,中国经济不可能再维持过去的高速增长,而是进入新的发展阶段。2012年世界银行与国务院发展研究中心联合推出《2030年的中国:建设现代、和谐、有创造力的高收入社会》,预计中国的经济增长速度在2011~2030年这20年中,每5年会下一个台阶,即8.6%、7.0%、5.9%和5.0%。国内的大部分学者也都认为,未来一段时期中国经济增速将面临长期下行趋势,增长速度将常态性而非短期性地回落,且将在"十三五"期间下一个台阶。浙江作为中国经济的先行地区,这种影响将更为明显,潜在产出增长率的下行是不可避免的,因此在制定经济发展战略时,既要对经济增长速度提出一定的要求,但也不应苛求过高的速度,而是要保持经济的平稳较快增长。也正是因为如此,浙江省委、省政府提出"牢牢扭住经济建设这个中心,全面贯彻扩大内需战略方针,切实把握稳中求进、转中求好的工作基调,促进经济在转型升级基础上实现长期平稳较快发展"。

(二)增长质量稳步提升

浙江经济过去在生产要素成本较低,尚未形成完备的产业体系的情况下,更多地采取了迅速"开阔地快速铺开式"的发展战略,在短短几十年的时间里实现了规模的迅速扩张。然而到了今天,过去的这种道路已经难以持续，必须要对自身的发展战略进行根本性的调整，在现有产业基础上"抢占经济发展制高点"，加快发展战略性新兴产业，提高经济增长的质量。一是淘汰落后产能。近年来，浙江加大了落后产能的淘汰力度，并取得了令人瞩目的成就。例如，为治理水晶产业带来的环境污染，自2012年开始浙江浦江县关停水晶加工户13000多家，目前全县剩余的水晶加工企业不超过3000家。二是发展先进制造业。先进制造业并不是在现有产业分类下设立一个新的行业或行业群体，而是不断吸收国内外高新技术成果，综合应用于产品的研发、设计、制造、检测、销售、服务、回收等全过程，并与现代服务业融合发展，实现高效、灵活、低耗、清洁，取得良好经济效益和社会效益的制造业的总称。浙江提出要推进"'三位一体'港航物流服务体系建设，打造高端海洋产业和重大建设平台"，其目的就是打造海洋经济的先进制造业基地，实现制造业和服务业的融合发展，抢占海洋经济发展的制高点。三是推进社会主义市场经济体制改革。浙江目前已经开展了义乌市国际贸易综合改革试点，并设立了温州市金融综合改革试验区，这些举措能够为全国进一步深化改革提供宝贵经验，并促进浙江经济更好发展。

（三）生态环境健康和谐

浙江在经济发展中十分重视生态环境的建设，"八八战略"中提出进一步发挥浙江的生态优势，创建生态省，打造"绿色浙江"，后来在此基础上，跨越到"生态浙江"。2014年浙江省委进一步提出建设"美丽浙江"，体现了生态文明建设理念的一脉相承。浙江建设"美丽浙江"的目标要求为：到2015年，美丽浙江建设各项基础性工作扎实开展；到2017年，美丽浙江建设取得明显进展；到2020年，初步形成比较完善的生态文明制度体系，争取建成全国生态文明示范区和美丽中国先行区；在此基础上，再经过较长时间努力，实现天蓝、水清、山绿、地净，建成富饶秀美、和谐安康、人文昌盛、宜业宜居的美丽浙江。[①]"美丽浙江"战略的提出，体现了浙江

---

① 参见中共浙江省委《中共浙江省委关于建设美丽浙江，创造美好生活的决定》，《浙江日报》2014年5月29日，第1版。

经济发展理念的提升，在经济建设中将从工业文明走向生态文明，走人与自然和谐相处的绿色发展之路。

（四）人民生活富足美满

发展的核心是实现人的现代化、人的文明，促进人的全面发展。经济学真正需要研究的问题，是人类能不能够用少得多的资源损耗和人际关系损害而获得更多的快乐，因此，生命成本最小化与快乐满足最大化应当是人类经济行为的根本出发点与终极归宿。[①] 长期以来，中国在经济发展中创造了劳动财富，但却损耗了大量的自然财富和人文财富，以至于大量生产行为徒劳无益，效用相互抵消，陷入了"有增长无发展"的陷阱。习近平同志早就指出："政绩观和发展观密切相连"，考核干部"既看经济指标，又看社会指标、人文指标和环境指标"。[②] 在此思想影响下，浙江相继提出了建设物质富裕和精神富有的"两富"浙江，以及建设美丽浙江、创造美好生活的"两美"浙江。这是对经济发展本质的一种回归，体现了"以人为本"的发展思想。人民的物质富裕和精神富有将是浙江下一阶段经济发展中的根本目的。其中，物质富裕指的是百姓就业比较充分，收入普遍提高，家庭财产普遍增加，中等收入者占多数，绝对贫困现象完全消除，社会保障、基础设施和公共服务日趋完善，人人享有良好的生活环境和生态环境；精神富裕指的是人们普遍受到良好的教育，具有较高素养，各项权益得到切实保障，过上丰富的精神文化生活，拥有共同的精神家园，有着强烈的发展自豪感、生活幸福感、心灵归属感和社会认同感。

第二节　理念与布局：跳出浙江发展浙江

在推进"经济强省"、"两富"浙江、"两美"浙江的建设中，浙江省委、省政府在新形势、新条件下，积极突破瓶颈制约，寻求新的发展空间，提出了"跳出浙江发展浙江"，[③] 作为经济发展的理念与布局。其目标是将

[①] 参见陈惠雄《快乐原则——人类经济行为的分析》，经济科学出版社，2003，第6页。

[②] 习近平：《之江新语》，浙江人民出版社，2007，第73页。

[③] 习近平：《之江新语》，浙江人民出版社，2007，第124页。

浙江省内发展和对外开放结合起来，统筹国内外的各种资源，对自身的产业链进行重塑，在开放中发展经济，在开放中承担责任，增强浙江企业在衔接国际市场、辐射国内市场中的竞争力，使浙江得以在更广领域、更高层次参与国内外经济技术合作和竞争。

一　"跳出浙江发展浙江"的发展理念

改革开放以来，浙江人做生意四海为家，坚信"生意无地域、市场无疆界"。于是乎，大江南北，五湖四海，到处活跃着新时代的浙江人。有人将这种现象称为"浙江人经济"。① 浙江因势利导，创新发展理念，将浙江经济和"浙江人经济"合二为一、有机融合。近年来，浙江省更是积极培育开放型经济新优势，抓住国家加快自贸区建设和扩大内陆沿边开放的契机，鼓励浙江人走出去投资创业，积极创造良好环境吸引国内外企业来浙投资，吸引在外企业回来投资。总的来看，"跳出浙江发展浙江"主要体现为四个方面的发展理念。

（一）统筹发展的理念

经济是一个系统，而系统是由相互联系和相互作用的若干经济元素结合成的、具有特定功能的有机整体。经济系统既反映了内部若干经济元素的相互联系和相互作用，同时又受到外部因素的影响。习近平同志指出："统筹区域发展的一个重要方面，是推进区域经济的优化布局。"② 浙江经济本身就是一个复杂的系统，而这个系统又镶嵌于长三角区域经济、中国经济乃至世界经济这种更大的、更复杂的系统当中。发展浙江经济，必须要有系统观、大局观，能够从经济系统的角度考虑问题，把浙江经济发展与整个经济系统演化结合起来，既要考虑统一性，又要考虑相对的独立性，才能使经济发展充满生机。"跳出浙江发展浙江"实际上是浙江省委、省政府在对经济系统运行机理加以充分认识的基础上，对经济发展的"小系统"和"大系

---

① 参见习近平《之江新语》，浙江人民出版社，2007，第233页。
② 习近平：《之江新语》，浙江人民出版社，2007，第94页。

统"进行全面统筹，充分考虑省内、省外两种需求，开放利用省内、省外两种资源，同时实现省内、省外两种目标，将内源性发展与外生性发展相结合，是一种典型的统筹发展思想。

（二）以人为本的理念

发展的根本目的还是为了人，"两富浙江"建设也是将人的富裕作为核心目标，而浙江人民的富裕不仅依赖于浙江经济的发展，也依赖于"浙江人经济"的发展。从浙江经济的发展来看，体现为"大河有水小河满"，整体区域经济发展起来了，人民的福祉也必然会得到提高。改革开放以来，浙江经济的持续较快发展是浙江人民生活水平提升的根本原因。从"浙江人经济"来看，大量的浙江人在浙江省外创业，同样能够带来浙江人民的富裕。很多在外的浙江人不仅自己发展致富，而且也为省内的浙江人输入了大量财富。"跳出浙江发展浙江"从根本上讲，是在以人为本思想的引领下，将浙江经济和"浙江人经济"结合起来，抛弃了过去的那种"唯GDP"的政绩观，将提高人民的福祉作为经济发展的核心目标。

（三）尊重规律的理念

英国经济学家邓宁通过对67个国家对外投资情况的研究，发现当一个国家人均GNP（一年当中由本国或本地国民在国内外或本地区内外新生产的商品与服务的附加价值总和）在400美元以下时，基本没有对外直接投资；当人均GNP在400～1500美元时，开始出现对外直接投资；在1500～2500美元时，对外直接投资不断增加；在2500～4750美元时，对外直接投资快速增加。在市场经济条件下，一国内部由于没有关税、汇率以及税制差异、利率差异和文化差异等因素的制约，地区之间的资本流动远比国家之间的资本流动活跃。如果按照当前的汇率（1美元折合6.14元人民币），浙江人均GDP在2002年就已经超过了2500美元，进入了对外投资快速增长的阶段。浙江省委、省政府提出"跳出浙江发展浙江"，从根本上来讲，是对经济规律的尊重。在尊重规律的基础上，进一步顺应和利用规律，适应形势的变化，实现发展理念的创新，推动经济增长方式的转变。

（四）责任为重的理念

一直以来，浙江就是践行中国梦的先行地区，不仅在经济建设上取得巨大成就，且在生态文明建设、社会文化建设等方面均处于全国领先水平。在下一阶段，浙江在践行中国梦中的作用，不仅体现在自身建设上，更体现在对全国其他地区经济社会发展所做出的贡献上。浙江省委政研室、省经合办发布的《关于促进省外浙江人经济与浙江经济互动发展的调查报告》指出，据全国 29 个省级浙江商会的不完全统计，截至 2010 年，浙江在省外经商办企业的人员约为 600 万，省外浙商共创办各类企业 26 万多家、各类专业市场 2000 多个，投资总规模超过 3 万亿元，其中从浙江输出的资本约为 1.3万亿元，向当地缴纳税收 1200 多亿元，解决了 1136 万人的就业。浙江省委、省政府提出了"跳出浙江发展浙江"战略，不仅对企业"走出去"的行为不加限制，反而给予了充分的鼓励和支持，体现了将中国梦的实现作为己任的责任意识。

二　"跳出浙江发展浙江"的战略布局

"跳出浙江发展浙江"已成为浙江经济发展的核心理念。浙江省委、省政府"以战略的思维、开阔的视野、务实的态度，鼓励浙江人走出去投资创业，同时积极创造良好的发展环境，吸引国内外企业来浙投资，吸引在外企业回来投资"。[①]

（一）"跳出浙江"，获取更大的发展空间

面对产业升级的动力、企业发展的张力、要素制约和资源环境的压力，浙江必须按照科学发展观的要求，寻找新的出路，拓展新的空间。从企业来看，在全国乃至全球范围内整合资本是企业发展到一定阶段的必然选择，只有"跳出浙江"，才能够在更高的平台上实现更长远的发展；从产业来看，不同产业的消亡更替是产业转型升级的必由之路，只有"跳出浙江"，才能实现产业的优胜劣汰；从区域来看，将有限的生产要素不断地配置到产业链

---

① 习近平：《之江新语》，浙江人民出版社，2007，第125页。

更高端的环节是维持区域竞争力的必然选择,只有"跳出浙江",才能够实现可持续发展。总之,"跳出浙江"已经成为浙江经济发展的必然选择。具体来看,"跳出浙江"可以从四个方面使浙江获取更大的发展空间。

1. 缓解生产要素压力

浙江是一个地理面积较小、自然资源相对缺乏、人口较为密集的省份,而经济总量却位居全国前列,生产要素的供需关系十分紧张。要想实现经济的进一步发展,就必须要对生产要素进行合理规划,将其有效配置到效率更高的环节,实现经济的内涵式增长。在这种情况下,"跳出浙江"意味着迁出一些占有生产要素较多,但带来效益较少的传统产业,从而为一些效率较高的高附加值产业或能够对国民经济发展产生带动作用的战略性新兴产业腾出发展空间。例如,浙江迁出一些高污染、高能耗的劳动密集型产业,能够为海洋新兴产业、商贸服务业、金融服务业、信息服务业等新型产业发展提供条件。产业的迁出和更替是浙江产业结构调整和产业转型升级的必要条件,也是浙江在新的生产要素条件下培育新的区域竞争优势的必要条件。

2. 突破"天花板效应"

企业在发展到一定阶段以后,往往会遭遇"天花板效应",主要体现在组织效率降低、业务增长放缓、竞争力下降、发展空间大大缩小等。出现了这种情况以后,往往意味着企业遇到了发展的"瓶颈",只有突破这种"瓶颈",才能跨入下一个发展周期。然而,突破"瓶颈"并非易事,往往需要新的发展动力作为支撑。浙江很多企业在发展到一定阶段以后,往往会遇到这种"瓶颈",遭遇"天花板效应"。在这种情况下,"跳出浙江",在全国乃至全球的范围内寻求新的发展动力,将是非常明智的选择。对浙江省来讲,应当鼓励,而不是限制企业的这种行为。事实上,企业是经济发展的微观基础,只有这些企业能够充满活力,突破"天花板效应",实现更好的发展,浙江经济才能够健康发展。虽然企业的外迁在短期之内会对浙江经济造成冲击,但从长远来看,企业的"反哺效应"能够对浙江经济的全面、协调、可持续发展起到十分积极的作用。

3. 加强区域合作

中国是一个区域辽阔，各地发展十分不平衡的大国，在不会造成严重环境损害和大量资源消耗的基础上，几乎任何一种技术水平的产业都能够找到适合其存在的空间。对于浙江等东部省份来讲，由于已经进入工业化后期，一些劳动密集型产业会因为生产要素价格的上升而失去竞争优势。在这种情况下，将低端产业转移出去，将资源集中，发展高端产业，实现产业升级，有利于形成新的竞争优势。对于中西部来讲，工业化刚刚进入中期，甚至还是在初期，承接东部的产业转移有利于自身资本的积累，完善产业基础，提高经济发展速度。在这种情况下，浙江可以与中西部的一些省份建立战略合作关系，将低端产业转移到这些省份，同时利用这些省份的矿产资源、劳动力、土地等生产要素保障浙江经济的升级发展。这种合作关系不仅有利于浙江自身的发展，而且对于中华民族"中国梦"的实现都有着十分积极的意义。

（二）"反哺浙江"，实现共赢发展

据不完全统计，目前在浙江以外的浙商有 750 多万人，其中 600 多万人在全国各地，总投资约为 3 万亿元，还有 150 多万人分布在全球 130 多个国家和地区，浙商已经成为一支国内外瞩目的知名商帮。[①] 这些浙商在"跳出浙江"以后，并不是"脱离"浙江，而是能够通过很多途径对浙江经济进行"反哺"。这种"反哺"对浙江来讲是一种"借力"发展，通过资金、市场、原材料、技术等生产要素的流动，使浙江能够整合全国乃至全世界的资源为己所用，从而实现在高平台上的跨越式发展。

1. 资金反哺

资金反哺指的是"跳出浙江"的企业通过扩大经营，获得更高的收益，积累了大量的资金，转过来再利用这部分资金反哺浙江，助力浙江经济的发展。一般来讲，资金反哺可以通过三种途径发挥作用：一是通过投资的途径将资金反哺浙江。目前，浙江很多市县纷纷制定投资促进政策，

---

① 参见徐祖贤《浙商加速回归浙江》，《中国经济时报》2014 年 5 月 22 日，第 7 版。

召唤浙商回浙江创业发展。据浙江统计数据，2012 年至 2014 年 6 月，浙商回归累计引进到位资金 4178.68 亿元。其中，2012 年到位资金 1297.9 亿元；2013 年到位资金 1752.13 亿元，比上年增长 34.99%；2014 年 1～6 月到位资金 1128.65 亿元，比上年同期增长 26.31%。同时，浙商回归不是过去项目的简单重复，而是推动产业转型升级，打造浙江经济的"升级版"。2012 年至 2014 年 6 月，浙商回归重大项目到位资金 3020 亿元，占全部到位资金的 72.27%，其中很多都是高端制造、新材料、生物医药、信息技术、节能环保、休闲旅游、金融服务等战略性新兴产业；三次产业项目到位资金比重为 0.59∶49.59∶49.82。二是通过消费的途径将资金"反哺"浙江。大量浙商回到浙江，将资金交给浙江的家人，在浙江进行消费，从而能够通过需求拉动浙江经济的增长。例如，每到春节前，遍布世界各地的浙江人把一年辛劳所得汇回老家，往往能够形成令人叹为观止的"春运资金流"。三是通过捐助的途径将资金"反哺"浙江。在外浙商对浙江的发展十分关心，并愿意给予支持。例如，2014 年浙江省组织省外浙商积极参与"五水共治"，仅上半年就已落实治水项目投资、捐资额 9.16 亿元。

2. 市场反哺

市场反哺指的是"跳出浙江"的企业在全国乃至全世界范围内开拓市场，在建立起市场渠道以后，再通过这些市场渠道将浙江的产品销售到全国市场或世界市场。市场往往是很多产业发展的"命门"所在，谁掌握了市场渠道，谁就能生存并在市场竞争中获胜。浙商的市场反哺对于浙江经济发展具有至关重要的作用。据在杭州召开的 2014 年省外浙商市场新春座谈会数据，目前浙江省外已有 5000 多家浙商创办的专业市场，有超过 500 万个浙商经营户活跃在省外，每年可以带动 6000 多亿元的浙货销售，基本实现有县城的地方就有浙商市场。

3. 原材料反哺

原材料反哺指的是"跳出浙江"的企业到资源丰富的地区投资，帮助这些地区更好地开发和利用资源，然后再将这些资源或者初级产品输入浙江，作为产业发展的原材料。浙江是一个资源小省，经济发展中必然面临着原材料缺乏，通过"跳出浙江"解决原材料供给问题，是一个十分有效的方式。例如，东北地区木材比较丰富，浙江一些木制品加工企业就到东北投资，然后将初步加工的木材运回浙江进一步进行深加工，并销售给东部地区市场。中西部和东北省份的电力比较充沛，浙江企业就去那里投资一些高耗能产业，然后将产品作为原材料销售到浙江。

4. 技术反哺

技术反哺指的是"跳出浙江"的企业为突破自身在技术人才缺乏等方面的不足，将公司总部或研发基地迁到北京、上海或者国外大城市等人才更为密集的区域，从而更好地吸引人才，提高企业的技术水平，而企业制造基地或其他环节仍留在浙江。这种"跳出浙江"实际上是企业部分迁移的过程，符合企业成长的一般规律，能够对于提升浙江企业竞争力起到至关重要的作用。例如，被称为"三通一达"的申通、圆通、中通、韵达四家快递公司均发源于浙江桐庐县，经过多年发展，目前四家公司已经占据了中国快递业市场的半壁江山。为了进一步吸引人才，在更广阔的平台上发展公司业务，四家公司均将总部迁到了上海，但很多核心业务仍放到浙江。

第三节　动力与逻辑：创业创新、倒逼转型

动力与逻辑是一种综合的机制，包括子系统与其所处的环境系统中的其他要素相互关系、相互作用而产生的使自身发生某种行为的内在驱动力的方式、方法的总和。浙江经济之所以能够取得今天的成就，从根本上来讲，是因为建立起了能够驱动经济持续增长和转型发展的动力与逻辑。综合来看，浙江经济发展的动力逻辑主要可以从以下两个层面进行说明，即主要体现为包含全民创业、企业技术创新和商业模式创新、政府体制机制创新和科技政策体系创新为主要内容的创业创新机制；以"三改一拆""五水共治"为核心的组合拳式措施所形成的生态环境、生产要素和市场机制倒逼转型升级机制。

一 创业创新机制

创业创新是浙江经济发展的灵魂。改革开放以来，浙江省委、省政府一直十分重视尊重和保护群众的首创精神，鼓励全民创业创新。2007 年 6 月，浙江省第十二次党代会从全面建设惠及全省人民小康社会总目标的高度，提出了"坚定不移地走创业富民、创新强省之路"的要求；同年 11 月，浙江省委十二届二次全会做出《关于认真贯彻党的十七大精神扎实推进创业富民创新强省的决定》，明确提出实施"创业富民、创新强省"总战略，要求大力培育创业创新主体，积极弘扬创业创新文化，不断健全创业创新机制，加快完善创业创新政策，着力优化创业创新环境，把创业富民、创新强省落实到经济建设、政治建设、文化建设、社会建设以及生态建设和党的建设各个方面，贯穿于改革开放和现代化建设全过程，加快建设富强民主文明和谐的新浙江。① 具体来讲，创业创新机制主要通过四个渠道发挥作用。

（一）全民创业

改革开放以来，浙江经济的发展史实际上也是浙江人民的全民创业史。浙江特定的经济、政治、历史、文化等制度环境，在很大程度上为浙江经济发展"预留"了一个相对较大的、自由的市场空间，充分发挥了市场经济的活力，从而为 20 世纪 80 年代以来浙江全民创业创造了条件，使浙江经济的发展能够抢占先机，走在全国前列。正是依靠全民创业，浙江才成为全国民营经济最为发达的地区，并造就了很多发展的"奇迹"。没有发达的畜牧业，却拥有闻名全国的"皮革之都"——海宁；不产羊毛，却建起了全国著名的羊毛衫市场——桐乡和秀州；没有发达的交通条件，却创造了拥有占据中国快递业务半壁江山的快递之乡——桐庐；没有牧草资源，却形成了全国闻名的牧业大县——嘉善；棉花和化纤资源并不丰富，却造就了中国服装

---

① 参见中共浙江省委党史研究室编著《创业富民　创新强省——中共浙江省第十二次代表大会以来》，浙江人民出版社，2012，第 1 页。

出口大县——平湖；以"鸡毛换糖"起家的义乌人，建起了中国最大的小商品城。目前，这种全民创业精神仍是浙江经济发展的重要动力来源。具体来看，浙江全民创业主要有三种基本类型。一是老百姓自主创业。浙江人强烈的致富愿望和敢为人先的性格特征，使得"草根创业"被全社会所接受，成为遍地生长的"小草经济""百姓经济"。目前，很多老百姓创业的企业已经发展成为在全国市场上有着重要影响力的大型企业，成为浙江经济增长和转型升级的关键力量。例如，被称为"三通一达"的申通、圆通、中通、韵达四家快递公司均是起源于浙江桐庐的"草根创业"，目前已经成为浙江经济转型发展的重要力量。二是打工者转化创业。很多到浙江打工的外地人，在获得一定积蓄以后，纷纷加入创业的大军，成为浙江全民创业的另外一支重要力量。例如，安徽等周边省份务工人员在浙江打工一段时间以后，纷纷参与创业，在浙江很多地区形成了大量的民营企业。三是外来投资创业。这种创业也被称为"绿地投资"，往往投资规模较大，技术水平和经营水平较高，由成熟的资本主导，能够成为产业发展和转型升级的重要推动力量。例如，浙江为加快推进海洋经济发展重大项目建设，推动现代海洋产业发展，汇总编制了《2014年度浙江海洋经济发展重大建设项目实施计划》，计划共安排项目479项，总投资达8680亿元，其中2014年度计划投资1247亿元。

（二）企业技术创新和商业模式创新

经济增长可以分为外延式增长和内涵式增长，外延式增长也称斯密增长，是指主要依靠资本投入来实现经济增长；内涵式增长也称熊彼特增长，主要是指通过创新提高效率来实现增长。浙江经济的发展实际上是外延式增长和内涵式增长相互融合、共同作用的过程，在不同的发展阶段，由不同的增长模式占据着主导地位。在改革开放初期经济规模较小的时候，主要依靠扩大资本投入，推动外延式增长；在经济总量达到一定规模，经济发展水平跃居全国前列以后，则主要依靠企业的技术创新和商业模式创新，实现内涵式增长。目前，浙江将打造创新型省份作为重要战略任务来抓，把提升自主创新能力作为促进经济转型升级的主要动力。2009年浙江成为国家技术创新工程首个试点省，开始全面实施"八个一批"[①]工程，浙江创新型省份建设进入新阶段。[②]在良好的政策环境下，浙江企业在技术创新和商业模式创新方面取得了显著成绩。从企业技术创新来看，近年来浙江围绕26个重大科技专项、30个优先主题，组织实施了一批重大科技创新工程和重大技术改造项目，在软件、集成电路、通信、纳米、新能源、生物医药、医疗器械等高新技术领域，取得了一批自主知识产权的技术成果，成长起来一批具有核心竞争力的高新技术企业，例如阿里巴巴、吉利控股集团有限公司、万向集团、娃哈哈集团等。从企业商业模式创新来看，浙江是商业模式创新最为活跃的地区，涌现了很多领先全国的新型商业模式，例如，近年来兴起了很多工业设计企业，推动着传统制造业的商业模式创新；浙江很多取得经营许可证的知名融资性担保公司，正寻求新的业务支撑点，探索行业自身的商业模式创新；泰隆银行等专业化的商业银行形成了以"三品、三表、三三制"为特色的小企业金融服务模式，为小企业提供低成本、可持续的融资。

（三）政府体制机制创新

体制机制的创新往往能够释放出促进经济增长的巨大力量，浙江经济之所以能够取得今天的发展成就，在很大程度上是浙江省委、省政府体制机制创新的结果。改革开放初期，浙江体制机制创新主要体现在解放思想，尊重人民群众的首创精神，为民营经济发展提供空间；党的十四大以后，浙江体制机制创新主要体现在继续推进以国有企业、城乡集体企业转换经营机制和产权制度改革为重点的新一轮改革，大力发展私营经济，完善社会主义市场经济体制；2003年浙江提出"八八战略"以后，浙江经济的发展进入新的历史阶段，此时体制机制创新的重点转向如何加快转换经济发展方式，全面建设小康社会，在完善和发展中国特色社会主义制度、推进国家治理体系和

---

① "八个一批"是指"抓好一批创新型企业，建设一批公共科技创新平台，构建一批产业技术创新战略联盟，引进一批大院名校大企业共建创新载体，提升一批高新技术开发区（园区）和特色产业基地，实施一批以企业为主体的重大科技专项，推广一批重要科技成果和共性技术，造就一批企业创新人才"。

② 参见中共浙江省委党史研究室编著《创业富民 创新强省——中共浙江省第十二次代表大会以来》，浙江人民出版社，2012，第3页。

治理能力现代化方面先行先试，为中国全面深化改革提供经验。2009 年 5 月，浙江省委十二届五次全会做出《关于深化改革开放推动科学发展的决定》，部署了 8 个方面 31 项改革任务。目前，多项改革被列为国家试点，在重点领域和关键环节先行先试、率先突破。2010 年 3 月，转变发展方式综合配套改革试点上升为国家发改委联系点；2011 年 3 月，义乌市国际贸易综合改革试点上升为国家战略。① 各设区市及义乌市的改革试点主题分别确定为：杭州市开展综合配套改革试点，宁波市开展扩大对外开放综合配套改革试点，温州、台州开展民营经济创新发展综合配套改革试点，湖州市开展社会主义新农村建设综合配套改革试点，嘉兴市开展统筹城乡综合配套改革试点，绍兴市开展工业转型升级综合配套改革试点，金华市开展现代服务业发展综合配套改革试点，衢州市开展特色产业发展综合配套改革试点，舟山市开展海洋开发综合配套改革试点，丽水市开展生态经济创新发展综合配套改革试点，义乌市开展国际贸易和统筹城乡综合配套改革试点。

（四）创新驱动战略

创新发展战略是实现创新驱动发展战略、加快转变经济发展方式的重要指南。浙江经济的发展成就在很大程度上是对创新驱动战略一以贯之的结果。党的十八大明确提出"实施创新驱动发展战略"，要求"以全球视野谋划和推动创新"。习近平总书记近期在多种场合也反复强调实施创新驱动发展战略的重要性，指出"创新是民族进步的灵魂，是一个国家兴旺发达的不竭源泉，也是中华民族最深沉的民族禀赋"。事实上，一个国家、地区的命运与兴衰，与其在历次科技革命中扮演的角色息息相关。浙江省长期以来非常重视创新工作。2003 年，浙江省委十一届四次全会提出"八八战略"时，就把科教人才工作作为重要组成部分，强调积极推进科教兴省、人才强省。2006 年，全省自主创新大会首次提出 2020 年建成创新型省份的战略目标。经过这些年持之以恒地推进和落实，全省创新基础得到加强，创新环境

---

① 参见中共浙江省委党史研究室编著《创业富民　创新强省——中共浙江省第十二次代表大会以来》，浙江人民出版社，2012，第 64 页。

不断优化，创新资源加快集聚，创新能力持续提升，科技综合实力和竞争力迈上新台阶，在促进经济社会发展方面发挥了重要支撑作用。2013年，浙江在紧密结合本省实际的基础上，在省委十三届三次全会上审议通过了《中共浙江省委关于全面实施创新驱动发展战略加快建设创新型省份的决定》，明确提出了浙江省实施创新驱动发展战略的总体要求、目标任务和工作举措，体现了战略高度、认识深度和工作力度，体现了浙江发展的阶段性特征与新一轮科技革命产业革命发展机遇的自觉融合，体现了省委强化顶层设计与尊重基层和群众首创精神的高度统一，具有起点高、立意远、观点新、思路清、举措实的特点，是在当前和今后一个时期内浙江省全面实施创新驱动发展战略，加快建设创新型省份，真正形成"苟日新，日日新，又日新"的生动活泼创新发展新局面的指导性文件。

（五）科技政策体系创新

科技政策体系是实现创新驱动发展战略、加快转变经济发展方式的重要动力。浙江经济的发展成就在很大程度上也是浙江科技政策体系创新的结果。浙江比较早地放弃单纯依靠要素投入量的增长来获取规模速度型粗放增长，转向注重科技政策和体系创新，加强科技投入，追求质量效率型集约增长。2007年11月，浙江省委十二届二次全会做出的《关于认真贯彻党的十七大精神扎实推进创业富民创新强省的决定》强调："完善和落实自主创新的政策措施，深化科技管理体制改革，加大对自主创新的投入，加快建设区域创新体系，进一步引进大院名校共建创新载体，建设科研机构创新基地，引导和支持创新要素向企业集聚，加强对重点企业技术中心的扶持，完善以企业为主体、市场为导向、产学研相结合的技术创新体系，注重发挥高等院校的作用，着力突破制约经济社会发展的关键技术，实现技术发展的跨越。"浙江的实践证明，只有当科技创新成为新的发展引擎时，才有可能使经济发展面貌焕然一新。以2014年前3个季度为例，浙江省地方财政科技支出就达120.7亿元，同比增长11.3%；规模以上工业科技活动经费支出530.8亿元，增长7.8%；工业技术改造投资增长14.5%，占工业投资的66.1%。在如此前所未有的巨量科技投入下，2014年前3个季度，浙江省规模以上工业实现利润增长 9.8%，增速高于主营业务收入 5.1 个百分点。与此同时，浙江资源集约利用水平明显提高：2013 年万元地区生产总值能耗为 0.53 吨标准煤，居全国第 3 位；万元地区生产总值水平仅为全国平均水平的一半。

二 倒逼转型机制

企业微观主体的个体性追求是经济增长的内生动力，然而对这种个性的行为还必须进行适当规制，使个体目标与全社会的整体目标相统一。习近平同志指出："国家实施宏观调控政策和现实经济活动中资源要素瓶颈制约形成了新的'倒逼'机制，实际上这也是调整经济结构、转变增长方式的一个契机。"[1] 倒逼转型机制体现了这种统一，通过市场这只"看不见的手"和政府这只"看得见的手"两种手段，对企业微观主体的行为进行规制，使其符合经济发展的长远要求，从而促进经济转型升级，实现全面、可持续发展。具体来讲，倒逼转型机制主要通过三个渠道发挥作用。

（一）以"五水共治"为抓手的生态环境倒逼

生态环境倒逼指的是政府设立环境标准，以治水、治气为突破口，倒逼企业转型升级。对于每个项目的引进，环保部门率先介入，要有话语权，抬高项目引进的环保"门槛"。对那些高污染、不符合环保要求的项目，即使投资再多也要拒之门外。对那些过去已经入驻的污染企业，要限期加以整改，如果迟迟不能达标，就要勒令搬迁。最为典型的是"五水共治"倒逼转型。2013 年，在全国"两会"期间，网上出现了"浙江多地市民邀请环保局局长游泳"的舆论事件，引起了社会的关注。浙江省委、省政府认为，水污染问题、水资源利用效率低下问题、水环境质量问题，归根结底是经济发展方式落后的问题。治水，就是转型升级最直接、最关键的突破口，必须以壮士断腕的决心全力推进。是年 3 月，全省上下启动治污水、防洪水、排涝水、保供水、抓节水的"五水共治"以及全面消灭

---

[1] 习近平：《之江新语》，浙江人民出版社，2007，第 133 页。

黑河、臭河、垃圾河的"三河整治"工程，对于那些对水质造成污染的企业坚决予以搬迁或关闭。例如，在省委书记的亲自督导下，2012 年浦江县开始对"低小散乱"作坊、截污纳管等问题进行全面排查。经过一年整治，关停整治水晶加工企业 1.4 万余家，取缔了 9300 多户无证（照）水晶加工户。与此同时，浦江县规划建设了水晶产业集聚园区，并严格制定了水晶行业整治标准和入园标准。从治气倒逼来看，从 2014 年 1 月起，浙江省对各区市的 PM2.5 指标进行逐月通报，并进行年度考核，考核结果将纳入省对设区市、设区市对县（市）的生态省建设、环境保护工作目标责任考核体系，考核结果作为对市、县（市）政府实绩进行分析评价的依据。根据考核办法，PM2.5 指标年均浓度上升在 10% ～ 20%、20% ～ 30%、30% ~ 40%、40% 以上的，将分别被处罚 200 万元、300 万元、400 万元、500 万元。对于考核不合格的地方，各级环境保护行政主管部门将暂停审批对该城市 PM2.5 指标造成重大影响的工业建设项目，直到通过污染治理等措施，大气环境质量状况持续两个季度达到合格要求的，方可申报解除上述限批措施。浙江为防治大气污染，将除热电联产项目外，禁止审批新建燃煤发电项目。到 2017 年年底，浙江省所有开发区、工业园区全面实现集中供热；县以上城市全面完成建成区大气重污染企业关停或搬迁工作，70% 的省级以上园区实施循环化改造。

（二）以"三改一拆"为重点的生产要素倒逼

生产要素倒逼指的是规定单位生产要素的效益指标，"以亩产论英雄"，从而促使企业提高生产要素效率，倒逼企业转型升级。目前，中国的生产要素条件已经不再宽裕，能源、矿产、资金、土地、劳动力、环保等的压力越来越大。但是，基于历史原因和政府出于保护企业的考虑，一些重要生产要素的价格被长期扭曲、压低，要素价格不能反映其在市场上的稀缺程度，企业既然能较容易地获得低廉的生产要素，便没有足够动力去改变靠消耗资源追求低成本和规模扩张的发展模式。① 因此，浙江广泛开展"三改一拆"，

① 参见张永伟《企业创新动力为何不足》，《中国经济时报》2006 年 11 月 28 日，第 8 版。

在改造约 2.7 万平方米的旧住宅区、旧厂区、城中村的同时，依法拆除了约 2.5 万平方米的违法建筑，拆除违法建筑获得的土地资源近 20 万亩，改造获得的土地资源约 16 万亩，相当于浙江未来 3 年的土地指标。同时，为更好地推动企业转型升级，浙江对企业单位土地投资、单位土地产出等指标进行了限定，对于达不到生产要素效益指标的企业予以迁出或由其他企业对其进行并购，提高土地等生产要素的集约利用水平。目前，浙江已经出台规定，用地规模在 10 亩及以上的工业企业，一旦存在闲置或低效利用土地的情况，则列入"黑名单"，在整改完成前，取消新增土地竞买资格并停止供地。杭州提出了工业项目投资总额、投资强度、亩均产值、亩均税收等准入指标，比如市区新增的工业用地，投资总额不低于 5000 万元，投资强度不低于 400 万元/亩，产值不低于 720 万元/亩，税收不低于 30 万元/亩。如果项目没有达到标准，一般通过租赁土地或厂房解决，杭州不安排新增建设用地指标，不单独组织供地。杭州还对辖区范围内的低效用地进行一次大摸底，对辖区内不符合产业发展要求、产能低下、圈而不用等低效用地进行登记造册，纳入收回计划。政府收回低效利用土地的，可以退还原土地出让金并给予银行利息和合理收益补偿。另外，对于一些有进一步用地需求的企业，浙江鼓励其对其他土地利用效率低的企业进行并购，从而获得土地使用权。例如，创建于 1988 年的联丰磁业，是浙江省海宁市一家集生产、科研、销售为一体的高新技术企业。2011 年，公司为进一步扩大业务，急于新征土地，而公司周边一家从事小五金生产的企业，由于受金融危机等因素影响，发展并不如意，考虑转让。后来，通过政府牵线搭桥，联丰磁业对其进行兼并收购，用于建设磁芯生产线，投产后 54 亩被收购厂区，年产值由 3000 万元增加到 2 亿元。

（三）以"结构调整"为目标的市场机制倒逼

市场机制倒逼指的是政府减少对企业经营的直接干预，充分利用市场机制的作用，通过"优胜劣汰"，倒逼企业转型升级。浙江在推动产业结构调整和转型升级时，十分重视界定政府的行为边界，维护市场在资源配置中的决定性作用，减少对市场运行的干预。具体来讲，浙江在利用市场机制倒逼企业转型升级方面，主要采取了四种机制。一是竞争机制。浙江确定的被淘汰企业，绝大部分都是处于价值链低端，在市场上基本丧失竞争力的企业。这部分企业往往早就存在退出意愿，但由于存在"退出成本"，所以存在"市场失灵"，无法在短期内有效退出。浙江通过对这部分企业给予一定的退出补贴，或为企业之间的兼并重组牵线搭桥，在一定程度上弥补了其"退出成本"，使市场机制变得更加高效，利用市场竞争淘汰落后产能和落后企业。二是供求机制。浙江出台政策规定，省内重要建设工程等基础设施必须使用新型干法水泥。同时，发挥政府采购导向作用，由政府投资的工程及所需办公用品，严禁采购、使用列入限制和淘汰目录的产品和装备。三是价格机制。对不同的技术路线的企业采取不同的资源价格，例如，浙江规定采取阶梯电价的计费方式，对那些高耗能产业实施更高的电价标准。四是利率机制。对于一些高耗能产业，银行不予贷款，或者执行更高的利率标准。例如，浙江正式下文，要求各银行对节能环保方面的信贷加大支持力度，对高耗能、高污染产业的信贷要限制。对淘汰类项目，不仅不提供信贷支持，而且要采取措施收回已发放的贷款。

第四节　实践与探索："四大建设""四换三名"

转型升级是新世纪以来浙江经济发展的主旋律。为促进转型升级，近年来浙江大胆创新、积极探索，总结了"八八战略"实施以来的主要经验，提出将"四大建设""四换三名"作为推动转型升级的主要抓手，并取得了积极的进展。"四大建设""四换三名"既是浙江对坚持科学发展观，践行"中国梦"的一以贯之，体现了"一张蓝图画到底"的决心，也是应对新形势、新变化，审时度势做出的战略创新，具有十分重要的现实意义。

一　"四大建设"

随着资源、环境等要素条件制约的加剧，浙江经济发展中面临着前所未有的挑战。过去那种"遍地开花""户户冒烟"的粗放式发展道路已经无法持续，过去分散、低效、单独使用的资源必须集中到经济发展的关键环节中进行集中、高效、共享使用。只有这样，才能够继续维持浙江的经济强省地位，实现产业转型升级和经济可持续发展。针对这一问题，浙江省委在2009年12月的经济工作会议上，明确提出了"扎实推进大平台大产业大项目大企业建设"。随后，2010年11月省委十二届八次全会审议通过的"十二五"规划建议和2011年1月省十一届人大四次会议审议通过的"十二五"规划纲要中，分别提出"大平台大产业大项目大企业建设加快推进"的要求，从而使这"四大建设"成为指导浙江经济转型发展的重大决策部署。

（一）大平台

浙江提出，要以集约高效绿色发展为导向，加快构筑一批产业科技人才集聚发展的大平台，具体主要是指着重规划建设14个产业集聚区和整合提升各类经济技术开发区。高层次的平台具有为经济建设开拓空间、整合资源、承载发展的重要功能和任务。没有大平台支撑，大产业大项目大企业就无从谈起，城市化水平也难以提升，所以浙江把大平台建设摆在首要位置来加以强调和谋划。① 浙江在建设大平台方面，主要采取了四种路径。一是规划建设14个省级产业集聚区，包括杭州大江东、杭州城西科创、宁波杭州湾、宁波梅山国际物流、温州瓯江口、湖州南太湖、嘉兴现代服务业、绍兴滨海、金华新兴产业、衢州绿色产业、舟山海洋产业、台州湾循环经济、丽水生态产业、义乌商贸服务业等产业集聚区，为先进制造业和现代服务业的集聚发展拓展新空间。二是对现有开发区（园区）进行整合提升。浙江开发区数量众多，但存在与现有产业集聚区融合不够、功能定位有待提升，以及资源要素制约明显等问题。加大对不同园区的整合，能够在不同园区之间更加合理地配置资源，从而在实施区域发展规划和城市群规划、加快经济发展方式转变和调整经济结构中更好地发挥作用。三是构筑海洋经济发展大平台。浙江海洋经济发展示范区建设已正式上升为国家战略。四是大力推进科技创新基地建设，打造人才平台，做好人才引进、科技创新和品牌培育。

---

① 参见郭占恒《推进"四大建设"加快转型升级》，《政策瞭望》2011年第5期。

（二）大产业

浙江提出，要以发展先进制造业、现代服务业和海洋经济为重点，加快形成一批具有较强竞争优势的大产业，具体主要是指发展提升11个重点制造业、9个新兴战略性产业、现代服务业和42个块状经济集群。改革开放以来，浙江逐渐发展形成了"轻、小、民、加"的产业结构特点，即轻重工业结构以轻工业为主，企业规模结构以小企业为主，所有制结构以民营经济为主，产业链结构以加工制造为主。浙江的这种产业结构对于发挥经济活力、加快区域经济发展起到了重要的作用，但同时也积累和暴露了产业层次低、企业规模小、生产力布局离散、自主创新能力弱等"低、小、散、弱"的问题。[①] 为提升产业竞争力，提高经济发展质量，浙江提出了大产业的发展战略，具体包括四个方面。一是选择了汽车、船舶、钢铁、石化、装备制造、电子信息、有色金属、轻工、纺织、建材、医药11个重点产业，明确发展方向，推动转型升级。这些行业基本代表了浙江经济的支柱，这些产业的转型升级也就意味着浙江经济的转型升级。二是以重大技术突破和重大发展需求为基础，培育和发展生物、物联网、新能源、新材料、节能环保、高端装备制造、海洋新兴、新能源汽车和核电关联9个战略性新兴产业。虽然目前战略性新兴产业占整个国民经济的比重尚小，难以成为拉动经济增长的支柱产业，但其代表了产业发展的方向，并能够推动整个产业技术水平的提升。三是加快现代服务业发展，促进先进制造业与现代服务业融合。目前，先进制造业已经成为全球制造业竞争最为激烈的领域和发达国家控制全球分工体系的战略制高点，其重要特征就是与先进服务业融合发展。目前，发展先进制造业已经成为浙江制造业转型升级的根本方向。四是促进42个块状经济集群向现代产业集群转型升级示范区建设。在发展过程中，浙江自发形成了大量的产业集聚区。如何将这些产业集聚区打造成现代产业集群，实现借梯登高、加快发展的新局面，是需要解决的重要问题。

---

① 参见郭占恒《推进"四大建设"加快转型升级》，《政策瞭望》2011年第5期。

（三）大项目

浙江提出，要以改善发展环境、增强发展后劲为目标，加快推进一批事关长远发展的大项目，具体主要是指抓紧实施一批重大基础设施项目和重大产业提升项目。大项目是政府抓经济、搞建设的重要抓手，也是促进产业结构调整、推动经济转型的有力措施。浙江十分重视大项目的引进和实施，并从生产要素供给等方面给予大项目特殊的保障。具体来看，浙江的大项目主要有两种基本类型。一是政府主导性重大项目。例如，2013 年 4 月，浙江省政府发布《浙江省扩大有效投资"411"重大项目建设行动计划（2013～2017 年）》，计划未来 5 年总投资超过 10 万亿元。在"411"重大项目建设计划中，"4"是指"四大万亿"工程，即万亿产业转型升级工程、万亿基础设施完善工程、万亿统筹城乡建设工程、万亿公共服务提升工程；"1"一方面是指建设 1000 个以上省重大项目，另一方面是指带动全社会固定资产投资超过 10 万亿元。二是企业主导性重大项目。按照"招大、引强、选优"的要求，推出一批重大招商项目，开展重大引资活动，包括引进央企、民企和世界 500 强企业的大项目。例如，为加快推进海洋经济发展重大项目建设，推动现代海洋产业发展，2014 年 3 月浙江编制发布了《2014 年度浙江海洋经济发展重大建设项目实施计划》，本年度计划共安排项目 479 项，总投资为 8680 亿元，其中 2014 年度计划投资 1247 亿元。

（四）大企业

浙江提出，要以做强做大行业龙头骨干企业、提升块状经济为抓手，加快培育一批具有核心竞争力的大企业，具体主要是指培育发展 146 家龙头企业和若干跨国公司。大企业往往能够对一个地区产业的发展起到主导作用。是否拥有足够数量的大企业，以及这些大企业是否具有较强的竞争力，往往代表了一个地区产业竞争力水平的高低。为促进产业转型升级、提高产业竞争力，浙江十分重视大企业的培育和引进，具体主要通过两种途径。一是着力扶持 146 家行业龙头企业加快发展，支持形成若干个跨国公司，提升大企业大集团在行业中的影响力和控制力。二是积极引进世界 500 强企业，加快与具有资金、资源、技术和市场优势的跨国集团和中央大企业开展战略合作，优化提升浙江的企业结构和产业结构。

二 "四换三名"

这些年来，浙江从生产要素培育和保障的角度出发，着眼于企业内部，相继出台了致力于解决制约经济发展实际问题的"四换三名"举措。在一定程度上可以讲，"四换三名"是"四大建设"的具体化和可操作化，核心是提高产业发展水平，推动经济增长动力机制转换，使转型升级成为经济发展的新动力。

（一）"四换三名"的由来

"四换三名"的提出，有着前后相继的发展历程。2003 年，时任浙江省委书记习近平首先提出了"腾笼换鸟"的思想。他认为，浙江要以"腾笼换鸟"的思路和"凤凰涅槃"① 的精神，加快推进经济增长方式转变。一直到今天，在浙江广泛实施的"五水共治""三改一拆"等举措，都是这一思想的延续和具体化。2012 年，浙江省委、省政府又在"腾笼换鸟"的基础上，提出了"机器换人"，瞄准的是产业升级和提高企业技术构成。2013年，浙江省委、省政府又根据转型需要和新经济发展的趋势，相继提出了"空间换地"和"电商换市"，至此形成了完整的"推进腾笼换鸟，大力发展高附加值、低能耗、低污染产业；推进机器换人，实现减员增效；推进空间换地，实现节约集约用地；推进电商换市，大力发展电子商务；着力培养名企、名品、名家，打造行业龙头"的"四换三名"工程。

概述而言，在"四换"中，"腾笼换鸟"是着眼于整个产业的发展，而"机器换人""空间换地""电商换市"则更多的是着眼于特定生产要素，因此"腾笼换鸟"是"四换"的核心，统领其他"三换"。"四换"既是统一的，又各具重点指向："腾笼换鸟"解决的是产业的"低、小、散、弱"问题；"机器换人"解决的是生产方式落后，以及高素质劳动力

---

① 习近平：《之江新语》，浙江人民出版社，2007，第184页。

不足的问题；"空间换地"解决的是土地投入产出效率低、土地节约集约利用水平不高的问题；"电商换市"解决的是构建新的营销渠道、开拓市场空间的问题。而"三名"的提出则是为了破解浙江中小企业多、龙头骨干企业少，品牌数量多、知名品牌少，大小老板多、知名企业家少的"三多三少"问题，体现了浙江对未来产业结构和产业组织结构的目标要求。其中，"名企"解决的是培育龙头企业、品牌企业和高新技术企业的问题；"名品"解决的是全面实施标准强省、质量强省、品牌强省战略的问题；"名家"解决的是培育经营管理人才队伍、研发设计队伍和高级技工队伍的问题。

（二）"四换"

"四换"体现了浙江对现有产业和企业进行改造和升级的过程，因此是"三名"的基础。

1. "腾笼换鸟"

"腾笼换鸟"思路自提出后，一直被作为浙江经济发展的重大战略，指导着浙江经济的转型升级。浙江对"腾笼换鸟"的定位是：改变粗放型增长方式，腾出空间培育"吃得少、产蛋多、飞得远"的好"鸟"。其中，"吃得少"指的是企业的资源消耗少，"产蛋多"指的是企业能够带来的经济效益高，"飞得远"指的是企业具有长远发展能力。"腾笼换鸟"，说到底，要"腾"的是低水平重复的项目和企业，要"换"来的是新的产业、新的体制和新的增长方式，将浙江大"笼子"中产能过剩、经营粗放的企业"笼子"腾出来，发展占用资源少、创新能力强、附加值高的高端高质高效产业，真正推动经济发展从仿制型、制造型向创造型转变，从创业型向创新型提升。[1] 浙江实施"腾笼换鸟"战略以后，取得了巨大成就。2014年上半年，浙江省共完成淘汰落后印染产能 14.89 亿米、造纸产能 162 万吨、制革产能 418 万标张、平板玻璃产能 287 万重量箱、铅蓄电池产能 159

---

[1] 参见傅白水《浙江加快"腾笼换鸟"的四个着力点》，《杭州日报》2012 年 5 月 28 日，第 6 版。

万千伏安时、炼钢产能 33 万吨、电镀产能 240 万升、烧结砖产能 7.3 亿块标砖等，涉及 20 余个行业 1438 家企业。

2. "机器换人"

近年来，随着中国人口红利逐年减弱和生产力成本上升等问题的凸显，浙江劳动力资源呈现日渐短缺的趋势，企业不仅招工难，而且用工成本高。为应对新形势，2013 年浙江省委、省政府将"机器换人"工作摆到全省工业转型升级工作的首要位置，做出了全面推进"机器换人"的工作部署。具体来讲，"机器换人"指的是企业通过采用工业机器人等自动化、智能化的设备来代替繁重的手工操作，不仅缓解了劳动力短缺的压力，而且实现了劳动生产率的大幅提升。工业机器人是集机械、电子、控制、计算机、传感器、人工智能等多学科先进技术于一体的现代制造业重要的自动化装备。除了目前较多地应用于汽车制造行业，未来它将广泛应用于毛坯制造、机械加工、焊接、装配、检测等作业中。根据对 515 家企业的调查，浙江实施"机器换人"以后，在 6 个方面取得了积极成效。[①] 一是降低了用工及生产经营成本。68.9% 的开展"机器换人"的企业生产成本下降 5% 以上。二是提高了劳动生产效率。有 27.3% 的企业"机器换人"后劳动生产率提高了30% 以上，有 16.6% 的企业劳动生产率提高了 20%～30%，有 29% 的企业劳动生产率提高了 10%～20%。三是提升了产品品质。24.8% 的企业产品优质品率提高了 20% 以上，12.9% 的企业产品优质品率提高 15%～20%，6.6% 的企业产品优质品率提高 10%～15%，23.7% 的企业产品优质品率提高 5%～10%，30.3% 的企业产品优质品率提高 5% 以内。四是减少了能源消耗。86.3% 的企业表示开展"机器换人"后能耗下降，其中 14.7% 的企业能耗降低超过 20%，11.1% 的企业能耗降低 15%～20%，9.5% 的企业能耗降低 10%～15%，20.5% 的企业能耗降低 5%～10%，30.5% 的企业能耗降低 5% 以内。五是减少了生产事故。接受调查的企业中有超过 1/3 认为开

---

① 参见贾帆联、林洁、易双云《浙江工业企业"机器换人"情况调查》，《政策瞭望》2013年第 8 期。

展"机器换人"后生产事故降幅较大，近20%的企业表示安全生产事故降幅明显。六是淘汰了落后生产设备。通过大规模开展"机器换人"，被调查企业中生产设备水平处于行业领先的企业数增加到248家，比开展"机器换人"前增加了165家。

3．"空间换地"

"土地是财富之母"，而浙江面临着较大的土地供给压力。目前，浙江粮食安全、发展空间、国土承载"三本账"已经逼近临界值，过度消耗土地资源支撑经济持续增长的模式，已经触到了资源供给的边界和生态维系的底线，再不抓"空间换地"、抓低效用地再开发、抓节约集约用地，给不堪重负的土地减负，很快就会走到山穷水尽的地步。[①] 在这种情况下，浙江提出了"空间换地"的发展战略，通过低效土地再开发、建设现代化的立体厂房、优化土地利用结构等方式，提高土地投入产出效率，提升土地节约集约利用水平，突破土地资源瓶颈。据浙江省计划目标，2014～2017年，全省累计推进城镇低效用地再开发20万亩，累计开发城市地下空间8000万平方米，累计新建（改扩建）多层标准厂房2500万平方米；到2017年，浙江全省新增工业用地容积率将比2012年提高8%，单位建设用地GDP将比2012年提高38%。"空间换地"是浙江多年以来积极探索土地集约利用途径的政策总结。浙江在前些年实施"365"节约集约用地行动计划、"百万造地"保障工程、标准农田质量提升工程等基础上，2013年又相继实施了"三改一拆"、亩产倍增行动计划等，推动"空间换地"和土地节约集约利用。在这些政策的作用下，浙江在土地集约利用方面取得了显著成绩，2013年盘活存量建设用地9.6万亩，消化批而未供土地22.3万亩。

4．"电商换市"

近年来，电子商务正逐步取代传统商务的主导地位，成为企业最为重要的销售渠道。企业只有适应这种变化，并在电子商务的应用上取得先机，才

---

① 参见李强《算好三本细账 打好三场硬仗——在全省推进空间换地加快城镇低效用地再开发现场会上的讲话要点》，《国土资源》2014年第4期。

能够在竞争中取得胜利。浙江中小企业量多面广，专业市场和产业集群特别发达，产品种类十分繁杂，消费群体非常分散，而电子商务的发展能够打破传统的渠道模式，有利于解决产品多样化和消费者分散的问题，为浙江中小企业扩展市场空间，同时有利于促进企业商业模式创新，促进产业转型升级。在这种情况下，浙江提出了"电商换市"战略，借助自身在电子商务和现代物流领域的发展优势，培育以"电子商务＋现代物流"为主体的新流通体系，抢占新一轮流通革命背景下新流通高地，具体工作包括：电商销浙货、电商强外贸、电商促消费、电商兴农村、电商促商贸业转型、各行业电商化。目前，浙江已经成为中国电子商务交易平台最集中、实力最强的地区之一。据统计，2013年全国85%的网络零售和70%的跨境贸易是在浙江的电子商务平台上完成的。"电商换市"战略实施以后，浙江电子商务进一步加速增长。2014年上半年，浙江实现网络零售2333亿元，增长54%，居民网上消费1375亿元，增长48%，实现网络零售顺差958亿元。同时，B2C网店发展迅速，农村电商工程获得加速推进。

（三）"三名"

"三名"是"四换"的深化，"三名"之间并不是相互独立、彼此割裂的，而是一个相互影响的有机整体。只有有了"名品"和"名家"，才能成功地打造"名企"。

1. 名企

按照浙江的目标规划，力争到2017年年底，培育200家左右具有较大影响力、综合竞争力进入国内同行前三位的知名企业。其中，主营业务收入超过100亿元的龙头骨干企业100家左右，包括工业企业60家、服务业企业40家。培育10000家左右的高新技术企业。为了实现这一目标，浙江主要从三个方面对企业的发展进行支持。一是提高企业的创新能力，包括支持企业增强创新能力、大力开展协同创新和协同制造、促进企业商业模式创新等。二是加快培育总部型企业，符合条件的按现行财政税收优惠政策给予重点支持，包括鼓励培育企业做大总部经济、鼓励开展兼并重组、鼓励支持培育企业实施全球化战略、鼓励支持引进世界500强总部（区域总部）和中国 500 强总部等。三是加大要素资源保障，包括给予用能、土地、融资、环境容量等关键要素的重点保障，将培育企业纳入保用电范围，给予产业转型升级排污总量控制激励政策支持，鼓励培育企业投资发展类产业项目，强化信贷支持等。

2. 名品

按照浙江的目标规划，力争到 2017 年年底，培育 300 个在国内外拥有较高市场占有率和较好消费者满意度的产品品牌，10 个具有国际知名度和影响力的区域品牌；培育品牌企业 1000 家左右，在规模以上工业中，省级以上品牌企业产值占比力争达到 35%。为了实现这一目标，浙江主要从四个方面对企业的品牌建设进行支持。一是创建具有国际知名度和影响力的区域品牌，包括大力实施品牌创新、质量创新和标准创新工程，打造传统优势产业区域品牌，培育新兴产业区域品牌等。二是支持实施联合性市场开拓，包括将培育品牌列入"浙江制造精品指导目录"予以推广，积极支持浙江省培育品牌在淘宝网及国内其他第三方电子商务平台开设网络旗舰店、专卖店等。三是加大品牌保护力度，包括坚持创牌与保牌并举，努力形成企业自我保护、政府依法保护和司法维权保护三位一体的品牌保护体系等。四是加大对品牌的培育宣传力度，包括对培育品牌进行重点宣传等。

3. 名家

按照浙江的目标规划，力争到 2017 年年底，培养 100 名具有全球视野的高水平现代企业家，培养 100 个具有现代化管理理念的企业管理团队，培养 100 个具有较强自主创新能力的技术团队，努力使浙江省成为全国企业家、管理和技术团队的创业创新高地。为了实现这一目标，浙江主要从三个方面对高水平的现代企业家进行培养。一是加大对企业家领衔的管理与技术团队的培训，包括联合著名高校和研究机构，积极开展"菜单式"培训和企业家自主选择学校、自主选择培训内容的"双自主"培训等。二是加大新生代企业家培养，包括加强民营企业代际传承服务，定期组织新生代企业家在境内外开展高端培训和考察学习，大力引进和培育一批职业素养高、创新意识和经营管理能力强的职业经理人等。三是营造尊重企业家的社会氛围，包括优先推荐符合条件的企业家申报各级荣誉称号，积极推荐符合条件的企业家作为国家级、省级的党代表、人大代表和政协委员提名人选，引导企业家切实履行好企业社会责任等。

第五节　经验与启示：政府引导、民间活力

党的十八届三中全会通过了《中共中央关于全面深化改革若干重大问题的决定》，指出："经济体制改革是全面深化改革的重点，核心问题是处理好政府和市场的关系，使市场在资源配置中起决定性作用和更好发挥政府作用。"① 事实上，浙江经济发展之所以能取得令人瞩目的成就，最根本的经验就是处理好了政府和市场的关系，将"有为政府"和"有效市场"结合起来，既保证了经济沿着科学规划的方向发展，也充分发挥了市场经济的活力。

一　始终不移地坚持以人为本、全面协调可持续发展

经济活动归根结底是为了改善民生，非民生的经济活动是人类行为的异化。② 浙江在经济发展中，一个核心的理念就是始终不移地坚持以人为本、全面协调可持续发展。从当初的"藏富于民"，再到后来"八八战略"中提出的"浙江全面建设小康社会"、"两创"中提出的"创业富民"、"两富浙江"中提出的"物质富裕"和"精神富有"、"两美浙江"中提出的"创造美好生活"，这些都是对这一理念的坚守。事实上，也正是因为坚持了这种理念，才能够充分调动人民群众的积极性，形成全民创业的浪潮，激发企业技术创新和商业模式创新的热情，提高经济活力，实现从"农业小省"到"经济大省"的跨越。目前，浙江正处于经济转型发展的关键时期，而转型发展的根本目的还是促进人的发展，不仅满足人对物质财富增长的需求，而

---

① 《中共中央关于全面深化改革若干重大问题的决定》，《人民日报》2013 年 11 月 16 日，第 1 版。
② 参见金碚《论民生的经济学性质》，《中国工业经济》2011 年第 1 期。

且满足人对自然环境和精神财富的需求。为了在经济转型发展过程中更好地发挥人的主动性，浙江始终将人的全面发展作为发展的根本目的，几乎所有的政策和工作都是围绕"以人为本"这一核心展开的。在具体的机制设计上，浙江尽可能发挥市场机制的作用，让尽可能多的人民群众参与进来，使人民群众的自觉参与成为经济转型发展的根本动力。

二　始终在发挥比较优势的基础上打造竞争优势

一个经济体的经济结构内生于它的要素禀赋结构，一国的要素禀赋在任意特定时刻都是给定的，但随着时间推移是可变的，决定了一国的比较优势，从而决定了该国的最优产业结构，一国禀赋升级的最佳方法是在任一特定时刻根据当时的要素禀赋结构决定的比较优势发展它的产业。[①] 浙江在经济发展过程中，很好地遵循了这一原则，并获得了成功。具体来看，浙江遵循比较优势，打造竞争优势的发展战略变迁可以分为三个阶段。一是改革开放初期，浙江土地资源十分贫瘠，每名农村劳动者占有的土地数量仅仅为全国平均水平的1/4左右，这表明浙江在依靠发展农业来推进本省经济建设方面存在很多的不利条件。在这种情况下，浙江遵循了比较优势的原理，充分发挥了浙江人中蕴含的那种经商文化和吃苦耐劳的精神气质，选择发展手工业和商业，并建立起自身的竞争优势。在正确的战略选择下，浙江取得了很大的成功，浙江的要素禀赋条件也随之发生了变化。二是20世纪90年代，浙江在前期发展中取得了巨大的成就，积累了大量的财富，充裕的民间资本成为浙江发展的新优势。在这种情况下，浙江依然遵循了自身的比较优势，通过民间借贷等方式将分散在各家各户的资本集中起来，进行大规模的投资，发展资本密集型产业。大量的民营企业主成长为企业家。很多企业也由过去的"简单模仿"，转变为具有自身的核心技术。这一阶段是浙江经济飞速发展的阶段，浙江不仅在轻工业，而且在钢铁等重工业领域建立起了竞争优势。三是进入21世纪以后，浙江在积累了企业家资源、技术资源、丰富

---

① 参见林毅夫《新结构经济学》，北京大学出版社，2012，第5页。

的资本以后，开始寻求更高层次的竞争优势。也正如迈克·波特所言，建立在天然资源、气候、地理位置、非技术工人、资金等低级生产要素上的竞争优势难以持久，往往容易被后发地区所赶超；相比之下，建立在通信基础设施、复杂和熟练劳动力、科研设施以及专门技术知识等高级生产要素上的竞争优势则更为强大而持久。在这种情况下，浙江开始在新的比较优势基础上，寻求建立更高层次的竞争优势。"八八战略"强调转型发展，提出发挥生态优势、人文优势；"跳出浙江发展浙江"，强调发挥企业家优势；"两创"强调发挥创新文化优势；"四大建设""四换三名"中，更是具体地提出发挥海洋资源优势、电商平台优势、现代技术优势等。总之，浙江在经济发展中，始终能够遵循比较优势的变化，不断建立起新的竞争优势，从而实现经济的持续增长、结构的不断升级。

三 始终遵循"民本多元"发展

习近平总书记在总结浙江发展奇迹时指出："浙江的活力之源就在于改革，就在于率先建立了能够调动千百万人积极性的、激发千百万人创造力的体制机制。"[①] 正如其所言，浙江经济发展的一个重要经验就是建立了"民本多元"的发展模式。所谓"民本多元"，是指浙江的经济结构和发展格局根植于民力，着眼于民生，源自民为，充分尊重广大人民群众的创业精神，全面调动广大人民群众的积极性；坚持"两个毫不动摇"，"不唯成分看贡献"，大力释放各种经济主体的活力，个体私营经济、国有经济和外资经济相互促进、共同发展，省内外各种资源得到综合利用。[②] "民本多元"是浙江经济发展中始终遵循的基本准则，体现在工作中的各个方面。一是从制度创新来看，浙江模式属于典型的"市场主导型"经济发展模式，即民间诱致型的制度创新发展模式。在这种发展模式下，民间资本在推动浙江制度创

---

① 习近平：《干在实处　走在前列——推进浙江新发展的思考与实践》，中共中央党校出版社，2006，第85页。

② 参见刘迎秋等主编《浙江经验与中国发展》（总报告卷），社会科学文献出版社，2007，第6页。

新上起到了基础性作用。浙江是中国沿海地区较早进行所有制结构变革的省份，所有制结构的变革是浙江企业家与人民群众的伟大创造，是浙江率先发展并取得卓越成绩的关键所在。① 目前，浙江正在进行新的制度创新，而这些制度创新的根本推动力还是人民群众的创造。二是从发展动力来看，各种经济成分企业共同发展、互为补充、相互融合、相得益彰。民营经济是推动浙江经济增长的根本动力，占整体经济的比重接近60%，是经济增长的主导力量；浙江国有企业具有很强的竞争力，目前省属企业中已有4家"千亿级"企业，有7家省属企业进入中国企业500强，有1家连续多年进入世界500强。浙江经济外向型程度较高，2014年上半年，已有169家世界500强在浙江省投资企业487个。三是从利益分配来讲，各种经济成分企业的利益都能够得到保障。民营经济在发展中遭遇"玻璃门""弹簧门"的情况，在浙江相对较轻。浙江各级政府也尽量为各种所有制成分的企业发展创造公平的环境，鼓励浙商回归，并保护其合法收益。自从2006年浙商大会期间23个省级浙江企业联合会（商会）向活跃在省外各地的浙商联合发出"鼓励做强做大、优势明显的浙商回归家乡投资创业，热忱服务家乡经济"的倡议后，浙江逐年推进"浙商回归工程"。2012年，"浙商回归"成为省政府的"头号工程"。浙江希望通过此举度过艰难的产业转型升级期，并为浙江经济转型注入新的活力。持续的努力终显明显的效果。以2014年1~11月为例，浙江实现固定资产投资21196亿元，其中民间投资13260亿元，占投资总额的63%。

四　始终正确处理好政策传承和改革创新的关系

政策的连续性和稳定性对于一个地区的发展非常重要。浙江各届政府对政策传承非常重视，坚持"一张蓝图画到底"，各自根据不同时期的时代特征发展创新，在共同的蓝图上"着墨填色"，共同创造了浙江的辉煌成就。分阶段来看，浙江的经济发展政策是一脉相承的。"八八战略"是对浙江过去多年经验的总结，在对浙江经济发展面临的新形势、新问题进行充分考察

---

① 参见徐邦友《自由与发展：浙江现象的新解读》，《中共浙江省委党校学报》2014年第2期。

的基础上，创新性地提出了发挥"八个优势"，推进"八个举措"。"两创"是在"八八战略"的基础上，进一步强调创业、创新的作用，并提出了富民、强省等目标。"经济强省""两富浙江""两美浙江"是对"八八战略"中发挥"生态优势""山海资源优势""人文优势"等战略的进一步发展，提出了浙江经济统筹兼顾，以人为本，转型升级，全面、协调、可持续发展的要求。"四大建设""四换三名"则是在"八八战略"的基础上，进一步考虑到浙江在电商平台、现代服务业等领域形成的新优势，进行政策的深化和创新，从而更好地适应发展中的变化。

第二章
政治：法治浙江、基层民主、有效政府

在改革开放进程中，浙江各级党委、政府注重发挥中国特色社会主义制度的政治优势，干在实处，走在前列，一张蓝图绘到底，一以贯之谋发展，在浙江全面建设小康社会和现代化建设进程中发挥了重要的引领作用，积极推进治理模式的转型升级，推动浙江经济社会全面、协调、可持续发展，不断创造着浙江发展的新奇迹。

浙江政治建设和改革的基本经验，就是坚持从实际出发，不断开拓创新、勇于实践，始终坚持党的领导、人民当家作主和依法治国的有机统一，注重发挥市场作用和激发社会活力，注重整体设计和基层创新相结合，积极推进地方治理体系的优化和自身治理能力的加强，以提升治理有效性作为政治发展的核心和动力，全面推进法治浙江、基层民主、有效政府建设，走出了一条符合浙江实际的政治建设和发展之路。

第一节　理念与战略：推进治理现代化

推进国家治理现代化，是新时期中国政治发展的现实要求和时代主题。党的十八届三中全会将"完善和发展中国特色社会主义制度，推进国家治理体系和治理能力现代化"作为全面深化改革的总目标，深刻反映了当前中国改革发展的总趋势和新任务，为在新的历史起点上全面深化改革、推进国家治理范式的转型升级指明了前进的方向，具有深刻的时代意蕴和重要的现实意义。

地处沿海发达地区的浙江，在改革开放进程中走在了全国发展的前列，在实践中创造了许许多多能够引领和示范全国改革发展的成功经验。进入21世纪以来，浙江各级党委和政府继续大胆探索、勇于实践、开拓创新，不断推动浙江经济社会全面、协调、可持续发展，使地域面积不大的"资源小省"释放出巨大的生产力，逐步成为中国经济增长最快、发展活力最强、改革成效最为明显的省份之一。近十年来，浙江省从"八八战略"到"创业富民、创新强省"，从建设"两富"现代化到干好"一三五"、实现"四翻番"，谱写了中国特色社会主义在浙江的生动篇章，为实现中国梦集聚了强大的动能和力量。

浙江始终处于中国改革开放的前沿，在经济社会发展各个领域都走在全国前列，在政治建设方面也探索和积累了许多成功的经验。浙江的政治发展经验，就是在坚持党的领导、人民当家作主和依法治国有机统一原则的前提下，推进中国特色社会主义民主政治建设的具体路径探索。其中，深入实施"八八战略"，推进"法治浙江"建设，是近十年来浙江政治建设和发展的总纲领，是对治理体系转型升级的有益实践探索。

一　进入21世纪以来的浙江政治发展历程与背景

党的十八届三中全会提出的全面深化改革的总目标，是完善和发展中国特色社会主义制度，推进国家治理体系和治理能力现代化。当前，我们国家改革开放事业已进入攻坚期、深水区，诸多矛盾和问题错综复杂地交织叠加在一起。只有推动制度更加成熟、定型，在国家治理体系和治理能力现代化上形成总体效应、取得总体效果，才能有效破解经济社会转型升级的难题，成功应对现代化过程中的各种风险考验，为实现中国梦奠定坚实的治理基础。

进入21世纪以来，浙江省在经济社会快速发展的过程中也面临各种问题和矛盾、发展中的各种不协调问题，如经济结构转型升级问题、社会事业建设相对滞后问题、资源约束和环境保护问题、区域经济社会协调发展问题、城乡一体化协调发展问题等，都对治理模式的优化升级形成了强大的压力。面对治理体系和治理能力现代化的新要求、新挑战，浙江省各级党政部门与时俱进，根据形势的发展变化，更加注重发挥中国特色社会主义制度的政治优势，在经济建设、政治建设、文化建设、社会建设、生态建设和党的建设等各个方面，积极推出新的战略举措，并切实加以贯彻执行，努力实现科学发展，探索推进更加符合实践发展要求的治理模式转型升级之路。

2003 年 7 月，浙江省委在十一届四次全会上明确提出了具有重大意义的"八八战略"，做出了进一步发挥"八个优势"、推进"八项举措"的重大决策。"八八战略"内涵丰富，涵盖经济、政治、文化、社会和生态文明建设各个领域，体现的是"五位一体"总布局在浙江的实践，为浙江在新的历史条件下全面实现现代化奠定了坚实基础。

2004 年 5 月，浙江省委十一届六次全会审议通过了《中共浙江省委关于建设"平安浙江"，促进社会和谐稳定的决定》，对"平安浙江"建设做出了全面部署，并按照"发展促和谐、民主推和谐、公正求和谐、管理谋和谐、稳定保和谐、文化育和谐"的总体思路，积极构建具有中国特色、时代特征和浙江特点的和谐社会。"平安浙江"中的"平安"，不是狭义的"平安"，而是涵盖了经济、政治、文化和社会各个方面的宽领域、大范围、多层面的广义"平安"，体现了经济、政治、文化、社会建设之间的有机统一和内在联系。

2005 年 7 月，在推进实施《浙江省建设文化大省纲要（2001～2020）》的基础上，中共浙江省委十一届八次全会又做出了《关于加快建设文化大省的决定》，积极创新工作载体，大力实施文明素质工程、文化精品工程、文化研究工程、文化保护工程、文化产业促进工程、文化阵地工程、文化传播工程、文化人才工程等"八项工程"，加快建设教育、科技、卫生、体育"四个强省"，采取各项措施加大"文化大省"的建设力度。

2006 年 4 月，中共浙江省委十一届十次全体（扩大）会议在杭州举行，审议通过了《中共浙江省委关于建设"法治浙江"的决定》，明确提出了建设"法治浙江"的总体要求、基本原则和主要任务，全面推进浙江的民主法治建设。"法治浙江"战略，注重改进党的领导方式和执政方式，注重发挥依法治国、依法执政在推进治理体系和治理能力现代化过程中的作用，是为贯彻落实社会主义法治理念、推进浙江社会主义民主政治建设做出的重大决策部署，是法治中国建设在省域层面的早期实践探索，直接体现党的领导、人民当家作主和依法治国的有机统一。

创建生态省、打造"绿色浙江"，是浙江省大力倡导并着力推进的重大决策部署。早在 2002 年 12 月，时任浙江省委书记习近平就在省委十一届二次全会上明确提出，要积极实施可持续发展战略，以建设"绿色浙江"为目标，以建设生态省为主要载体，努力保持人口、资源、环境与经济社会的协调发展，努力把浙江率先建设成为经济繁荣、山川秀美、社会文明的生态省。2003 年 8 月，省委、省政府据此制定了《浙江生态省建设规划纲要》，具体部署实施"十大重点工程"，开展"811"环境治理行动，明确努力建设"五大体系"的目标。2005 年后，浙江省委又进一步提出"绿水青山就是金山银山"的发展思路，使浙江在保持经济持续较快发展的同时，生态环境质量持续名列全国前茅。2013 年以来，新一届浙江省委着眼于新的形势和任务，顺势而为地谋划和推进"美丽浙江"建设，深入实施"三改一拆"、"四边三化"和"美丽乡村"建设，以水的整治为突破口，打造"美丽浙江"。

在党的建设方面，2004 年 10 月，浙江省委召开十一届七次全会，认真学习贯彻中央精神，紧密结合浙江实际，做出了《中共浙江省委关于认真贯彻党的十六届四中全会精神，切实加强党的执政能力建设的意见》，确定了浙江加强党的执政能力建设的主要任务和工作部署，明确提出了"巩固八个方面的基础，增强八个方面的本领"的具体要求，着力提升各级党组织和党员领导干部的自我净化、自我完善、自我革新、自我提高能力。此后历届浙江省委都始终重视加强党的建设，并在不同时期出台了一系列加强党建的制度性文件。

近十年来，浙江省委做出的深入实施"八八战略"、全面建设"平安浙江"、加快建设"文化大省"、建设"法治浙江"、创建生态省和打造"绿色浙江"，以及加强党的执政能力建设等重大决策部署，有机构成了浙江省经济、政治、文化、社会、生态文明和党的建设协调发展的总体布局，体现了科学发展的战略性、整体性和系统性，以辩证的思维、从全局的高度、按统筹的方法，谋划浙江全面协调发展的"五位一体"新格局，为浙江推进治理体系和治理能力现代化创造了良好的条件，为中国梦在浙江早日实现奠定了坚实的起点。

二 "八八战略"：推进治理体系现代化的战略纲领

浙江的政治发展经验具有鲜明的时代特征，既具有经济社会改革的先发优势，又具有经验先行、问题先出、科学转型的省域特征。作为地方党委政府，浙江省委、省政府始终坚决贯彻和执行中央的路线、方针、政策，与国家发展战略保持一致。浙江政治建设和发展是中国改革开放的一部分，从浙江能够清晰地体察到中国改革开放历史进程中上层建筑与经济基础之间的互动关系，具有观察和认识中国改革开放所产生的经济社会结构变化和发展以及制度变迁的普遍意义。经济社会发展走在前列的浙江，其地方治理之路及其所面临的问题，是当前和未来探索国家治理现代化的参照标杆，也是实现中华民族伟大复兴的中国梦的重要政治实践。

浙江省委、省政府在改革开放的伟大进程中有所作为、注重前瞻，在推动经济社会发展的过程中发挥了关键性作用。作为地方党政领导机关，浙江省委、省政府因地因时制宜，结合本地实际，创造性地运用中央的指导思想和各项政策，积极推进本省各项改革事业的发展。在这个过程中，浙江各级党政领导部门能够把全局与局部、国家利益和地方利益、当前利益和长远利益有机地结合起来，针对地方发展特点科学有为、为所当为，加强战略规划和布局，优化整合治理体系，充分发挥省域优势，积极探索地方治理的转型升级，从而开辟了浙江改革开放事业的崭新格局。

"八八战略"的提出，就是将中国特色社会主义理论与浙江的实际紧密结合的直接体现。进入 21 世纪以来，面对经济社会发展中出现的各种复杂问题和矛盾，浙江省委、省政府深刻地认识到，百尺竿头要再进一步，压力和难度都会更大，既要发挥传统优势，也应在战略布局和治理思路上实现新的突破。时任浙江省委书记习近平着眼于浙江全面建设小康社会、提前基本实现现代化的目标,基于经济社会发展面临的机遇与挑战,在深入调查研究的基础上,提出了浙江"八八战略"的构想,有力推动了治理体系与治理方式的优化转型,激发了浙江内涵式发展的不竭动力。2003年7月,中共浙江省委举行第十一届四次全体(扩大)会议,在总结浙江经济多年来发展经验的基础上,全面系统地总结了浙江省发展的八个优势,提出了面向未来发展的八项举措,即进一步发挥八个方面的优势、推进八个方面的举措,正式启动实施了对浙江改革发展具有重要意义的"八八战略"。

"八八战略"内涵丰富,涵盖经济、政治、文化、社会和生态文明建设各个领域,体现的是"五位一体"总布局在浙江的实践。"八八战略"充分体现了全面协调可持续发展的理念,从经济、政治、文化、社会和生态各个方面提出了发展的总的思路理念、途径方法,既突出增强体制机制优势的深化改革,又突出接轨上海、融入长三角、走向世界的扩大开放;既强调加快先进制造业基地建设,走新型工业化道路,又强调民主法治、文化大省建设和生态浙江建设;既突出发展沿海先发地区的海洋经济,又重视解决欠发达地区跨越发展的"山海协作",实现城乡一体化发展;等等。其核心和精髓就是调动一切积极因素,保持和发扬浙江的各种优势,构建起浙江发展的总战略,是推进地方治理体系现代化的积极探索和尝试。

"八八战略"的实施,开启了中国特色社会主义事业在浙江的新实践。近十年来,在"八八战略"的指引下,浙江广大党员干部群众开拓进取、负重拼搏,干在实处、走在前列,使中国特色社会主义事业在浙江取得了举世瞩目的巨大成就,综合经济实力和发展质量、人民生活水平和社会和谐、生态建设和可持续发展能力、改革开放水平等方面都显著提升。2003～2013年,浙江经济总量从9200亿元增长到3.76万亿元,人均生产总值从19730元到突破1万美元,达到68462元;城镇居民人均可支配收入、农村居民人均纯收入分别从13180元、5431元增长到37851元、16106元,分别连续13

年和29年居各省份首位，城乡居民收入差距缩小到2.35∶1，是城乡居民收入差距最小的省份之一；基本医疗、公共卫生、公共文化和便民服务体系基本实现城乡全覆盖，社会救助水平稳步提高，住房保障体系建设不断加强；三次产业结构从2001年的9.6∶51.8∶38.6调整为2013年的4.8∶49.1∶46.1，转变经济发展方式效果明显；2013年，全省城市化率达到64.0%，比2001年提高13.1个百分点，高出全国平均水平10.3个百分点。全省欠发达地区发展普遍快于全省平均水平，区域差距逐步缩小。2008～2013年，衢州、丽水、舟山3市生产总值年均增长11.1%，增幅比全省高1.7个百分点；全面部署和推进生态省建设，以水的整治为突破口，打造"美丽浙江"。根据中国科学院发布的《中国科学发展报告》，浙江科学发展总水平已连续4年居全国各省份第1位，浙江GDP质量指数连续两年居全国第1位。[①]

在中国改革开放的大潮中，浙江省脱颖而出、走在前列，经济社会发展取得了历史性进步，创造了中国发展中的一个传奇，形成了令世人瞩目的浙江经验。进入21世纪以来，浙江政治发展承前启后、开拓创新，坚持从市场先发、民营经济发达的浙江实际出发，注重发挥体制机制优势，注重治理体系的优化和治理能力的加强，不断推进战略规划和政策引导，尊重和鼓励基层创新，充分发挥市场和社会活力，使独具特色的"浙江模式"不断丰富、完善和发展。在这一历史进程中，浙江省各级党政领导部门发挥了关键作用，为建设中国特色社会主义，特别是在建设和驾驭社会主义市场经济、实现科学发展、推进治理模式的转型升级等方面，积累了宝贵的经验。

第二节　思路与格局："法治浙江"建设

进入21世纪以来，浙江省委在改革开放进程中，从自身实际出发，不断深化认识、开拓创新，全面推进"法治浙江"建设，探索符合浙江实践

---

① 参见中共浙江省委理论学习中心组《中国特色社会主义在浙江实践的重大理论成果》，《浙江日报》2014年4月4日，第1版。

特点的中国特色社会主义政治发展道路，更加注重改进党的领导方式和执政方式，更加注重健全民主制度、丰富民主形式，更加注重发挥依法治国、依法执政在推进治理体系和治理能力现代化过程中的作用。时任浙江省委书记习近平指出："建设'法治浙江'，就是建设社会主义法治国家在浙江的具体实践。""我们完全有基础、有条件、有责任在法治建设方面进行积极的探索，以适应我省经济社会发展走在前列的客观需要，并为建设社会主义法治国家作出应有的贡献。"①

近十年来，浙江在坚持和完善人民代表大会制度、社会主义协商民主制度、基层民主制度、推进依法治省、深化行政体制改革、健全权力运行制约和监督体系、巩固和发展最广泛的爱国统一战线等领域，进行了一系列积极有效的探索，积累了丰富的政治建设经验。在浙江政治建设的总体布局中，全面加强法治建设、积极推进基层民主、着力打造有效政府，构成了"法治浙江"建设格局的三个基点，是新时期、新阶段探索促进治理体系和治理能力现代化的重要手段，对全面推进浙江政治发展和治理体系转型升级，发挥了强大的推动作用。

一 "法治浙江"建设的历史背景与现实意义

改革开放以来，浙江省委始终高度重视社会主义民主法治建设，积极探索符合浙江实际的中国特色社会主义政治发展道路。特别是党的十六大以来，浙江把法治建设作为实施"八八战略"和建设"平安浙江"的一项重要内容，摆在突出位置来抓，全社会法治化进程不断加快，为建设"法治浙江"奠定了良好的基础。浙江省委审时度势，深入分析和准确判断经济社会发展的阶段性特征和总体趋势，认为全面建设小康社会的攻坚阶段，既是发展的战略机遇期，也是社会矛盾的凸显期。社会主义先进生产力的发展、经济体制改革的不断推进、人民群众民主法制意识的不断增强，对法治

---

① 习近平：《干在实处　走在前列——推进浙江新发展的思考与实践》，中共中央党校出版社，2006，第361~362页。

建设提出了新的更高的要求，对党的执政能力特别是坚持科学执政、民主执政、依法执政提出了新要求。在这种背景下，加强推进社会主义民主法治建设就成为一种必然的选择。

习近平同志认为："和谐社会本质上是法治社会。"[1] "努力建设'法治浙江'是发展社会主义民主政治的有效途径。"[2] 作为推进民主政治建设的主要载体，"法治浙江"战略是浙江省委为适应市场经济的发展以及由此引发的社会、政治、文化等方面的发展变化所做出的积极回应。浙江是市场经济发育较早、市场化程度较高的省份，市场经济的发展必然引起社会结构发生深刻变化，使人们的利益诉求日益多样化，这也会表现为人们之间的各种纠纷和冲突不断增多。据统计，浙江全省各级法院 1998～2002 年共审结刑事、民商事、行政等各类案件 1691900 件，比上一个 5 年增加了 68.6%。2002 年和 2003 年刑事和民商事案件数量虽出现小幅下降趋势，但 2004 年刑事案件再度大幅上扬，同比增长 15.87%，其中，侵犯财产案件明显增多。行政诉讼的情况也从一个侧面反映了转型期政府与社会、干部与群众之间关系的变化状况。据统计，自《行政诉讼法》实施以来，浙江省行政诉讼案件数量在多数年份呈上升趋势。第一次高潮出现在 1991 年，达到 1563件。其后有所下降，直到 1994 年重新回升。直到 1997 年，基本稳定在每年2000 件以内。第二次高潮出现在 1998 年，猛增到 3029 件。其后虽有小幅回落，但基本稳定在每年 3000 件以上的水平。直到 2004，又大幅上升到4000 件以上。[3] 这说明，政府在经济和社会发展方面还发挥着积极的甚至是主导性的推动作用，也因此，政府与公民、法人及其他社会组织之间易于发生纠纷。正如习近平同志指出："在这样的新形势、新要求下，必须按照建设社会主义法治国家的要求，积极建设'法治浙江'，逐步把经济、政治、文化和社会生活纳入法治轨道。"[4]

---

① 习近平：《之江新语》，浙江人民出版社，2007，第 204 页。
② 习近平：《之江新语》，浙江人民出版社，2007，第 201 页。
③ 参见陈柳裕主编《2006 年浙江发展报告》（法治卷），杭州出版社，2006，第 96 页。
④ 习近平：《之江新语》，浙江人民出版社，2007，第 202 页。

市场经济体制的建立和逐步完善，必然要求转变政府职能，改革政府管理方式，从以行政手段为主转变为以经济和法律手段为主。这就必然要求政府管理的法治化、制度化和规范化，加强对公共权力的监督和制约，以规范市场经济的发展和政府权力的运行。这就在客观上要求不断完善立法、司法和行政执法体制和机制。市场经济是法治经济，市场化水平与民主法治建设之间有着密切的内在联系。在市场化进程中走在前列的浙江，必然要求加强民主法治建设。

在这种背景下，浙江省委在改革开放进程中，高度重视社会主义民主法治建设，不断加强法治的引领和规范作用。1996年，浙江省委就做出了依法治省的决定，省八届人大常委会第32次会议制定了《关于实行依法治省的决议》。2000年年初，浙江省委又做出《关于进一步推进依法治省工作的决定》，以此加强推进依法治国方略在浙江的贯彻落实，使浙江的法治建设迈入新阶段，为新时期"法治浙江"建设创造了良好的条件。2006年4月，中共浙江省委十一届十次全体会议正式通过了《中共浙江省委关于建设"法治浙江"的决定》（以下简称《决定》），确定了建设"法治浙江"的战略。《决定》指出，建设"法治浙江"是一项长期任务，是一个渐进过程，是一项系统工程。"法治浙江"的主要任务，是坚持和改善党的领导，坚持和完善人民代表大会制度，坚持和完善共产党领导的多党合作和政治协商制度，加强地方性法规和规章建设，加强法治政府建设，加强司法体制和工作机制建设，加强法制宣传教育，确保人民的政治、经济和文化权益得到切实尊重和保障，为全面落实"八八战略"、"平安浙江"、文化大省等重大战略部署，顺利实施经济社会发展规划，加快全面建设小康社会，提前基本实现现代化提供重要的制度支撑和法治保障。①

二 "法治浙江"建设的基本任务与主要举措

党的十八届三中全会提出的全面深化改革的总目标，就是完善和发展中

---

① 参见《中共浙江省委关于建设"法治浙江"的决定》，《浙江日报》2006年5月8日，第1版。

国特色社会主义制度，推进国家治理体系和治理能力现代化；要求紧紧围绕坚持党的领导、人民当家作主、依法治国有机统一深化政治体制改革，加快推进社会主义民主政治制度化、规范化、程序化，建设社会主义法治国家，发展更加广泛、更加充分、更加健全的人民民主。建设"法治浙江"是建设社会主义法治国家在浙江的具体实践，是依法治省的深化和发展，是在坚持党的领导、人民当家作主和依法治国有机统一原则的前提下，推进中国特色社会主义民主法治建设的具体路径探索，为全面落实"八八战略"、"平安浙江"、文化大省等重大战略部署，顺利实施浙江经济社会发展规划，实现全面建设小康社会目标提供了重要的法治保障。

浙江省委确立的建设"法治浙江"的总目标，是全面落实科学发展观，致力于构建社会主义和谐社会，牢固树立社会主义法治理念，坚持社会主义法治正确方向，以依法治国为核心内容，以执法为民为本质要求，以公平正义为价值追求，以服务大局为重要使命，以党的领导为根本保证，在浙江全面建设小康社会和社会主义现代化建设进程中，通过扎实有效的工作，不断提高经济、政治、文化和社会各个领域的法治化水平，加快建设社会主义民主更加完善、社会主义法制更加完备、依法治国基本方略得到全面落实、人民政治经济和文化权益得到切实尊重和保障的法治社会，使浙江法治建设工作整体上走在全国前列。

习近平同志指出："我们在推进'法治浙江'建设中，要认真贯彻依法治国、执政为民、公平正义、服务大局、党的领导五个方面的内容，更好地体现党的领导、人民当家作主和依法治国的有机统一。"① 建设"法治浙江"，是新时期新阶段浙江民主法治建设的总纲领，是探索推进治理体系和治理能力现代化的重要实践，确立了浙江民主法治建设的总体格局，影响广泛，意义深远。建设"法治浙江"的基本任务和主要举措涵盖了以下领域。

在党的建设方面，"法治浙江"对贯彻依法治国基本方略、完善党的领

---

① 习近平：《干在实处　走在前列——推进浙江新发展的思考与实践》，中共中央党校出版社，2006，第357页。

导方式、提高依法执政水平和加强执政能力建设等方面提出了明确要求。习近平同志强调："建设'法治浙江'，必须旗帜鲜明地坚持党的领导，在党的领导下发展社会主义民主、建设社会主义法治。"①《决定》强调指出，要按照党总揽全局、协调各方的原则，规范党委与人大、政府、政协以及政法机关和社会团体的关系，支持人大依法履行国家权力机关的职能，支持政府履行法定职能、依法行政，支持政协围绕团结和民主两大主题履行职能。要加强党对立法工作的领导，善于把党委的重大决策与地方立法结合起来，从制度上保证"八八战略"、"平安浙江"、文化大省等战略部署的贯彻实施。督促、支持和保证国家机关依法行使职权，在法治轨道上推动各项工作的开展。支持审判机关和检察机关依法独立公正地行使审判权和检察权，加强对司法活动的监督和保障。着力提高党员干部的思想政治素质和业务能力，加强领导班子和干部队伍建设，把各级领导班子建设成为坚强的领导集体，造就一支高素质的干部队伍；扎实推进党风廉政建设和反腐败斗争，严肃查办职务犯罪；加强党内监督，充分发挥纪委作为党内监督专门机关的作用；健全党的领导制度和工作机制，改革和完善决策机制，提高决策水平，推进党的建设和党内生活制度化、规范化。

在坚持和完善人民代表大会制度方面，"法治浙江"建设对支持和保证人大及其常委会依法行使各项职权、充分发挥人大代表的作用、正确履行人大的监督职能、加强人大常委会制度建设等方面提出了明确要求。《决定》强调指出，人民代表大会制度是中国的根本政治制度，是党领导、支持、保证人民当家作主，实现党对国家和社会事务领导的政权组织形式。要进一步加强和改善党对人大工作的领导，支持和保证省和有地方立法权的市县人大及其常委会行使地方立法权，支持和保证各级人大及其常委会依法行使监督权、重大事项决定权和选举任免权。要改进人大代表选举工作，完善代表候选人公示制度，优化代表构成，提高代表的综合素质和履行职责的能力。各级人大及其常委会要把依法履行监督职责与支持政府、法院、检察院依法开

---

① 习近平：《之江新语》，浙江人民出版社，2007，第207页。

展工作统一起来。各级人大常委会要围绕坚持党的领导、发挥代表作用、履行宪法和法律赋予的职责，进一步完善组织制度和运行机制。

在坚持和完善共产党领导的多党合作和政治协商制度方面，"法治浙江"建设对加强同民主党派合作共事，完善同各民主党派的政治协商，进一步完善人民政协政治协商的内容、形式和程序，积极推进人民政协的民主监督，深入开展人民政协的参政议政，加强人民政协自身建设等方面做出了明确规定。《决定》强调指出，共产党领导的多党合作和政治协商制度是中国的一项基本政治制度，要坚持"长期共存、互相监督、肝胆相照、荣辱与共"的方针，充分发挥民主党派和无党派人士的参政议政作用与民主监督作用，巩固和发展最广泛的爱国统一战线。

在加强地方性法规和规章建设方面，"法治浙江"建设对健全法律规章、完善立法机制、提高立法质量等方面提出了明确要求。《决定》强调指出，要按照《宪法》《立法法》有关地方立法的规定和权限，根据浙江实际，着眼于推进经济社会协调发展和可持续发展，科学制订立法计划，合理确定年度立法项目，进一步完善落实科学发展观和构建和谐社会的法制保障。要完善省委领导地方立法的工作制度，适时向省人大提出立法建议，坚持民主立法、科学立法。按照法治统一的要求，进一步完善法律冲突审查机制，增强立法的针对性和可操作性，确保各项法规和规章明确具体、科学规范、切合实际。

在加强法治政府建设方面，"法治浙江"建设对深化行政体制改革，全面推进依法行政，建设政治合格、懂法守法、严格依法行政的公务员队伍等方面提出了明确要求。《决定》强调指出，要按照职权法定、依法行政、有效监督、高效便民的要求，积极推进政府职能转变，全面履行经济调节、市场监管、社会管理和公共服务职能。要深化政府机构改革，合理划分和依法规范各级政府和政府各部门的职责权限，继续开展机关效能建设，深化投资体制改革，加快公共财政体系建设。要认真贯彻国务院《全面推进依法行政实施纲要》，切实做到行政权力授予有据、行使有规、监督有效。要认真贯彻实施《公务员法》，加强对公务员的社会主义法治理念教育，严格依法惩处执法人员徇私枉法、贪赃枉法、执法犯法，加强各级政府部门法制机构和队伍建设，更好地为建设法治政府服务。

在加强司法体制和工作机制建设方面，"法治浙江"对认真落实中央推进司法体制改革的各项举措、规范司法行为、加强和规范法律服务等方面提出了明确要求。《决定》强调指出，要按照中央统一部署，稳步推进法院改革，深化检察改革，推进监狱工作改革，进一步健全权责明确、相互配合、相互制约、高效运行的司法体制，切实维护司法公正。要坚持实体公正与程序公正并重，保障公民、法人和其他组织的合法权益。要加强律师队伍建设，完善律师监管机制，规范公证管理和公证服务、商事仲裁和城乡基层法律服务，完善司法鉴定管理制度，建立面向社会的统一的司法鉴定体制。

在确保人民的政治经济文化权益得到切实尊重和保障方面，"法治浙江"对扩大基层民主、完善保障公民权益的体制机制、健全权利救济和维护机制、切实保障人民群众生命财产安全等方面提出了明确要求。《决定》强调指出，要认真总结和推广浙江各地在健全基层自治组织和民主管理制度等方面的经验和做法，坚持和完善公开办事制度，保证人民群众依法实行民主选举、民主决策、民主管理和民主监督。完善村民自治和城市居民自治，坚持和完善职工代表大会以及其他形式的企事业民主管理制度。要建立健全利益协调机制、社会公平保障体系，坚持和完善民族区域自治制度，全面贯彻党的宗教信仰自由政策。严格执行行政赔偿和补偿制度，全面落实信访工作的各项制度，加强法律援助的组织建设和制度建设，强化律师的法律援助义务，加强和改进维权工作。要全面落实建设"平安浙江"的各项部署，维护社会和谐稳定。

除此以外，《决定》还对加强法制宣传教育、提高全民法律素质，以及加强对"法治浙江"建设的领导等方面，提出了明确要求，做出了全面部署。

三 "法治浙江"建设的全面深化与纵深发展

浙江省委提出并推进"法治浙江"建设，是根据中央的决策部署对浙江现代化建设总体布局的进一步完善。"法治浙江"建设的蓝图，浙江各级党政部门一以贯之，一绘到底，以法治促发展、谋民生、保和谐。8 年来，浙江顺应发展新定位、新要求和新机遇，"法治浙江"建设的内涵也不断丰富完善，初步形成了富有浙江特色的地方法治体系。一是加强重点领域立法，推进科学立法、民主立法，提高立法质量。2013 年，浙江通过了中国第一部规范民间融资的地方性法规《温州市民间融资管理条例》。至 2014 年 9 月底，浙江通过和批准的地方性法规、自治条例和单行条例共 352 件，其中《浙江省促进中小企业发展条例》《浙江省企业商号管理和保护规定》等先行性立法有 100 余件。二是坚持严格执法，认真落实行政执法责任制，做到权责统一、权威高效，逐步实现严格规范公正文明执法。率先推行环境监察网格化、精细化管理，建立起监管到位、服务到位、互通到位的环保执法责任制，强化行政执法和刑事司法的衔接，并率先印发法治政府建设实施标准和主要评价指标。三是推进审判公开、检务公开、警务公开、狱务公开，设置干预司法行为的高压线，加强对司法机关和办案人员的监督，加强人权司法保障，让人民群众在每一个案件中都能感受到公平正义。2012 年 6 月，浙江高院率先探索零佣金网络司法拍卖，并在全省 103 家法院全面铺开。公布全国首个"阳光司法指数"，有 8 家法院被确定为全国司法公开示范法院。2013 年，浙江省相继纠正了杭州两起发生在十多年前的错案，并出台 33 项防止冤假错案的制度，建立健全办案质量终身负责制和错案责任倒查问责制。四是增强全民守法观念，把"三改一拆""五水共治"等重点工作作为法治浙江建设的"大平台""实验田""试金石""活教材"，营造崇尚法律、遵守法律、维护法律的社会氛围。

2014 年 12 月，浙江省委十三届六次全会进一步提出，要秉承习近平同志提出的"法治浙江"建设理念、思路和方法，按照省委十一届十次全会的部署，坚持把建设"法治浙江"作为一项重大战略任务，咬定青山不放松，一任接着一任干，坚持依法治国、依法执政、依法行政共同推进，坚持法治国家、法治政府、法治社会一体建设，实现科学立法、严格执法、公正司法、全民守法，继续在全面推进依法治国、建设社会主义法治国家的进程中走在前列，争创示范，努力形成完备的法律规范体系、高效的法治实施体系、严密的法治监督体系、有力的法治保障体系、完善的党内法规体系，全面提升全省经济建设、政治建设、文化建设、社会建设、生态文明建设以及党的建设的法治化水平。会议通过了《中共浙江省委关于全面深化法治浙江建设的决定》，对七个方面的重点工作进行了部署。

第一，全面提高依法执政能力和水平。依法执政是促进国家治理体系和治理能力现代化的根本要求，是社会主义法治建设的重要内容，是全面深化法治浙江建设的关键所在。全面提高依法执政能力和水平的重点任务主要有五项：一是明确依法执政首先要依宪执政，确保在党的领导下宪法法律得到有效实施。二是完善党的领导方式和执政方式，依法加强党对人大、政府、政协、审判机关、检察机关、人民团体和社会组织等的领导，加强和改进党对政法工作的领导。三是推进社会主义民主政治制度化、规范化、程序化，包括支持和推动人民代表大会制度与时俱进，支持和推动协商民主广泛多层制度化发展。四是培养和提高党员干部法治思维和依法办事能力，把法治建设成效作为衡量领导班子和领导干部工作实绩的重要内容，把能不能遵守法律、依法办事作为考察干部的重要内容。五是加强党内法规制度和工作体系建设，完善党内法律和规范性文件制定、备案审查、解释、评估、清理体制机制。

第二，健全具有浙江特色的法律规章。全面深化法治浙江建设必须立法先行，解决地方立法总体上还滞后于经济社会发展的问题，改变立法工作机制建设"碎片化"等倾向，更好地发挥立法的引领和推动作用。为此，《决定》提出，一要进一步完善地方立法体制机制，加强党对立法工作的领导，健全有立法权的人大主导立法工作的体制机制，加强和改进政府立法制度建设。二要推进科学立法、民主立法，健全立法项目立项、起草、论证、协调、审议机制，健全社会各方有序参与地方立法的途径和方式，提高地方立法质量。三要立足浙江省改革发展实际，加强经济、政治、文化、社会、生态文明建设等重点领域的地方立法。

第三，加快建设法治政府。全面深化法治浙江建设目标的实现与否，在很大程度上取决于法治政府建设的进度和质量。因此，必须把加快建设法治政府作为重点，深入推进依法行政，促进政府治理现代化。《决定》主要从以下五个方面对加快建设法治政府做出部署。一是以深化"四张清单一张网"建设为抓手，大力推进政府自身改革，加大简政放权力度，推动各级政府依法全面履行职能。二是健全行政决策机制，完善重大决策法定程序，建立行政机关内部重大决策合法性审查机制、决策后评估和纠错制度。三是改革和完善行政执法体制，推进综合执法，健全行政执法和刑事司法衔接机制。四是规范行政执法行为，健全行政执法裁量权基准制度，全面落实行政执法责任制。五是创新政府管理服务方式，推动公共资源市场化配置，探索公共服务供给主体多元化。

第四，全面提升司法公信力。司法公正对社会公正具有重要的引领作用，司法不公对社会公正具有致命的破坏作用。全面深化法治浙江建设，必须把公正司法作为生命线，不断提高司法公信力，从根本上减少并逐步消除司法不公现象，维护社会公平正义。《决定》根据党的十八届四中全会决定精神，针对目前浙江省司法领域存在的突出问题，提出了相应举措。一是确保依法独立公正行使审判权和检察权，提出建立健全领导干部干预司法活动、插手具体案件处理的记录、通报和责任追究制度，建立健全司法人员履行法定职责保护机制，探索建立与行政区划适当分离的司法管辖制度。二是优化司法职权配置，提出健全侦查权、检察权、审判权、执行权相互配合、相互制约的体制机制，推进法院案件受理制度改革。三是规范司法行为，提出推进以审判为中心的诉讼制度改革，规范司法机关自由裁量权行使，完善司法机关内部管理机制。四是保障人民群众参与司法，提出完善人民陪审员制度，推进司法便民措施。五是加强人权司法保障，全省政法部门制定出台了 33 项防止冤假错案制度。《决定》特别强调，坚决防止和纠正冤假错案，健全落实罪刑法定、疑罪从无、非法证据排除等法律原则的工作制度，严格落实浙江省防止冤假错案各项制度，健全冤假错案及时纠正机制。

第五，健全权力运行制约和监督体系。权力是社会政治生活的核心，其运行是否科学有效，是判断一个国家政治文明和发展水平的重要标志。全面深化"法治浙江"建设，必须健全权力运行制约和监督体系，确保权力行使不越位、不错位、不缺位。因此，《决定》针对权力运行制约和监督中的问题，强调要整合监督资源，进一步加强党内监督、人大监督、行政监督、审计监督、司法监督、民主监督和社会舆论监督，努力形成科学有效的权力运行制约和监督体系，切实做到有权必有责、用权受监督、违法必追究，把权力牢牢关进制度的笼子里。同时《决定》强调，要推进权力运行公开化、规范化，进一步加大问责力度，全面推行工作责任制和责任追究制。此外，针对群众反映强烈的作风问题和腐败问题，《决定》提出，巩固和拓展党的群众路线教育实践活动成果，健全作风建设常态化制度，推进反腐败体制机制创新和制度保障。

第六，推进法治社会建设。法律的权威源自人民的内心拥护和真诚信仰。人民权益要靠法律保护，法律权威要靠人民维护。全面深化"法治浙江"建设，必须增强全民法治观念，推进法治社会建设。为此，《决定》主要从三方面对法治社会建设做了部署。一是在法治实践平台方面，提出始终围绕中心工作全面深化"法治浙江"建设，做到中心工作推进到哪里，法治建设的实践平台就建在哪里。二是在促进全社会学法遵法守法用法方面，提出提高法治宣传教育的针对性和实效性，加强法律服务，加强社会诚信建设，推动法治和德治互促共进、相得益彰。三是在推进依法治理方面，提出推进基层依法治理，完善基层民主制度，创新发展"枫桥经验"，深化"平安创建"活动，健全矛盾纠纷化解机制，切实维护人民群众的合法权益。

第七，加强和改进党对全面深化"法治浙江"建设的组织领导。坚持党的领导，建立"一把手"负总责的"法治浙江"建设领导体制机制，是"法治浙江"建设的宝贵经验，也是全面深化"法治浙江"建设必须始终坚持的基本要求。因此，《决定》强调，要完善"法治浙江"建设的组织领导体制和工作机制，加强党委对法治建设的统一领导、统一部署、统筹协调，党政主要负责人要履行法治建设第一责任人职责。要加强法治工作队伍建设，打造一支政治强、业务精、作风正、敢担当的社会主义法治工作队伍。要正确处理全面深化改革与全面深化"法治浙江"建设的关系，坚持用法治方式推进改革，确保重大改革于法有据。

第三节 根基与活力：基层民主

习近平总书记指出："发展社会主义民主政治，是推进国家治理体系和治理能力现代化的题中应有之义。"[1] 同时他强调："基层是加强党的执政能力建设的基础。"[2] "构建和谐社会，重心在基层。基层就是社会的细胞，是构建和谐社会的基础。"[3] 在中国民主政治建设的整体发展中，基层民主建设始终处于非常重要的地位，发挥着巨大作用，是中国民主政治发展的基础，是构建地方治理体系的根基。发展基层民主，保障人民享有更多更切实的民主权利，是社会主义民主政治最为广泛而深刻的实践，是人民当家作主最有效的途径。

浙江省基层民主建设是在国家整体发展的大背景下展开的，其发展与其他省份有着不可避免的共性。由于浙江经济和社会发展的地方特性，其基层民主政治的发展又有着自身的特点和逻辑。改革开放以来，浙江省一直走在全国经济社会发展的前列。浙江人民在社会实践中形成了"敢为人先"的浙江精神，其核心在于"敢于尝试，善于突破，精于设计，勇于实践"。这种精神不仅表现在浙江人民对物质财富和精神文明的积极追求上，也体现在他们对社会主义基层民主制度的积极摸索和创新上。浙江基层民主建设的创新实践，使经济社会发展保持了强大活力，构建了经济社会治理和民主政治发展的牢固根基。

一 适应转型、内生驱动的浙江基层民主发展历程

改革开放以来，浙江的基层民主实践不断深化，逐步向制度化、规范化、程序化稳步推进，在村民自治、社区治理、企业民主管理、社会组织培

---

[1] 习近平：《在庆祝全国人民代表大会成立60周年大会上的讲话》，《人民日报》2014年9月6日，第1版。

[2] 习近平：《之江新语》，浙江人民出版社，2007，第111页。

[3] 习近平：《之江新语》，浙江人民出版社，2007，第239页。

育等方面进行了积极的探索和实践，形成了独具浙江特色的基层民主发展模式。总体来看，浙江基层民主具有适应转型、加速发展、内生驱动、多元有序的特点，在探索和实践过程中主要经历了三个发展阶段。

（一）萌芽和起步阶段（1978~1987年）

这一阶段浙江省基层民主建设的重点是建立健全城乡基层自治组织，为下一阶段基层民主政治的发展奠定了坚实基础。1982年，在国家颁布相关法律的基础上，浙江省开展了城市居民委员会的组建工作，建立健全了居民委员会的组织机构，制定和完善了各项规章制度，居委会工作出现了有序发展的新局面。同时，浙江省开始进行村民委员会选举的试点。在实行"政社分开"后，浙江省共建立村委会43307个，并进行了换届选举工作。在这一阶段，浙江省逐步建立健全了城乡基层自治组织，初步理顺了各种基层组织的内在关系，积极培育群众的自治观念，提高群众的自治能力。正因为处于萌芽阶段，在很多地区还存在基层组织涣散和民主制度缺失等情况，"强行政性和弱民主自治性"问题较为明显，程序设计粗糙，民主程度也较低。

（二）探索和试验阶段（1988~1997年）

这一阶段的主要特点，是以1987年国家颁布的《村民委员会组织法（试行）》为依托和助力，以村委会选举为突破口，广泛开展村民自治示范活动，同时积极探索开展以社区服务为主要内容的城市居民自治活动，探索推进非公有制企业工会组建工作。1988年11月，浙江省人大常委会通过了《村民委员会组织法（试行）实施办法》，成为全国率先颁布"实施办法"的省份之一。截至1997年年底，全省共有村委会43163个，绝大部分村已完成3~4届村委会换届选举。各地按民主选举、民主决策、民主管理和民主监督的要求，广泛开展了村民自治示范活动。这一时期，农村基层民主出现了选举竞争性增强、村民参与积极性明显提高的特点，村委会干部年龄降低、结构优化，经济能人开始走上基层政坛。浙江省城市居民自治相对于全国其他省份起步较早。1988年，杭州市下城区在全国率先开展了社区服务。到1993年年底，杭州、宁波、温州等市社区服务普及率已达75%。截至1998年年底，全省共有社区服务设施1.1万个，社区服务中心100个。杭州市下城区被民政部命名为"全国社区服务示范城区"。在企业基层民主方面，非公有制企业组建工会是此阶段浙江基层民主发展的又一大亮点。1986年，全国第一个非公企业的工会在温州市平阳毛纺织厂成立。1996年9月，浙江成立了省级私营企业工会联合会。到1997年年底，全省私营企业已建工会达2152个。整体来看，与全国其他省份同期相比，这一阶段浙江城市和非公企业基层民主发展较快，但村民自治发展较为缓慢，制度创新较少，民主化程度也有局限。

（三）全面推进、创新驱动阶段（1998年至今）

随着建立社会主义市场经济体制目标的提出和推进，浙江经济社会发展也步入快车道。1998年后，特别是进入21世纪以来，浙江基层民主适应经济社会转型的主动性和创新性明显增强，基层民主建设进入了全新的发展时期，村民自治、城市社区自治和非公有制企业改革全面推进，呈现出"三位一体"竞相发展的多元格局，涌现出一大批基层民主的实践创新。近十年来，浙江加快了探索新形势下基层民主建设有效途径的实践步伐，涌现出了在浙江乃至全国产生广泛影响的基层民主建设典范，基层民主建设逐渐走在了全国前列。浙江基层民主建设中的多个"第一"被搬上了"地方政府的创新"领奖台，其创新之多、示范作用之大在全国领先，如"自荐海选""民主恳谈""村务监督委员会""选聘分离""现代和谐社区""工资协商""工会维权""民间商会""农村合作协会"等，令人目不暇接。在这一时期，浙江基层民主呈现出全面推进、创新驱动、领先示范的特点，基层民主建设实现了跨越式发展，走在了全国前列。

二　浙江近十年来基层民主的创新实践与主要特点

2003年，时任浙江省委书记习近平指出："扩大基层民主，实行居民自治，是社会主义政治文明建设的重要内容，也是社区建设的基本原则。"[①]

[①]　习近平：《干在实处　走在前列——推进浙江新发展的思考与实践》，中共中央党校出版社，2006，第381页。

基层民主作为基层群众自治组织形式及其运作方式，是人民行使民主权利、参与管理国家事务和社会事务的一种重要形式，是社会主义民主制度的有机组成部分。近十年来，浙江省基层民主建设稳步推进，城乡社区治理机制不断完善，逐步形成了民主选举有序进行、民主决策日益强化、民主管理不断规范、民主监督依法强化、民主协商机制不断涌现的良好局面。进入21世纪以来，浙江省积极推进基层民主建设的实践创新，在农村村民自治、城市社区治理、企业基层民主等方面，涌现出了一系列具有典型意义的经验和做法，极大地丰富了基层民主建设的实践。

（一）搭建基层民主平台，畅通民意表达渠道

丰富基层民主的形式和载体，搭建基层民主平台，是推进基层民主建设的重要内容。浙江十年来在这个方面进行了富有成效的实践创新。台州市温岭的"民主恳谈"制度，就是这个方面的典型例证。温岭市处于市场经济的先发地区，民营经济发达，人民群众自主意识和参与意识浓厚，在基层社会事务的决策和管理方面参与愿望很强。温岭的"民主恳谈"始于1999年6月，最初在各镇（乡）、村等进行。2000年8月，"民主恳谈"开始在全市各乡镇（街道）、村、社区、非公企业和市政府职能部门等各层次全面推开，"民主恳谈"主题也由最初的多与自己切身利益相关的问题转变为以村、镇、企业或全市的公益大事为主，并逐步朝制度化方向发展，成为温岭市村、镇、企业和职能部门做出重要事项决策的必经程序。2001年年初，在台州市委的支持和指导下，温岭市委对"民主恳谈"的形式和内容做出了规范化设置，形成了村、乡镇、县市三级"民主恳谈"的规范。

温岭"民主恳谈"的重要性在于，它是畅通民意表达渠道、丰富基层民主形式和载体的重要制度化尝试，在公民和官员之间、在人民和政府之间建立了一个意见、信息交流的直接表达机制。在温岭"民主恳谈"取得成功后，浙江各地又有了"民主夜谈""民主评议"等形式，人民纷纷向基层政府提出建议，与当地干部进行交流，有力地推动了基层政府治理结构和方式的转变。

（二）创新基层民主形式，推进城乡居民自治

基层自治是人民行使民主权利、参与社会公共事务的重要方式。浙江已探索开展多种模式的基层自治。浙江全面推进首创的"自荐海选"形式，探索村委会选举方式创新。所谓"自荐海选"，始于 2005 年 3 月的杭州市余杭区唐家埭村，指的是具备资格的选民均可自荐报名参加村委会成员的竞选。在选举中选民既可推荐自荐人也可推选非自荐人。具体做法是：凡参加"自荐"的选民应在选举前十日到村选举委员会登记，并递交"自荐"职位治村演说词，经审核于选举前三日按姓氏笔画顺序公布"自荐"人名单，"自荐"村民在村选举委员会组织召开的会议或选举大会上，就所荐职务发表治村演说。选举时如当选不足三人或未能选出应选职务，就不足的名额直接进行另选。

"自荐海选"的创新意义主要体现在：一是简化程序和节约成本。以往实行有候选人的"海推直选"存在程序烦琐、成本高的不足。据统计，2004 年规模调整村的"海推直选"程序需要召开 6 次村代会，选举一般至少经过两次投票才能成功，双溪村的一次选举共投票 4 次，用费 12 万元，选举成本过高。因为浙江省私营经济发达，时间观念强，所以人们对"海推直选"的多次反复慢慢有厌烦情绪。而"自荐海选"既不失民主精神，又能简化程序和降低成本，它往往只要 2 次村代会便能解决问题。二是提高工作效率。以往实行的"海选"虽然增强了民主性，但容易导致无目标、选票分散、一次成功率低等问题，同时容易产生无序拉票等暗箱操作。"自荐海选"有助于弥补上述缺陷，将无序变有序，效率大大提高。据统计，2005 年，余杭区 262 个村全部实行了"自荐海选"，一次成功者有 203 个，占 77.48%。三是更加强调自主性参与，使民意得到充分体现，变"要我当"为"我要当"。截至 2005 年 6 月，全区 122 个村有 730 人自荐报名参选，369 人当选，占 51%。"自荐海选"是从实际出发，符合实践发展需要的选举制度创新的典型事例，在中国村民自治的选举中无疑占有重要地位。

与此同时，浙江还在农村和社区中探索了"选聘分离"体制，将社区居委会的"选"和专职社工的"聘"分别进行，村委会、居委会经本地居

民差额直选产生，"村务员"和"社区工作人员"等社工则实行公开竞聘上岗，聘用经费由政府财政支付。"选聘分离"制度创新，既扩大了基层民主，又使得基层组织能更有效地发挥推动发展、服务群众的作用，提高了社区自治的质量，取得了很好的实践效果。

（三）强化基层民主监督，构建权力制衡机制

在中国基层民主建设中，民主选举推行较早，制度较完善，群众参与热情较高。但是，民主决策、民主监督、民主管理方面一直较为滞后。近十年来，浙江在这些方面进行了积极探索实践，取得了丰硕的成果。例如，浙江省武义县创建的"村务监督委员会制度"已被纳入《村民委员会组织法》，在全国推行。

武义县"村务监督委员会制度"是"问题驱动实践发展"的产物。随着工业化和城市化的推进，武义县村干部拥有的经济资源越来越多，而约束力却相对薄弱，由此造成监督缺位问题日渐严重，村党员干部违法乱纪案件频发，反映村干部问题的上访案件不断。2003 年，县纪委共受理来信来访300 多件（次），反映村干部问题的就占65％。针对这种情况，武义县领导决定以村务公开和民主管理为突破口，于 2004 年率先在干群关系紧张的白洋街道后陈村进行试点。6 月 18 日，后陈村经过民主选举产生了中国首个村务监督委员会，同时建立了规范村干部行为的《后陈村村务管理制度》和《后陈村村务监督制度》，明确规定村务监督委员会由村民代表会议选举产生，并对村民代表会议负责，行使监督权，与村委会和党支部实行"监管分离"，村"两委"及其直系亲属不能当选监委会委员。村务监督委员会监督职能广泛，基本涵盖了除党支部活动外的所有活动，突破了原来财务监督小组等只对具体事务进行监督的局限，重点在村级制度修订、村务财务审核、村务听证、年终述职考评和村干部免职程序五个方面行使职权。以监委会为载体的村务监督制度的实行取得了明显成效，村集体经济获得较大发展，村民的民主意识普遍提高，村干部的权力受到有效制约，群众上访事件明显减少。

此外，台州市天台县的"五步工作法"，是在村务监督委员会制度基础

上的进一步发展，有效地强化了基层民主监督的效果。2005 年以来，台州市天台县实施了由村党组织主导监督、以"民主提案、民主议案、民主表决、公开承诺、监督实施"为主要内容和基本程序的村级重大事务民主决策"五步工作法"。"五步工作法"有效地解决了农村基层民主建设中民主决策和民主监督薄弱的问题，不仅从提案、议案、决策、实施到监督等各个环节都体现和保障了村民当家作主的权利，而且有效发挥了党支部的作用，在建立村务监督委员会监督机制的基础上，通过规定专门的程序让村干部做出承诺，保证了民主决策和民主监督事项的落实。这种制度设计除了易于操作、简单易行、便于监督的优势外，还初步理顺了村"两委"关系，加强了农村"四个民主"的薄弱环节，充分保障了村民当家作主的权利，具有基层民主创新的典型特征。

（四）拓展基层民主范围，推进和谐社会建设

近十年来，浙江各地积极推进基层民主自治中的议事协商，积极探索富有浙江特色、地方特点的社会协商，建立了议事协商会、协商民主会、民间智囊团、听证会、"民情气象站"等各具特点的协商决策形式；积极鼓励引导社会中介机构、行业协会、社团组织及专业性机构广泛参与协商，以网络论坛、网络社区、网络社团和网络博客等为载体，推动协商民主不断向网络拓展，逐步实行多元主体共同协商治理的有效机制。

随着浙江经济和社会的转型，逐渐出现了一些新的社会问题，特别是民工问题引起的劳资纠纷日渐增多。在这种背景下，积极拓展基层民主范围，以企业民主形式解决经济发展和社会稳定问题，在浙江各地兴起。温岭市行业工资集体协商制度、义乌的工会维权模式和温州市的民间商会的协同治理模式都是典型代表。2003 年，温岭市在新河镇羊毛衫行业率先探索工资集体协商制度，经过多年发展完善，目前已形成"行业协商谈标准、区域协商谈底线、企业协商谈增幅"的协商模式，并探索开展了实时工资"微协商"、工资三级集体协商等新的工资协商机制。实施这一协商机制后，一年间该镇羊毛衫行业劳资纠纷上访同期下降 70%，2006 年以来实现零上访，有效地改善了劳资双方关系，保障了职工和企业主的权益，有效维护了社会稳定。

杭州市的"以民主促民生"机制，是拓展基层民主范围、推进和谐社会建设的另外一种重要形式。杭州市"以民主促民生"的工作机制可以概括为"四问四权"，即问情于民、落实知情权，问需于民、落实选择权，问计于民、落实参与权，问绩于民、落实监督权，使公共政策从制定、执行到评估监督，都有民主机制和程序保障，从而使民生问题得到符合民意的有效解决，使民主政治在解决民生问题的实践中发挥了重要的作用，为城市的和谐发展提供了有效的制度保障。杭州市"以民主促民生"机制中公民（团体）参与的方式，主要有直接参与重大工程项目评判、以利益相关人为主体的分众式参与、开放式决策、民主评议等几种类型。杭州市"以民主促民生"的基层实践，在提高公民有序参与、汇集民间诉求、提升政策认同、提高政府效能等方面，都发挥了重要作用。

总体来看，浙江基层民主建设历程体现了适应转型、加速发展、内生驱动、多元有序的突出特点。"敢为人先"的浙江精神不仅体现在经济发展领域，在民主政治领域同样如此。在浙江，由于经济的快速发展，特别是民营经济的蓬勃兴起，原来的制度已经不能适应新情况，从而诱发了制度变迁和实践创新，一套新的制度应势而生。这也是很多基层民主实践创新的主要路径。由此不难发现，浙江的基层民主实践创新往往是在发展态势驱动下，为解决具体难题而产生的，具有很强的现实性。也正因为如此，浙江的基层民主坚持了本土化的路线，将各类制度创新扎根到本地的土壤里，地方特色鲜明，讲求实效，不强求一律，不搞一刀切。总之，只有一切从实际出发，顺应时代发展的要求，求真务实，因地制宜地进行基层民主创新，基层民主政治建设才能更有针对性和富有成效，才能展示更加旺盛的生命力。这也是浙江基层民主建设实践创新的基本经验。

第四节　重点与关键：有效政府

改革开放使中国发生了历史性的巨变。中国成功地走上了一条独具特色的现代化之路。在改革开放的大潮中，浙江省脱颖而出、后来居上，创造了中国发展中的一个传奇，也为中国的发展提供了宝贵的经验和启示。在改革开放的进程中，浙江省各级党政部门正确引导和科学管理，在经济社会发展中发挥了关键作用，走出了一条适合浙江实际的发展社会主义市场经济、实现科学发展、推进地方治理模式转型的新路。

党的十八届三中全会明确提出："科学的宏观调控，有效的政府治理，是发挥社会主义市场经济体制优势的内在要求。必须切实转变政府职能，深化行政体制改革，创新行政管理方式，增强政府公信力和执行力，建设法治政府和服务型政府。"① 核心问题是处理好政府和市场的关系，使市场在资源配置中起决定性作用和更好发挥政府作用。近十年来，浙江从实际出发，创造性地不断调适政府自身的角色定位和职能定位，从而推动了浙江经济社会快速发展。政府的角色和职能定位总体上由传统的"无为而治"转变为"科学有为"，在各个方面、各个领域不断深化行政体制改革，推进政府职能转变和管理方式创新，涌现了一批具有示范意义的实践创新。

一　积极推进政府职能转变

政府职能转变是行政体制改革的核心问题，其关键是处理好政府与市场、政府与社会之间的关系，使市场在资源配置中起决定性作用和更好发挥政府作用。习近平同志在浙江工作期间明确指出："要不失时机地深化行政管理体制改革，加快政府职能转变。进一步理顺政府与市场、政府与社会、政府与企业的关系，在抓好经济调节、市场监管的同时，强化政府社会管理和公共服务职能。"② 十年来，浙江通过推进政府自身改革，大幅度减少政府对资源的直接配置，推动资源配置依据市场规则、市场价格、市场竞争实现效益最大化和效率最优化。政府的职责和作用主要是保持宏观经济稳定，

---

① 《中共中央关于全面深化改革若干重大问题的决定》，《人民日报》2013 年 11 月 16 日，第 2 版。
② 习近平：《干在实处　走在前列——推进浙江新发展的思考与实践》，中共中央党校出版社，2006，第 366~367 页。

保障公平竞争，加强市场监管，维护市场秩序，推动可持续发展，促进共同富裕，着力建设惠及全民的基本公共服务体系。

（一）加强公共服务职能，建立普惠型公共服务体系

2004 年 11 月，浙江省委、省政府围绕解决人民群众最关心、最直接、最现实的利益问题，制定了《关于建立健全为民办实事长效机制的若干意见》，比较系统地提出了涵盖就业再就业、社会保障、科教文化、医疗卫生、基础设施、城乡住房、生态环境、扶贫开发、权益保障、社会稳定等 10 个重点领域的实事内容。省政府连续 10 年在省人代会的政府工作报告中做出具体的年度承诺，积极推进各领域工作，确保全面完成。在社会保障领域，浙江省实现了由"单一突破"向"整体推进"转变，由"政策调整"向"法律规范"转变，由"城镇保障"向"城乡统筹"转变，建立了覆盖城乡、功能完善、多层次的社会保障体系，基本构建了就业再就业、社会保险、社会救助相互衔接、相互促进、三位一体的大社保体系。在教育领域，着力促进义务教育均衡发展，健全义务教育经费保障机制，教育经费投入大幅增长。全省初中、小学生均公用经费标准分别从 2005 年的 460 元和 295 元提高到 2013 年的 750 元和 550 元；同时全面实施贫困学生资助扩面、爱心营养餐、学校食宿改造、教师素质提升和中小学校舍安全等工程，改善农村义务教育的办学条件，在全国率先基本普及从学前 3 年到高中段的 15 年义务教育，实现城乡免费义务教育。在医疗卫生领域，卫生强省"六大工程"建设扎实推进，医疗卫生服务体系不断健全，每千人拥有医生数由 2005 年的 1.8 人增加到 2013 年的 2.52 人，城乡孕产妇死亡率和婴儿死亡率等主要指标均居全国领先水平。

（二）全面推进"平安浙江"建设，积极创新社会治理

近 10 年来，浙江各级政府围绕全面建设"平安浙江"，认真解决城乡居民在土地征用、房屋拆迁、企业改制等过程中权益受侵害的问题，积极维护弱势群体合法权益；制定了加强农民工服务管理的政策文件，强化劳动保障监察执法，建立了政府欠薪应急周转金和建筑业等领域工资支付保证金制度；积极维护社会公共安全，制定完善了《浙江省突发公共事件总体应急

预案》等各类预警机制和应急预案，加强公共突发事件应急管理，推进应急处置的规范化、制度化建设；严格落实安全生产责任制，扎实开展重点领域和薄弱环节专项整治，全省生产事故次数、死亡人数和直接经济损失自2004年以来已连续10年实现负增长。同时，健全社会治安防控体系，增加了人民群众的安全感。据国家统计局抽样调查，2004年、2005年全省受访群众认为有安全感的分别占92.33%和96.39%，分别高于全国平均水平1.49个和4.49个百分点。

（三）打造"绿色浙江"，加强环境保护和生态建设

浙江省发展理念转变的突出表现之一是高度重视环境保护和生态建设，把环境保护和生态建设作为政府履行公共服务职能的重要内容。党的十六大以后，浙江省委进一步明确了要以建设"绿色浙江"为目标，以创建生态省为载体和突破口，走生产发展、生活富裕、生态良好的文明发展道路。浙江省积极创新各项工作载体，大力实施"五水共治"、资源节约和环境保护行动计划，以"811"环境保护三年行动和新三年行动、循环经济"991行动计划"、节能降耗十大工程、节约集约用地六大工程等为抓手，努力建设循环经济试点省、生态省和"绿色浙江"。生态建设进一步加强，森林覆盖率稳定在60%以上，建立覆盖全省八大水系源头地区的生态财力转移支付制度，率先开展瓯江河道生态修复全国试点工作。在全国率先建成县以上城市污水、生活垃圾集中处理设施，率先建成环境质量和重点污染源自动监控网络，启动实施"'十一五'水资源保障百亿工程"，全省生态环境质量稳中趋好。

此外，2004年以来，浙江省针对长期以来城乡区域差距较大的现实和不断扩大的趋势，把促进城乡区域协调发展摆上更加重要的位置，加大统筹发展的力度，实施基本公共服务均等化行动计划、"千村示范、万村整治"、"百亿帮扶致富"、"山海协作"等工程，通过政府公共资源的倾斜配置，加快新农村建设和欠发达地区发展，实现城乡区域均衡发展。同时，浙江省还围绕提高网络化、体系化水平加快基础设施建设，加快推进重大项目建设行动计划和政府主导性重大建设项目，"五大百亿"工程胜利完成，"三个千亿"工程顺利推进，杭州湾跨海大桥、舟山跨海大桥、洞头半岛工程、甬台温铁路先

后建成通车，已形成四通八达的综合交通运输网络，区域经济的竞争力明显提升。

二 逐步深化行政体制改革

改革行政体制是推动上层建筑适应经济基础的必然要求，转变政府职能必须深化行政体制改革。近年来，浙江省在各个方面、各个领域不断深化行政体制改革，推进政府职能转变和管理方式创新，涌现了一批具有典范意义的实践创新。

（一）推进"强县扩权"改革的深化

浙江省委、省政府在市场化进程中，积极推进行政权力下放，不断优化各级政府之间的权力配置，探索省管县由财政领域向行政领域扩展，有效地调动了基层政府的积极性。自20世纪90年代以来，浙江省先后4次出台政策，扩大部分经济发达县（市）的经济管理权限。2002年，省委、省政府实行新一轮的强县扩权政策，将12大类313项原属地级市的经济管理权限下放给17个县（市）和萧山、余杭、鄞州3个区。2006年11月，浙江省出台了《关于开展扩大义乌市经济社会管理权限改革试点工作的若干意见》，确定将义乌市作为进一步扩大县级政府经济社会管理权限的改革试点。2008年12月，在总结义乌市扩权改革试点经验的基础上，浙江省下发了《关于扩大县（市）部分经济社会管理权限的通知》，在全省范围内全面实施"强县扩权"。"强县扩权"改革进一步增强了基层政府的自主性，提高了行政效率，促进了县域经济的发展繁荣。

（二）深化行政审批制度改革，推行"四张清单一张网"

行政审批制度，是政府对经济社会公共事务规范、管理与服务的一种重要权力安排方式，直接体现了政府与市场、政府与社会以及政府与政府之间的关系。随着第四轮简政放权改革的推进，浙江省推行了"四张清单一张网"——政府部门权力清单、企业投资负面清单、财政专项资金管理清单、责任清单，加紧构建省、市、县三级联动的政务服务网。2013年，新一轮行政审批制度改革正式启动以来，浙江省级行政许可事项从706项减少到

424 项，非行政许可事项从 560 项减少到 96 项，省级审批事项削减了 59%。政府投资项目办结时间由 360 天缩短到 60 天，企业投资项目由 300 天缩短到 55 天，贸易主体设立时间由 30 天缩短到 10 天。① "四张清单一张网"，是浙江省行政审批制度改革的深化，是一场以清权、确权、制权为核心的权力革命，在全国范围内具有重要的参照意义。

（三）探索推进"大部门体制"改革

2013 年 3 月，舟山市全面启动行政体制创新工作，以提高新区统筹发展、海洋海岛开发保护和综合管理能力为重点，以强化新区统筹协调职能、政府职能转变、经济功能区建设以及优化部门机构设置、乡镇（街道）行政区划、基层社会管理和公共服务等"三强三优"为特色，着力构建机构精简、职能综合、结构合理、运作高效的行政管理体制。为进一步优化部门机构设置，舟山组建新区党工委管委会办公室，市委办、市府办与其合署，实行"一套班子三块牌子"，同时稳步实行大市场、大农业、大文化、大卫生等大部门制改革。组建市场监督管理局，在市、县（区）、乡镇（街道）三级全面整合工商、质监、食品药品监管的职责和力量；在全国率先探索建立陆上综合执法体制和海上联合执法机制。机构整合后，市委工作部门从11 个减至 8 个，市政府工作部门从 34 个减至 25 个，所属 4 个县（区）党委、政府工作部门也精简 24% ~40% 不等。市本级 29 家改革单位减少县处级领导职数 46 名，减少科级领导职数 79 名，精简幅度分别达到 27.9% 和16.8%。

三 重点加强政府管理方式创新

进入 21 世纪以来，浙江各级政府积极探索和实践政府管理方式创新和行政运行机制改革，不断提升管理水平和行政效能，努力建设职能科学、结构优化、廉洁高效、人民满意的服务型政府。

---

① 参见温红彦等《四张清单一张网 政府瘦身更健身》，《人民日报》2014 年 5 月 12 日，第 1版。

（一）构建科学民主公开的决策机制

政府决策直接关系到经济社会发展和人民群众的切身利益，不断改革和完善政府决策的形成和执行机制，使其适应经济社会科学发展的需要，已成为政府自身建设的一项重要工作。近十年来，浙江各级政府对行政过程中的重大问题，对涉及公众切身利益和社会公共利益、城市总体规划、政府投资的重要社会事业设施、城市房屋拆迁基准价等重大事项，通过召开市民座谈会、听证会，发放调查表，民意调查，网上征询意见等形式，广泛征求民主党派、群众团体、人大代表以及公民、企业等的意见建议，同时积极探索政府决策的第三方风险评估机制，从而大大拓宽了公众和社会参与政府决策的渠道，提高了公民参与政府决策的积极性，促进了决策的科学化、民主化和制度化。

（二）强化对领导干部的监督管理

习近平同志认为："领导干部是作风建设的主体。"[1] 2004 年 6 月，浙江制定实施《关于推行干部生活圈、社交圈考察的意见》，重点在市、县党政机关县处级以下干部的考察中全面推行"两圈"考察。为了加强对关键岗位干部的重点管理，2006 年，浙江省制定出台《关于进一步加强和改进省管领导干部日常管理的意见》，对省管干部明确提出思想政治建设、日常管理方面的具体措施。2009 年，首次对 1518 名省管领导干部进行集中性年度考核，还制定出台了《关于进一步加强县委书记队伍建设的实施意见》，加强对县委书记的选任配备、教育培训、分类考核、监督管理。2004～2009年，共对 103 个省直单位主要负责人、5 名市长和 56 名县（市、区）长进行经济责任审计。从 2009 年起，全面开展县（市、区）委书记和县（市、区）长经济责任同步审计工作。[2]

（三）大力加强权力公开运行的监督机制

加强对权力运行的监督，是浙江反腐倡廉工作的重点。浙江省委、省政府以廉洁政治为目标，通过"阳光工程"推进权力运行监督，建立健全权

---

[1] 习近平：《之江新语》，浙江人民出版社，2007，第 264 页。
[2] 参见张军《提高选人用人公信度——浙江深化干部人事制度改革综述》，《今日浙江》2010年第 12 期。

力公开透明运行的有效机制。2012 年，浙江省出台了《关于深入推进"阳光工程"建设的意见》，规范权力阳光运行，实现"部门全覆盖、事项全公开、过程全规范、结果全透明、监督全方位"的工作目标。2013 年以来，浙江省阳光工程建设力度进一步加大，全省从最初确定的 14 个部门、21 个权力事项公开试点，逐步扩展为省、市、县、乡、村五级全覆盖。其中，省级 47 个部门公开行政权力事项共 2645 项，由群众点题公开重点民生事项 68 项。① 浙江省在推进阳光工程的基础上，全面推进"权力清单"制度，做到职权由法定、有权必有责、用权受监督、违法要追究、侵权须赔偿。权力清单制度的核心是"清权、减权、制权"，依法公开权力运行流程和行使结果，有效加强了对权力运行的监督机制。

进入 21 世纪以来，为了进一步适应经济社会发展的需要，浙江政治发展承前启后、开拓创新，坚持从市场先发、民营经济发达的浙江实际出发，注重发挥体制机制优势，注重治理体系的优化和治理能力的加强，推进政府职能转变，深化行政体制改革，创新政府管理方式，在地方治理实践中务实创新，科学有为，为所当为，不断推进浙江经济社会发展迈入新阶段。浙江政府管理改革具有鲜明的自身特点，即以提升治理有效性为出发点，以打造有效政府为核心目标，积极推进治理体系和治理能力现代化，逐渐形成了符合实践发展需要、富有浙江特色的政府管理模式。

第五节　政治建设的几点启示

在改革开放进程中，浙江各级党委、政府注重发挥中国特色社会主义制度的政治优势，干在实处，走在前列，一张蓝图画到底，一届接着一届干，在经济社会发展中发挥了重要的引领作用，积极推进治理模式的转型升级，推动浙江经济社会的全面、协调、可持续发展，不断创造着浙江发展的新奇迹。

---

① 参见方力《把权力关进制度笼子里》，《浙江日报》2014 年 1 月 6 日，第 1 版。

浙江政治发展和改革的基本经验，就是坚持从实际出发，不断开拓创新、勇于实践，始终坚持党的领导、人民当家作主和依法治国的有机统一，注重发挥市场作用和激发社会活力，注重整体设计和基层创新相结合，积极推进地方治理体系的优化和自身治理能力的加强，以提升治理有效性作为政治发展的核心和动力，通过充分发挥法治建设、有序民主、有效政府在推进治理现代化中的作用，走出了一条符合浙江实际的政治建设和发展之路。

概括而言，浙江政治发展的经验启示主要体现在以下几个方面。

一 提升治理有效性是浙江政治发展的核心要素

改革开放使中国发生了历史性的巨变。中国成功地走上了一条独具特色的现代化之路，发展成就举世瞩目。但是，中国特色社会主义建设是一项前无古人的新事业，任务之繁重、挑战之严峻前所未有。要实现国家长治久安，充分发挥政治制度的优越性，传统的治理体系和治理能力已经不能完全满足现实发展的需要，存在诸多亟待改进的方面。而全面深化改革，不断提升治理有效性，推进国家治理现代化，就成为政治发展中一种必然的选择。

浙江十年来政治建设和实践创新的突出特点，就是紧紧围绕提升治理有效性，探索推进地方治理体系和治理能力现代化的具体实现途径。其中，"法治浙江"建设的战略思路和具体实施，就是对以实现有效治理为目标的中国特色社会主义政治发展道路的有益实践探索。浙江省委书记夏宝龙明确指出，建设法治浙江既是法治中国建设在地方的实践，更是推进国家治理体系和治理能力现代化在地方的实践，深化法治浙江建设十分重要、非常紧迫、机遇难得。①

浙江十年来以提升治理有效性为核心动力的政治发展实践，更加注重改进党的领导方式和执政方式，更加注重健全民主制度、丰富民主形式，从各个层次和各个领域扩大公民有序政治参与，推进社会主义民主政治的制度化、规范化和程序化，更加注重发挥依法治国、依法执政在政治建设中的作用，着力提高治理的法治化水平，更加注重治理体系的优化和治理能力的加强，

---

① 转引自朱海兵《建设法治中国的浙江实践》，《浙江日报》2014年10月13日，第1版。

推进地方治理模式的转型升级，并且将这种发展思路贯穿于坚持和完善人民代表大会制度、社会主义协商民主制度、基层民主制度、推进依法治省、深化行政体制改革、健全权力运行制约和监督体系、巩固和发展最广泛的爱国统一战线等各个领域，以有效治理理念引领和推进浙江政治发展和实践创新。实践证明，不断提升治理有效性，已成为浙江政治发展经验的核心要素和重要特征。

二 加强战略规划与鼓励基层创新是政治发展的基本路径

浙江政治发展的基本路径，是注重发挥体制机制优势，注重战略规划和宏观引领，同时尊重和鼓励基层创新，注重激发市场活力和民间活力，充分发挥基层政府的主动性和创造性，以提升治理有效性为基本着眼点，上下结合、有效互动，共同推进浙江各个领域改革开放事业的发展。

浙江经济社会发展走在前列，同时也面临经验先行、问题早发先发的矛盾。因此，加强战略规划和宏观引领，提高治理的前瞻性、主动性和有效性，就显得相当重要。回顾浙江十年来的改革发展历程，"八八战略"的引领作用举足轻重。"八八战略"作为一项重大决策，解决的是浙江经济、政治、文化、社会、生态"五位一体"建设协调发展的关键性问题，是浙江全面建设小康社会、提前基本实现现代化的全局性问题。实践证明，这个重大决策的筹划部署完全符合客观实际，前瞻性和引领作用非常明显，对浙江在复杂多变的国内外环境中，化挑战为机遇，推动经济社会发展再上新台阶、迈入新阶段，发挥了不可替代的作用。

与此同时，基层创新的不断推进，在"八八战略"付诸实践的过程中也发挥了相当重要的作用。地处沿海经济发达地区的浙江，走在改革发展前列的浙江人民，始终是改革发展的"弄潮儿"，在基层实践中创造了许许多多的新鲜经验。浙江政治发展过程的一个突出特点，就是基层创新非常活跃。浙江各级党委、政府始终尊重群众的首创精神和基层创新的热情，充分激发和调动民间活力，为实施"八八战略"，建设"平安浙江""文化大省""法治浙江"，创建生态省和打造"绿色浙江"，汲取民间和基层智慧，构建政治发展的重要基础支撑。

注重战略规划和宏观引领，尊重和鼓励基层创新，使浙江改革开放的各项政策能够真正做到从本省、本地实际出发，既体现了前瞻性和系统性，又能调动民间活力和基层的积极性与创造力，使战略规划和政策实施能够顺民心、合民意，做到既合规律性又合目的性，从而使浙江经济社会得到又快又好的发展。浙江的政治发展实践，生动体现了自上而下与自下而上的辩证统一，极大地提升了治理的有效性，为具有浙江特色的民主政治发展实践提供了强大动力。

三　法治建设、有序民主、有效政府是推进治理现代化的重要手段

浙江省推进治理体系和治理能力现代化的重要手段，是全面加强法治建设，推进有序民主，打造有效政府。通过加强法治建设，促进中国特色社会主义民主政治的制度化、规范化和程序化；通过健全民主制度、丰富民主形式，积极推进有序民主，拓宽公民有序参与的政治途径；通过打造有效政府，推进科学决策，建设效能政府、廉洁政府、责任政府，为全面提升治理有效性提供实践载体和行政支撑。

法治是治国理政的基本方式，是国家治理能力现代化的直接体现，是坚持党的领导、人民当家作主和依法治国有机统一的中国特色社会主义民主政治建设的重要组成部分。浙江在改革开放进程中，始终重视加强法治建设，以“法治浙江”建设为纲领，不断提高依法执政水平，加快地方性法规建设，完善立法机制，提高立法质量；全面推进依法行政，加强政府法制建设，行政执法逐步规范；司法改革不断深化，司法公正得到加强；法制宣传教育深入开展，法律服务体系逐渐完善，全民法律意识特别是领导干部的法治观念不断增强。十年来，浙江以加强治理有效性为目标，不断充实和丰富法治建设的时代内涵和提高其现实针对性，既重视法律体系的不断完善，同时更加注重法律实施的改进和有效性的加强，以符合实践和时代发展需要的法治治理方式，推进地方治理体系和治理能力现代化。

民主是社会主义的应有之义。依法办事、合规守序是民主政治发展的内在要求，是实现国家有效治理的重要标志。中国特色社会主义民主政治建

设，始终是以发展有序民主为原则的，选举民主、协商民主等多种民主形式相互融合、共同发展，始终注重民主目的与手段的统一，注重民主效果与经济社会发展目标的一致。这一制度特征，与以竞争性选举为核心的西方民主理念和实践有着根本区别。改革开放以来，随着经济社会的快速发展，浙江民主实践空前活跃，公民民主权利意识日益增强。浙江在民主政治建设中，积极探索有序民主的具体实现途径，既注重充分调动和维护人民当家作主的积极性，也注重依法、依规、循序渐进地丰富民主实践的内涵和形式，不断健全民主制度、丰富民主形式，拓宽公民有序参与的政治途径，始终保持了民主建设的有序性和政治发展的稳定性，在充分保障公民民主权利的同时，成功实现了经济的繁荣发展和社会的和谐稳定。

有效政府是经济社会全面、协调、可持续发展的重要保证。打造有效政府，推进科学决策和管理，是推进治理体系和治理能力现代化的必然选择。有效政府不是全能政府，而是效能政府、廉洁政府、责任政府、法治政府，是通过多种民主途径与社会、市场形成良性互动的政府。改革开放以来，浙江政府职能定位总体上经历了从"无为而治"到"科学有为"的转变。在政治发展中，各级党政部门正确把握政府与市场、政府与社会的关系，充分尊重市场经济的内在规律，尊重民间活力和创造力，有所为有所不为，科学有为、为所当为，使浙江在经济和自然资源禀赋并不突出的条件下，取得了辉煌的发展成就，将改革开放事业不断推向了新的发展阶段。

总体来看，浙江政治建设和改革的基本经验，就是坚持从实际出发，坚持党的领导、人民当家作主和依法治国的有机统一，注重战略规划和宏观引领，尊重和鼓励基层创新，以提升治理有效性作为政治发展的核心和动力，积极推进地方治理体系的优化和自身治理能力的加强，将强化法治建设、推进有序民主、打造有效政府，作为推进地方治理体系和治理能力现代化的重要手段，积极探索中国特色社会主义政治发展的具体实现路径。浙江的发展成就与实践创新是伟大的，浙江的经验与启示是丰富而深刻的。浙江的改革开放事业和政治发展成就，具有深刻的时代意蕴和重要的现实意义，是推进国家治理体系和治理能力现代化的重要政治实践。

第三章
文化：合力推动、建立优势

中华文化的发展繁荣，是以"国家富强、民族振兴、人民幸福"为基本内涵的中国梦的题中应有之义。实现中华民族伟大复兴的中国梦，"是物质文明和精神文明均衡发展、相互促进的结果。没有文明的继承和发展，没有文化的弘扬和繁荣，就没有中国梦的实现"。① 习近平同志的这一重要论述及其他相关讲话深刻揭示了文化发展对实现中国梦的三重作用。第一，文化发展是实现中国梦的基础和条件。中华民族的伟大复兴，需要坚实的物质基础，也需要坚实的文化基础，需要以中华文化的兴盛和发展繁荣为支撑。第二，文化发展决定着中国梦的实现方式。中华民族的伟大复兴，需要从中华文化的独特创造、价值理念和鲜明特色出发，使中华民族最基本的文化基因与当代文化相适应，与现代社会相协调，不断增强文化自觉和文化自信。增强文化自觉和文化自信，也就意味着增强走中国特色社会主义道路的理论自信、制度自信和道路自信。第三，文化发展为中国梦的实现提供精神动力。中华民族的伟大复兴，需要凝聚中国力量，这就是中国各族人民大团结的力量，需要中国人民在实现中国梦的进程中，按照时代的新进步，推动中华文明的创造性转化和创新性发展，激活其生命力。文化的力量，是每一个中国人为梦想而奋斗的正确的精神指引和强大的精神动力。

文化发展与实现中国梦的关系表明，实现中国梦必须大力促进中华文化的发展和繁荣，必须充分发挥文化的力量。中华文化的发展和繁荣，是充分

---

① 《习近平在联合国教科文组织总部发表演讲》，《人民日报》2014 年 3 月 28 日，第 1 版。

发挥文化力量的前提。充分发挥文化的力量，是要在文化与经济、文化与政治、文化与社会、文化与生态文明的相互关系中，释放文化的活力和作用，使之成为推动经济、政治、社会和生态文明建设的动力。充分发挥文化的力量，最根本的是要发挥以文化人、以文育人的作用，培养和造就肩负实现中国梦伟大使命的新世纪的中国人。

千百年来，浙江人民积淀和传承了一个底蕴深厚的、富于创造力的智慧和力量的文化传统。这种文化传统又深深地融汇在一代代浙江人民的血液中，深深地注入在浙江人民的创造力凝聚力之中，深深地影响了浙江人的思想观念和行为方式。可以说，浙江人创造了浙江文化，浙江文化塑造着新一代浙江人，如此循环往复。"务实、守信、崇学、向善"，以社会主义核心价值观为引领的这种浙江人的共同价值观，是浙江文化的核心，是浙江人的文化特质。本章以具有浙江人文化特质的新一代浙江人的培育为核心，以十年来浙江文化发展的过程为线索，透视和总结浙江人民在实现中国梦的实践过程中发展和繁荣浙江文化、充分发挥文化力量的基本经验。

第一节　文化发展战略：软实力的硬道理

浙江人民促进浙江文化发展和繁荣的高度自觉、对文化力量的深刻认识，集中表现在浙江的文化发展战略上。从浙江经济社会全面协调可持续发展的全局出发，思考和确定文化发展的目标、地位、作用和思路；立足于浙江文化发展的实际，坚持全面准确地把握中央关于文化建设的战略思想和浙江文化发展实际相统一；着眼于浙江基本文化基因与当代文化和时代精神的有机结合，重点谋划浙江文化的创新性发展。以上是浙江文化发展战略的三个鲜明特点。从浙江精神到与时俱进的浙江精神和当代浙江人的共同价值观，从文化大省战略到加快建设文化大省和文化强省的决定，从"八八战略"到"平安浙江""法治浙江""美丽浙江"等一系列战略和决定，无论是就浙江精神和价值观来看，还是就文化发展的战略和部署来看，抑或是就整个浙江发展的战略与思路来看，浙江文化发展战略的基本特点，就是跳出文化发展文化。跳出文化发展文化，是用"战略思维、时代要求和发展的眼光"审视浙江文化发展的必然结论。在这一意义上可以说，浙江文化发展战略，就是以人为本，促进人的全面发展的战略，就是基于浙江文化传统，促进浙江文化创新性发展的战略，就是融入经济、政治、社会、生态文明和党的建设各个方面和全过程，促进浙江文化融合发展的战略。文化的力量是一种软实力，但"文化的力量最终可以转化为物质的力量，文化的软实力最终可以转化为经济的硬实力"①。浙江的文化发展战略表明，文化软实力的发展就像经济发展一样，是一种硬道理。

一 促进人的全面发展

跳出文化发展文化，最根本的着眼点是，在文化与人的关系中思考和谋划文化发展问题。根据马克思主义关于文化与人的关系的基本原理，基于"文化即'人化'，文化事业即养人心志、育人情操的事业"②的认识而构建的浙江文化发展战略，就是以人为本，促进人的全面发展的战略。

以人为本，促进人的全面发展的浙江文化发展战略，其本质和核心是以人为本。从浙江党委和政府对以人为本的理解和认识来看，以人为本，回答了浙江文化发展的三个根本性问题。一是浙江文化发展的主体是谁的问题。"对人在社会历史发展中的主体作用与地位的肯定"，也就是对人在文化发展中的主体作用与地位的肯定。事实上，这就揭示了文化发展的主体是谁的问题。浙江文化发展的主体就是全体浙江人民。二是浙江文化发展的价值取向问题。以人为本作为一种价值取向，就是浙江文化发展的价值取向。以人为本"强调尊重人、解放人、依靠人和为了人"，在文化发展战略方面，就是强调要尊重浙江人民在浙江文化发展中的主体地位，解放浙江人民的文化

---

① 习近平：《干在实处　走在前列——推进浙江新发展的思考与实践》，中共中央党校出版社，2006，第294页。

② 习近平：《干在实处　走在前列——推进浙江新发展的思考与实践》，中共中央党校出版社，2006，第295页。

创造活力，依靠浙江人民的主体作用，为了满足浙江人民的精神文化需求。三是浙江文化发展的思维方式问题。以人为本作为一种思维方式，"就是在分析和解决一切问题时，既要坚持历史的尺度，也要坚持人的尺度"①。这种思维方式作为浙江文化发展的思维方式，就是在分析和解决浙江文化发展问题时，既要着眼于浙江文化发展史，也要着眼于浙江人的文化特质、文化需求与文化创造。

以人为本，促进人的全面发展的浙江文化发展战略，其目的和任务是促进人的全面发展。将促进人的全面发展作为浙江文化发展的最终目的，并不是来自马克思主义理论的口号式应用，而是浙江党委和政府在马克思主义理论指导下对经济社会发展实践的深刻反思和理论自觉的产物。长期以来，人们对发展的理解一直局限在经济方面，将发展等同于经济发展，将经济发展等同于 GDP 的增长、财政收入和居民收入的增加。树立和落实科学发展观，就是要破除这种狭隘、片面的发展观，推动经济、政治、文化、社会和生态全面协调可持续发展；就是要破除片面地将人作为发展手段的不自觉思维和错误做法，更多地从人是一切发展的出发点和目的的角度理解和认识发展问题。"更进一步来说，要认清物质文明建设和精神文明建设的最终目的是什么，GDP、财政收入、居民收入等等是一些重要指标，但都不是最终目的，其最终目的就是要促进人的全面发展，包括改善人们的物质生活、丰富人们的精神生活、提高人们的生活质量、提高人们的思想道德素质和科学文化素质等等。"②

以促进人的全面发展为最终目的，决定了促进人的全面发展是浙江文化发展的战略任务。促进人的全面发展的战略任务，一是要解决精神文化产品的生产与人民群众日益增长的精神文化需求之间的矛盾。"人的发展以精神

---

① 关于浙江党委和政府对以人为本的理解和认识，详见习近平 2006 年 6 月 16 日在"浙江论坛"学习贯彻党章专题报告会上的讲话。参见习近平《干在实处　走在前列——推进浙江新发展的思考与实践》，中共中央党校出版社，2006，第 24 页。

② 习近平：《之江新语》，浙江人民出版社，2007，第 95 页。

文化为内核",① "文化是实现人的全面发展的决定性因素……加快文化大省建设，不断满足人民群众日益增长的多层次精神文化需求，推动人的全面发展，已经成为我省现代化建设的一项重大而紧迫的任务。"② 具体的措施，体现在解放和发展文化生产力、实施文化精品工程、文化产业促进工程等方面。二是要"着力提高全省人民的科学文化素养、民主法治素养、思想道德素养、生态文明素养和身心健康素质",③ 不断培养出有理想、有道德、有文化、有纪律的新型浙江人。具体措施，体现在实施文明素质工程和"四个强省"等方面。三是从"人，本质上就是文化的人，而不是'物化'的人；是能动的、全面的人，而不是僵化的、'单向度'的人"的认识出发，提出了促进"三种人"全面发展的新任务。这就是："要从满足'经济人'的生存和安全需要出发，使广大人民群众在普遍富裕起来的同时，不断改善生活质量。要从满足'社会人'的交往和尊重需要出发，营造相互尊重、相互理解、相互关爱的氛围，使广大人民群众共享祥和的社会生活。要从满足'文化人'自我发展与实现的需要出发，加快建设文化大省，努力构建学习型社会，提高心理承受能力和自我调适能力，享受创造乐趣，体验事业成就，实现人生价值。"④

二 促进浙江文化创新性发展

跳出文化发展文化，最核心的指向是，在底蕴深厚的文化传统和当代文化发展需求的关系中思考和谋划文化发展问题。"保持和发展本民族文化的优良传统，积极吸取世界其他民族的优秀文化成果，实现文化的与时俱进，

---

① 习近平：《之江新语》，浙江人民出版社，2007，第150页。
② 习近平：《干在实处 走在前列——推进浙江新发展的思考与实践》，中共中央党校出版社，2006，第296页。
③ 中共浙江省委：《中共浙江省委关于认真学习贯彻党的十八大精神扎实推进物质富裕精神富有现代化浙江建设的决定》（2012年12月6日中国共产党浙江省第十三届委员会第二次全体会议通过），浙江在线，http://zjnews.zjol.com.cn/05zjnews/system/2012/12/14/019018067.shtml，最后访问日期：2015年2月1日。
④ 习近平：《干在实处 走在前列——推进浙江新发展的思考与实践》，中共中央党校出版社，2006，第322页。

是关系党和国家前途与命运的重大问题。"① 建构在这一认识基础之上的浙江文化发展战略，就是基于浙江文化传统，促进浙江文化创新性发展的战略。

基于浙江文化传统，促进浙江文化创新性发展的浙江文化发展战略，其基础是对千百年来浙江人民积淀和传承的底蕴深厚的文化传统的保护、挖掘和继续传承。保护、挖掘和继续传承，需要全面准确地理解和认识浙江文化。也就是说，要从浙江特有的地理环境、生产生活方式、历史上多次人口迁徙和文化交融等方面，理解和认识浙江文化的特点，把握浙江人特有的"文化基因"。"浙江文化的一个突出特点是：洋溢着浓郁的经济脉息。""浙江文化的另一个特点是：融会了多元文化的精神特质，兼具内陆文化与海洋文化之长处，融合了吴越文化与中原文化之精髓，反映了中国文化与西方文化之激荡。""这种文化传统的独特性，正在于它令人惊叹的富于创造力的智慧和力量。"② 保护，主要是将历史文化遗产和绚丽多彩的民族民间艺术、城市文化个性、历史记忆、农村的历史原貌和文化多样性等作为宝贵的资源，实施文化保护工程，以防止在开发和利用中破坏历史文化遗产，防止在城市化进程中"造成文脉的断裂，造成'千城一面'的现象"，"也不要把社会主义新农村建设变成新村建设，更不要在建设过程中把那些具有文化价值和地方特色的历史建筑通通扫荡了。"③ 挖掘，主要是对浙江文化的历史、现状和发展传承的规律，实施浙江文化研究工程，寻找浙江的"文化基因"。继续传承，主要是在新的历史条件下，通过实施文化传播工程等方式，继承浙江文化富于创造力的基因，传承优秀文化，弘扬与时俱进的浙江精神。

基于浙江文化传统，促进浙江文化创新性发展的浙江文化发展战略，其

---

① 习近平：《干在实处　走在前列——推进浙江新发展的思考与实践》，中共中央党校出版社，2006，第290页。

② 习近平：《干在实处　走在前列——推进浙江新发展的思考与实践》，中共中央党校出版社，2006，第316~317页。

③ 习近平：《干在实处　走在前列——推进浙江新发展的思考与实践》，中共中央党校出版社，2006，第324页。

本质是促进浙江文化的创新性发展。促进浙江文化的创新性发展，源于"浙江文化富于创造力的基因"。"在浙江新石器时代最为著名的跨湖桥、河姆渡、马家浜和良渚文化中，浙江先民们都以不同凡响的作为，在中华民族的文明之源留下了创造和进步的印记。""代代相传的文化创造的作为和精神，从观念、态度、行为方式和价值取向上，孕育、形成和发展了源远流长的浙江地域文化传统和与时俱进的浙江文化精神，她滋育着浙江的生命力、催生着浙江的凝聚力、激发着浙江的创造力、培植着浙江的竞争力，激励着浙江人民永不自满、永不停息，在各个不同的历史时期不断地超越自我、创业奋进。"①

促进浙江文化的创新性发展，是与时俱进的浙江精神的内在要求。"浙江历史上各种文化的交汇融合，在改革开放中孕育和造就了'自强不息、坚韧不拔、勇于创新、讲求实效'的浙江精神"②，科学发展在浙江的实践，又与时俱进地培育和弘扬了"求真务实、诚信和谐、开放图强"的精神。"作为文化核心价值观的浙江精神"的与时俱进，必然要求浙江文化的创新性发展，以使浙江人民具有科学发展和实现中国梦实践所要求的"现代的思想观念、价值取向、心理状态和社会道德标准"。③

促进浙江文化的创新性发展，是扎实推进中国特色社会主义在浙江的新实践的客观需要。提升全面建成小康社会水平、建设物质富裕精神富有现代化浙江，是扎实推进中国特色社会主义在浙江的新实践的总目标。实现这一总目标，就要"紧紧围绕加快建设经济强省、文化强省、科教人才强省和法治浙江、平安浙江、生态浙江的主要任务，扎实推进各领域、各方面的现代化建设"。这就需要浙江人民"始终保持奋发有为的精神状态"，④ 加快创

---

① 习近平：《干在实处　走在前列——推进浙江新发展的思考与实践》，中共中央党校出版社，2006，第317页。

② 习近平：《干在实处　走在前列——推进浙江新发展的思考与实践》，中共中央党校出版社，2006，第317~318页。

③ 习近平：《与时俱进的浙江精神》，《哲学研究》2006年第4期。

④ 中共浙江省委：《中共浙江省委关于认真学习贯彻党的十八大精神扎实推进物质富裕精神富有现代化浙江建设的决定》（2012年12月6日中国共产党浙江省第十三届委员会第二次全体会议通过），浙江在线，http://zjnews.zjol.com.cn/05zjnews/system/2012/12/14/019018067.shtml，最后访问日期：2015年2月1日。

新型省份建设，全面实施创新驱动发展战略，积极构建现代区域创新体系。"创新的时代呼唤创新的文化。"① 创新的文化不仅能为推动浙江创新发展提供创新意识、创新精神和创新价值体系，还能为浙江新的科学发展以及实现中国梦的实践"提供坚强思想保证、强大精神动力、有力舆论支持、良好文化条件"②。

促进浙江文化的创新性发展，必须使浙江的文化基因与当代文化相适应，与现代社会相协调。浙江的文化基因，代表着浙江深厚的文化底蕴和优秀的文化传统，是历史赐予浙江人民的宝贵财富，也是浙江发展成就的丰富资源和不竭动力。但是，这种文化基因"一有雨露就发芽，一有阳光就灿烂"③，需要与当代文化发展相结合，与现代社会相协调，才能起作用。浙江文化的创新性发展，不能脱离浙江的文化基因，否则将成为无源之水、无本之木。浙江经济社会发展的实践和浙江文化发展史表明，正是浙江的文化基因与当今时代有机结合，支撑了浙江人的创新机制，支撑了浙江的发展模式、发展道路；也正是浙江文化基因与当代文化相适应、与现代社会相协调，促进着浙江文化的创新性发展。

三 促进浙江文化融合发展

跳出文化发展文化，最基本的路径是，在文化与经济、政治、社会、生态和党的建设的关系中思考和谋划文化发展问题。根据"当今世界，文化与经济和政治相互交融，在综合国力竞争中的地位和作用越来越突出"④ 的基本判断而构建的浙江文化发展战略，就是融入经济、政治、社会、生态文

① 习近平：《干在实处 走在前列——推进浙江新发展的思考与实践》，中共中央党校出版社，2006，第134页。
② 中共浙江省委：《中共浙江省委关于贯彻十七届六中全会精神推进文化强省建设的决定》（2011年11月18日中国共产党浙江省第十二届委员会第十次全体会议通过），《浙江日报》2011年11月25日，第1版。
③ 习近平：《干在实处 走在前列——推进浙江新发展的思考与实践》，中共中央党校出版社，2006，第316页。
④ 《江泽民文选》第3卷，人民出版社，2006，第558页。

明和党的建设各个方面和全过程，促进浙江文化融合发展的战略。

融入经济、政治、社会、生态文明和党的建设各个方面和全过程，促进浙江文化融合发展的浙江文化发展战略，包括相互联系的两个方面：一是着眼于文化力量的充分发挥，增强构成浙江综合竞争力的文化软实力。也就是说，要将文化融入经济、政治、社会、生态和党的建设之中，成为推进经济发展、政治文明、社会和谐、生态文明和党的建设的重要推动力量。

经济发展离不开文化的支撑，文化的力量融入经济力量之中，成为经济发展的"助推器"。"文化赋予经济发展以深厚的人文价值，使人的经济活动与动物的谋生行为有质的区别；文化赋予经济发展以极高的组织效能，促进社会主体间的相互沟通和社会凝聚力的形成；文化赋予经济发展以更强的竞争力，先进文化与生产力中的最活跃的人的因素一旦结合，劳动力素质会得到极大地提高，劳动对象的广度和深度会得到极大的拓展，人类改造自然、取得财富的能力与数量会成几何级数增加。"[1]

"文化力量对政治制度、政治体制的导向和引领作用十分明显"[2]，文化的力量融入政治力量之中，成为政治文明的"导航灯"。加快文化大省建设的实践为建设法治浙江开拓了动力源泉；以"六个必须"为本质要求的社会主义法治理念，是法治浙江建设的重要指针；公平正义，是法治浙江建设的价值追求。

"一定社会的文化环境，对生活其中的人们产生着同化作用，进而化作维系社会、民族的生生不息的巨大力量。"[3] 文化的力量融入社会力量之中，成为社会和谐的"黏合剂"。"文化育和谐，文化建设是构建和谐社会的重要保证和必然要求。"[4] "构建社会主义和谐社会，必须发挥社会主义先进文化增强人民精神力量、丰富人民精神世界的作用……要通过提高公民的思想

---

[1] 习近平：《之江新语》，浙江人民出版社，2007，第149页。
[2] 习近平：《之江新语》，浙江人民出版社，2007，第149页。
[3] 习近平：《之江新语》，浙江人民出版社，2007，第149页。
[4] 习近平：《之江新语》，浙江人民出版社，2007，第150页。

道德素质、科学文化素质和健康素质来促和谐……发挥思想道德凝聚人心、引导行为的作用。"①

文化的力量融入生态文明建设之中，成为生态文明的"总开关"。"绿水青山本身就是金山银山"②作为一种发展理念，一种生态文化，揭开了浙江生态文明建设的新篇章，为我们展现了一个物质文明与生态文明共同发展，水更清、天更蓝、地更净，自然景观与文化特色相得益彰的"诗画江南"的人居环境，"最美"由"盆景"变为"风景"，进而成为风尚的"美丽浙江"。

二是在充分发挥文化力量的过程中，着力推进浙江文化的全方位融合发展。也就是说，要在文化与经济、政治、社会、生态和党的建设的相互融合中，催生文化发展的新形态。

文化经济，是浙江改革发展中的一大特色和一大亮点。"所谓文化经济是对文化经济化和经济文化化的统称，其实质是文化与经济的交融互动、融合发展。""古往今来，浙江人敏于挖掘文化传统中的经济元素和商业契机，善于向经济活动中注入更多文化内涵，以文化的力量推动经济发展。当代浙江人，善于用文化的内涵包装和经营产品……善于借文化的传统打造和经营城市，保护和建设江南水乡、文化名城；善于依托民俗文化传统发展和壮大地方经济。"③

文化与法治浙江建设实践的融合，发展了具有浙江特色的政治文化。这种政治文化的突出特点是："培养公民的法治精神，在全社会树立法治信仰、形成法治风尚，努力把法治精神、法治意识、法治观念熔铸到人们的头脑之中，体现于人们的日常行为之中。这包括培养人们的理性精神、诚信守法的精神、尊重法律权威的精神、权利和义务对称的精神、依法维权和依法

---

① 习近平：《干在实处　走在前列——推进浙江新发展的思考与实践》，中共中央党校出版社，2006，第66页。
② 习近平：《之江新语》，浙江人民出版社，2007，第186页。
③ 习近平：《之江新语》，浙江人民出版社，2007，第232页。

解决纠纷的习惯等等。"①

文化与关注人与自我、人与人、人与社会、人与自然和谐的"平安浙江"建设实践的融合，开辟了浙江"和合"文化的发展方向。"我们的祖先曾创造了无与伦比的文化，而'和合'文化正是这其中的精髓之一。'和'指的是和谐、和平、中和等，'合'指的是汇合、融合、联合等。这种'贵和尚中、善解能容，厚德载物、和而不同'的宽容品格，是我们民族所追求的一种文化理念。"②

文化与"美丽浙江"、美好生活实践融合，要求积极培育生态文化。"结合浙江生态日、世界环境日等纪念活动，展示生态环保成就，普及生态环保知识、弘扬生态人文精神。大力弘扬尊重自然、顺应自然、保护自然的理念，积极借鉴发达国家注重生态文明的先进理念、有效做法和具体制度，强化全社会的生态伦理、生态道德、生态价值意识，形成政府、企业、公众互动的社会行动体系。积极开展生态文化重大理论和应用研究，繁荣'两美'主题文艺创作，着力构建包括学校、社区、家庭、企业和社会公益教育体系等在内的生态文明教育网络体系。"③

第二节　文化发展格局：建立文化优势

"当今世界激烈的综合实力竞争，不仅包括经济实力、科技实力、国防实力等方面的竞争，也包括文化实力和民族精神的竞争。"④ 如果不能迅速建立自己的文化优势，就难以在激烈的国际竞争中捍卫自己的战略利益。基于这样的战略认识，"建立自己的文化优势"就成为浙江文化发展的战略基

---

① 习近平：《干在实处　走在前列——推进浙江新发展的思考与实践》，中共中央党校出版社，2006，第386页。
② 习近平：《之江新语》，浙江人民出版社，2007，第150页。
③ 中共浙江省委：《中共浙江省委关于建设美丽浙江，创造美好生活的决定》，《浙江日报》2014年5月29日，第1版。
④ 习近平：《干在实处　走在前列——推进浙江新发展的思考与实践》，中共中央党校出版社，2006，第294页。

点。"八八战略"的第八个方面，"进一步发挥浙江的人文优势，积极推进科教兴省、人才强省，加快建设文化大省"，实质上就是建立浙江自己的文化优势的一个重大战略决策。根据"八八战略"的精神，这一重大战略决策建立在"悠久深厚、意韵丰富的浙江文化传统"的基础上，核心内容包括两个方面：一是发挥浙江文化的"既有优势"，二是发掘浙江文化的"潜在优势"。[①] 从这一重大战略决策的角度来看，党的十六大以来逐步形成的浙江文化发展格局，始终围绕着建立浙江文化优势这一核心，始终着力于发挥浙江文化的既有优势、发掘浙江文化的潜在优势两个方面。旨在建立浙江文化优势的浙江文化发展格局，是立足于浙江文化发展实际全面贯彻中央关于文化建设战略部署而形成的，是浙江文化发展战略的展开和具体化。在这一意义上，我们认为，发展先进文化，弘扬浙江精神；传承传统文化，创新浙江文化；增强文化实力，促进文化事业和产业协调发展；践行社会主义核心价值观，培育新浙江人，构成了浙江文化发展的基本格局。这一格局，归结起来，是精神优势、发展优势、竞争优势和主体优势的有机统一体。科学文化素养、民主法治素养、思想道德素养、生态文明素养和身心健康素质全面提高的浙江人，是浙江文化优势的核心，精神优势通过人来体现，发展优势和竞争优势也要通过人来实现。以人的全面发展为核心建立自己的文化优势，是浙江文化发展格局的最基本特点。

一　发展先进文化，弘扬浙江精神

文化是人的文化，文化优势首先通过人的精神状态表现出来，这就是文化的精神优势。浙江的文化发展，首先围绕着建立文化的精神优势而展开。浙江建立文化精神优势的基本途径和根本经验，就是发展社会主义先进文化、弘扬浙江精神。先进文化和浙江精神，是浙江文化精神优势的主要载体。

先进文化是与健康有益文化、落后文化、腐朽文化相对应的概念。"先

---

① "八八战略"的第八个方面和"八八战略"的精神，参见习近平《干在实处　走在前列——推进浙江新发展的思考与实践》，中共中央党校出版社，2006，第75页。

进文化在启迪人民始终保持奋发有为、昂扬向上的精神状态，促使全社会形成共同的理想和精神支柱，激励全民族万众一心、不懈奋斗等方面，有着强大的号召力、吸引力和凝聚力。"① 正因为如此，在文化多样化和文化竞争日趋激烈的当今时代，才需要大力发展先进文化，支持健康有益文化，努力改造落后文化，坚决抵制腐朽文化。

浙江发展先进文化，着眼点是"增强建设社会主义先进文化的本领"。其目标是"大力发展面向现代化、面向世界、面向未来的，民族的科学的大众的文化，继承和借鉴人类创造的一切优秀文明成果，努力建设具有中国特色、中国气派、中国风格和浙江特点的先进文化"。其基本思路是以建设为主，根据浙江实际，遵循文化建设的基本规律，"善于用先进文化、用具有吸引力的正面的东西，去占领每一个阵地，让负面的东西和敌对势力无法乘虚而入，失去生存的土壤"②。其基本做法，一是"虚功一定要实做"。先进文化有时会显得虚一点，难以把握。例如，与物质文明建设相比，精神文明建设虚一点；与提高人们的科学文化素质相比，思想道德素质方面要虚一点。"所以，虚功一定要实做。精神文明建设特别是思想道德建设一定要通过看得见、摸得着的方式，创造实实在在的载体，寓教于乐，入耳入脑，深入人心，潜移默化。道理要说清楚讲明白，但任何道理要深入人心，都不能光靠说教。"二是真抓不放。发展先进文化，"抓与不抓大不相同"。"任何一个阵地，我们不去占领，一些负面的东西就会乘虚而入。我们抓思想文化阵地建设就是一个雄辩的佐证，光是打击，总有漏网的；只有让正面的东西去占领了，才能让负面的东西失去生存的土壤。"③

浙江精神是社会主义先进文化在浙江最集中的表现形式之一，是具有中国特色、中国气派、中国风格和浙江特点的先进文化的核心。正因为如此，

---

① 习近平：《干在实处　走在前列——推进浙江新发展的思考与实践》，中共中央党校出版社，2006，第299页。
② 习近平：《干在实处　走在前列——推进浙江新发展的思考与实践》，中共中央党校出版社，2006，第300页。
③ 习近平：《干在实处　走在前列——推进浙江新发展的思考与实践》，中共中央党校出版社，2006，第297页。

浙江党委和政府才把"弘扬和培育以爱国主义为核心的民族精神和以改革创新为核心的时代精神，丰富和发展浙江精神，保持和发展全省人民心齐、气顺、劲足、实干的精神状态"作为浙江文化建设的重要任务。

从发生学的角度来看，浙江精神"是浙江人民在长期实践中形成的"。"浙江自古就有义利并重、农商并举的文化传统。这种地域文化哺育了浙江人特别能适应市场经济的思想观念和行为方式，成为发展市场经济的精神动力。'义利并重'的价值观念和'工商皆本'的文化传统，孕育了浙江人的经商意识和务实性格；先天不足的资源条件和人口密集的生存压力，造就了浙江人的自强意识和拼搏精神；对外交往的悠久历史和多样文化的相互激荡，塑造了浙江人的开拓精神和创新意识；'百工之乡'的产业传统和尊师重教的文化积淀，哺育了浙江人的专业技能和聪明才智。"质言之，融会了多元文化精神特质，兼具内陆文化与海洋文化之长处，融合了吴越文化与中原文化之精髓，反映了中国文化与西方文化之激荡的浙江文化传统，特别是其中富于创造力的文化基因遇到了改革开放的阳光雨露，也就是说与时代精神的结合，"迸发出巨大的创造力，极大地推动浙江社会生产力的解放和发展，其最鲜明的当代表现，就是孕育和造就了'自强不息、坚韧不拔、勇于创新、讲求实效'的浙江精神"①。

从另一个角度来看，浙江精神的形成，也离不开浙江各级党委和政府的积极作用。这种作用的突出表现，一是各级党委、政府"注重从人文的角度分析民情，把握民意，尊重群众的首创精神，放手让群众创造，允许试、允许看，不争论、不张扬"。二是根据推进浙江发展新实践的需要，实现浙江精神的与时俱进。也就是说，既要"坚持和发展'自强不息、坚韧不拔、勇于创新、讲求实效'的浙江精神"，更要"与时俱进地培育和弘扬'求真务实，诚信和谐，开放图强'的精神，以此激励全省人民'干在实处，走在前列'"。②

---

① 习近平：《干在实处　走在前列——推进浙江新发展的思考与实践》，中共中央党校出版社，2006，第316页。

② 参见习近平《干在实处　走在前列——推进浙江新发展的思考与实践》，中共中央党校出版社，2006，第318～323页。

二 传承传统文化，创新浙江文化

传承是文化发展的基础，创新是文化发展的本质。文化优势还要通过传承与创新文化的能力表现出来，这就是文化传承与创新有机统一的文化的发展优势。浙江的文化发展，也是围绕着建立和打造浙江文化的发展优势而展开的。浙江建立和打造文化发展优势的基本途径和根本经验，就是继承浙江优秀传统文化，创新浙江文化。努力实现浙江优秀传统文化的创造性转化和创新性发展，是建立和打造浙江文化发展优势的秘密。

浙江人民在长期实践中形成和发展起来的优秀传统文化，是浙江文化发展的"既有优势"。这一既有优势，是浙江发展的人文优势。进一步发挥这一既有优势，关键和核心在于浙江优秀传统文化的传承。浙江优秀传统文化的传承始终围绕着两对矛盾展开：一是优秀传统文化的保护与经济社会发展的矛盾，二是优秀传统文化的保护与利用的矛盾。优秀传统文化的保护与经济社会发展矛盾最突出的表现，是城市化进程和新农村建设对于文化遗产的破坏风险。要化解这种风险，必须充分认识和发挥优秀传统文化在城市化进程与新农村建设中的地位与作用，从城市化进程和新农村建设的角度理解和把握优秀传统文化的传承问题，从优秀传统文化功能和作用的角度理解和把握城市化进程与新农村建设的方向和路径，实现优秀传统文化传承与城市化进程、新农村建设的双向促进、和谐共赢；培育和彰显城市的文化个性，保护具有文化价值和地方特色的历史建筑、保持历史原貌的古村落，如兰溪的八卦村等。优秀传统文化的保护与利用矛盾的最突出表现，是在文化遗产保护方面用"赚钱"代替政府责任以及由此造成的过度商业化风险。要化解这种风险，必须切实坚持文化遗产保护的事业属性，以事业为主，产业为辅；必须切实加强对文化遗产保护的领导，加大立法和保障力度，理顺文化遗产保护的工作机制，增加投入；要鼓励文博单位拓展经营，完善机制，增强自我发展能力。①

①　参见习近平《干在实处　走在前列——推进浙江新发展的思考与实践》，中共中央党校出版社，2006，第324~325页。

　　浙江优秀传统文化传承的主要内容和主要方式，和全国其他省份一样，并无特别之处，所不同的是关于传承的自觉意识和目的。对于浙江来说，传承优秀传统文化不仅是为了落实中央的政策和要求，更重要的是形成浙江文化特色，树立浙江文化品牌，以在浙江新的科学发展实践中充分发挥文化优势。传承本身不是目的，目的是通过传承充分发挥浙江优秀传统文化的作用。既有优势的充分发挥需要传承，但是，单纯的传承并不足以构成文化发展的新优势。在这一意义上，传承必须进一步发展为创新。只有在传承基础上的创新，才能挖掘出浙江文化的"潜在优势"。浙江文化的"潜在优势"，说到底就是浙江优秀传统文化与当代文化发展相适应、与现代社会相协调，其实质就是浙江优秀传统文化的创造性转化和创新性发展。浙江优秀传统文化创造性转化和创新性发展的过程，就是创新浙江文化的过程。

　　创新浙江文化的过程，是根据浙江新的科学发展与实现中国梦伟大实践的需要，根据浙江人民建设"两富"现代化浙江的新期待，实现文化内容和文化形式创新的过程。创新浙江文化，要了解浙江文化，要传承浙江文化，要发展浙江文化，要激发全体浙江人的文化创造活力。为此，浙江规划了创新浙江文化的一系列工程和计划，如文明素质工程、文化精品工程、文化研究工程、文化保护工程、文化产业促进工程、文化阵地工程、文化传播工程、文化人才工程等工程，以及中国特色社会主义理论体系普及计划、公民道德养成计划、文艺精品打造计划、网络文化和现代媒体建设计划、重大文化设施建设计划、基本公共文化服务提升计划、文化遗产传承计划、文化产业倍增计划、对外文化拓展计划、文化名家造就计划等计划。通过推进这"八项工程"、实施这"十大计划"，建立和打造浙江文化发展新优势，把浙江建设成为人文精神高尚、文化事业繁荣、文化产业发达、文化氛围浓郁、文化形象鲜明的文化强省。[①]

---

① 参见中共浙江省委《中共浙江省委关于加快建设文化大省的决定》（浙委〔2005〕11号）、《中共浙江省委关于贯彻十七届六中全会精神推进文化强省建设的决定》（2011年11月18日中国共产党浙江省第十二届委员会第十次全体会议通过），《浙江日报》2011年11月25日，第1版。

三 增强文化实力，促进文化事业和产业协调发展

文化事业和文化产业的发展水平和发展能力，集中展现着一个地区或一个国家的文化实力。由文化实力表征的文化优势，是文化的竞争优势。浙江的文化发展，还围绕着提升浙江文化的竞争优势而展开。浙江建立文化竞争优势的基本途径和根本经验，就是不断增强浙江文化实力，促进文化事业和文化产业协调发展。坚持文化事业和文化产业"双轮驱动"，不断提高文化事业和文化产业协调发展的能力，是浙江建立文化竞争优势的基础。

如果说浙江深厚的文化底蕴和文化基因是浙江文化发展的"比较优势"的话，那么浙江增强文化实力、促进文化事业和文化产业协调发展的能力，则是浙江文化发展的"竞争优势"。浙江文化发展的竞争优势，表现在浙江最大限度地动员、整合和运用文化资源，不断提高文化事业发展水平和发展能力方面，即不断提高公共文化服务能力方面。浙江公共文化服务能力不断提高的原因是多方面的，但最重要的有三点。一是把着力点"放在公益性文化事业的发展上，放在基层特别是农村文化事业的发展上"，如全省的农村文化礼堂建设、衢州的"文化加油站"等。二是强调政府责任，明确文化发展离不开财政投入，要以政府为主导，建立稳定的投入渠道，加大投入力度。三是改革文化事业发展模式，突出的是改革财政投入结构和方式，促进公共文化服务社会化发展。在投入结构上，重点是对公益性文化事业单位"政府仍要建立稳定的投入渠道，给予相应的经费保证"。在投入方式上，强调"充分发挥财政投入的导向和带动作用，推行扶持文化项目的财政转移支付制度和文化产品、服务的政府采购制度，逐步从对文化单位及其从业人员的一般性投入转为对文化项目的投入，实现由'养人头'向'干事业'转变"。在促进公共文化服务社会化发展上，特别强调运用市场机制，不仅"积极鼓励社会力量投资文化设施的建设和运营"，而且强调要引导和鼓励文化事业单位"充分运用市场机制提高为广大人民群众服务的水平"，在投入方式上也强调要"运用市场

机制，强化资本运作"。①

　　浙江文化发展的竞争优势，表现在浙江最大限度地动员、整合和运用文化资源，不断提高文化产业发展水平和发展能力方面。在这个方面，核心的是构建了具有浙江特色的"增量拉动"的文化产业发展模式。② 其突出的经验，一是培育文化市场主体和文化市场体系。在两者的关系上，强调两者"在市场经济中互为依存，不可分割"；在培育文化市场主体上，特别强调发展民营文化企业，并将其视为"浙江文化产业发展的必由之路"和"浙江文化改革与发展的特色与优势所在"；在培育文化市场体系上，认为"关键是要打破文化产业发展的行业垄断和条块分割"，加快建立现代文化市场体系。二是重点发展战略。强调从浙江实际出发，"扶持重点产业、重点企业、重点区域的文化产业发展"。完善文化产业结构，加快重点门类产业的发展，"积极扶持农村文化产业，推动城乡文化产业的协调发展"；整合文化资源，推进产业规模化建设；发展区域块状文化产业。三是增强文化产业竞争力。强化"当代文化竞争在很大程度上取决于文化产业的竞争，软实力、文化力必然要通过文化产业的竞争力来加以体现"的认识；强调在促进经济结构调整和增长方式转变的过程中增强文化产业竞争力，使文化产业"成为浙江经济发展的重要增长点"；基于高新技术文化产业的文化、科技、经济和政治意义，强调发展高新技术文化产业。"要适应市场的需求，不断推进文化产业的创新。特别是面向高新技术，积极推动信息产业与文化产业的融合，不断提高技术含量，促进文化产业从劳动密集型向技术密集型转变，从低附加值向高附加值转变，从粗放型向质量型转变。"③

　　浙江文化发展的竞争优势，表现在浙江最大限度地发挥体制机制优势，

---

① 参见习近平《干在实处　走在前列——推进浙江新发展的思考与实践》，中共中央党校出版社，2006，第326~330页。

② 关于"增量拉动"的浙江文化产业发展模式，详见李景源等主编《浙江经验与中国发展》（文化卷），社会科学文献出版社，2007，第142~186页。

③ 习近平：《干在实处　走在前列——推进浙江新发展的思考与实践》，中共中央党校出版社，2006，第326~331页。

不断提高文化事业和文化产业协调发展的水平和能力方面。一是在事业属性和产业属性的统一中，提高文化事业和文化产业协调发展的水平和能力。文化事业要面向市场，文化产业也要面向群众。"有市场的文化不一定是先进文化，但没有市场的文化，肯定不是先进文化。先进文化产品，应当既能体现先进性，又能体现群众性；既不'趋利媚俗'，又不丧失市场。"① 二是在抓精品的过程中，提高文化事业和文化产业协调发展的水平和能力。"抓精品，主要体现在产品、人才和文化设施上，这几个方面要结合起来，集中精力加以扶持"②，进一步增强文化精品的创作生产能力。三是在文化大省建设和文化体制改革中，提高文化事业和文化产业协调发展的水平和能力。"繁荣文化事业、壮大发展文化产业，是建设文化大省的重要目标，也是加快文化大省建设的重要检验标准。"③ 因此，既要抓好公益性文化事业的改革发展，进一步增强公共文化服务能力，也要抓好经营性文化产业的改革发展，进一步增强文化产业竞争力。

四 践行社会主义核心价值观，培育新浙江人

人是文化发展的主体，文化优势归根结底表现为人的优势。作为文化发展主体的人，是文化优势的核心，这就是文化的主体优势。浙江的文化发展，始终围绕着促进人的自由全面发展这一核心，以建立文化的主体优势而展开。浙江建立文化主体优势的基本途径和根本经验，就是践行社会主义核心价值观，培育新浙江人。践行社会主义核心价值观，培育新浙江人，是浙江文化主体优势的不绝源泉。

"浙江人生活在'山海并利'的环境里，受到多种文化因素的熏陶，因此表现出既有山的韧劲，又有海的胸襟；既具内陆文化吃苦耐劳、顽强拼搏

---

① 习近平：《干在实处　走在前列——推进浙江新发展的思考与实践》，中共中央党校出版社，2006，第332页。

② 习近平：《干在实处　走在前列——推进浙江新发展的思考与实践》，中共中央党校出版社，2006，第330页。

③ 习近平：《干在实处　走在前列——推进浙江新发展的思考与实践》，中共中央党校出版社，2006，第330页。

的优点，又有海洋文化敢于开拓、勇于冒险的胆气。"① 浙江人的这种特质，在长期的发展实践中逐步升华凝炼为"自强不息、坚韧不拔、勇于创新、讲求实效"的人文精神。浙江人不奢望天上掉馅饼，宁肯苦干，敢闯敢干、敢为天下先，不尚空谈、不图虚名，不争论、不攀比、不张扬，踏踏实实地从小事做起，一步一步地创业，一点一点地积累。浙江人的这种特质和人文精神，构成了浙江文化主体的既有优势。正是这种既有优势的充分发挥，使浙江经济社会发展在没有特殊政策、没有特殊资源的情况下走在了全国前列，推动了文化与经济的相互交融，构成了浙江综合竞争力的软实力。

然而，世界在变化、时代在进步、形势在发展，推动浙江新的科学发展、中国梦在浙江的伟大实践，迫切需要浙江人民在建设物质富裕精神富有的现代化浙江的不懈追求中具有现代的思想观念、价值取向、心理状态、科学文化素养和社会道德标准。一句话，迫切需要新浙江人。培育新浙江人，是浙江文化建设的最终目标，并被视为浙江文化建设的一条重要的成功经验和启示。培育新浙江人的过程，也就是挖掘浙江文化潜在优势的过程。

培育新浙江人的基本思路与做法，一是方向引领与个性化。方向引领，就是践行社会主义核心价值观，主要载体是实施"文化阵地工程"和"中国特色社会主义理论体系普及计划"。从以人为本的理念出发，关注人与自我、人与人、人与社会、人与自然的和谐，进一步明确经济发展以社会发展为目的，社会发展以人的发展为归宿，人的发展以精神文化为内核。这样的理念必然要求积极培育和践行社会主义核心价值观，深入开展中国梦和中国特色社会主义宣传教育。个性化，就是遵循社会主义核心价值观的一般要求，同时倡导"务实、守信、崇学、向善"的当代浙江人共同价值观，以引领新浙江人的成长方向。当代浙江人共同价值观，从浙江人的历史传统中来，带着浙江人现有的价值描述，也在浙江人一以贯之的弘扬践行过程中不断闪耀着光芒。"务实"，即讲求实效、实事求是，对应的是浙江人的创业创新，侧

---

① 习近平：《干在实处　走在前列——推进浙江新发展的思考与实践》，中共中央党校出版社，2006，第316页。

重于从政治生活层面上的倡导。"守信"，即尊重规则、信守承诺，对应的是浙江人的义利并重，侧重于从经济生活层面的倡导。"崇学"，即重学善学、敢闯敢创，对应的是浙江人的耕读传家，侧重于从文化生活层面的倡导。"向善"，即人心向善、从善如流，对应的是浙江人的善良博爱，侧重于从社会生活层面的倡导。"最美司机"吴斌用生命完成了职业使命，"救火英雄"田思嘉用烈火丹心书写了向善的诺言，浙江学子沈慧刚的救人义举传遍了加拿大，等等。被视为浙江人最大价值公约数的当代浙江人共同价值观，不断感召着人们，激励着新浙江人的形成。① 二是素质提升与全面化。素质提升，就是根据浙江经济社会全面协调可持续发展愿景的实现需要，以实施"文明素质工程"和"公民道德养成计划"为主要载体，重点提高浙江人的文明素质。全面化，就是根据人的全面发展的要求，全面提高浙江人的各种素养，从科学文化素养、民主法治素养、思想道德素养、生态文明素养，一直到身心健康素质等，以促进社会成员人格、意志、品格的不断完善。三是榜样示范与普遍化。榜样示范，就是树立新浙江人的榜样，以发挥榜样的示范和引领作用，主要载体是深入开展"争做最美浙江人"主题活动。普遍化，就是要使新浙江人的培育不仅仅停留在树立和宣传榜样阶段，而是要普及到全体浙江人。这就是浙江所谓的促进"最美"由"盆景"变为"风景"，进而成为风尚，不断焕发社会正能量。为了实现这种普遍化，浙江正在努力探索"最美盆景变风景"的有效机制，培育见贤思齐的社会风尚。

在培育新浙江人的过程中，除了上述主要载体，浙江还特别注重借助精神文化产品的教化功能，让大众在各类文化活动中接受教育、感受快乐、享受文明，以进一步引导精神消费，满足人民的精神需求，丰富人民的精神世界。

第三节　文化发展动力：文化治理体系现代化

人民群众是社会历史的创造者，是社会历史发展的主体，因而也是文化

---

① 关于当代浙江人共同价值观的阐释和理解，参见王婷《熔铸共同的价值观——"务实、守信、崇学、向善"凝炼纪实》，《浙江日报》2012年6月18日。

发展的主体。文化发展的根本动力来自人民群众。只有充分激发人民群众的文化创造活力，文化才可能真正发展和繁荣。老中青相结合、专业和业余相结合、各类文化人才齐全的高素质的优秀文化工作者队伍，是文化发展和繁荣的基础。充满活力和自我发展能力的公益性文化事业单位，国有、民营、外资或合资的大中小各类文化企业，是文化发展和繁荣的主力军。各类文化行业协会、中介组织、学术和科研机构，是文化发展和繁荣的重要力量。所有这些主体的活力和文化创造、创新能力构成文化生产力。文化生产力，是文化发展的内生性动力。但是，在现实的文化发展环境和文化发展实践中，还存在各种束缚文化发展的思想观念和体制机制，严重影响和制约着文化生产力的发展，迫切需要改革创新，进一步解放和发展文化生产力。这就需要政府的积极作用，全面深化文化体制改革，推进文化体制机制创新，优化文化发展环境，不断改进、完善领导方法和管理方式，这是文化发展和繁荣的重要条件。文化发展既离不开政府推动，也离不开各类主体的积极参与和文化创造活力。这表明，文化发展的动力是一个"合力"，任何单一的力量都不足以真正推动文化发展。党的领导始终居于核心地位，人大加强有关文化立法和法律监督工作，政协积极发挥联系广泛、智力密集的优势和参政议政、建言献策的职能作用，党委宣传部门充分发挥指导协调作用，政府及有关部门加强对各项工作的具体指导和管理，工青妇等群团组织和群众性文化团体积极组织开展各具特色、丰富多彩的群众文化活动。在这一意义上我们认为，浙江的文化发展过程就是浙江的各类文化发展主体相互依存、相互作用、相互制约、相互促进的过程，也就是文化治理的过程。浙江文化发展动力机制的实质，是在浙江省委坚强领导下的浙江文化治理体系的现代化。提高文化的法治化水平、培育现代文化市场体系、构建文化创新的体制机制，是具有浙江特色的文化治理体系现代化的三个核心构成要素。

一　提高文化的法治化水平

从提高党领导和驾驭文化工作的能力和水平的角度出发，立足于建设社会主义法治国家在浙江的具体实践，根据"法治浙江"建设的总体要求，① 浙江省不断提高文化的法治化水平。提高文化的法治化水平，是浙江文化创新发展的客观需要，是浙江文化发展的强劲动力和源源不断的法律根源与法制保障，也是浙江文化治理体系现代化的基础要素和重要标志。

文化治理体系现代化的前提和基础，是具有健全的文化法律。"立法是法治的基础。"② 提高文化的法治化水平，首要的是加快文化立法进程。自 1995 年 9 月 28 日浙江省第八届人民代表大会常务委员会第 22 次会议通过《浙江省文化市场管理条例》以来，浙江省人大常委会先后制定了《浙江省广播电视管理条例》《浙江省历史文化名城保护条例》《浙江省文物保护管理条例》《浙江省非物质文化遗产保护条例》等 5 件关于文化的地方性法规，并于 2001 年 9 月、2004 年 7 月两次修正了《浙江省文化市场管理条例》，于 2005 年 11 月重新修订了《浙江省文物保护管理条例》。浙江省人民政府先后出台了《浙江省传统工艺美术保护办法》（2001 年）、《浙江省文物流通管理办法》（2002 年）、《浙江省公共图书馆管理办法》（2003 年）、《浙江省著作权管理办法》（2008 年和 2012 年）、《浙江省文化市场综合行政执法管理办法》（2009 年）等多件政府规章。浙江省委先后出台了《浙江省建设文化大省纲要（2001 ~ 2020）》（2000 年）、《中共浙江省委关于加快建设文化大省的决定》（2005 年）、《中共浙江省委关于贯彻十七届六中全会精神推进文化强省建设的决定》（2011 年）3 件关于文化建设的战略性政策文件。省委、省政府还出台了其他一系列文化建设的政策文件，文化主管部门也制定了一系列规范性文件。国家关于文化的上位法，以及浙江的这些地方性法规、规章和规范性文件奠定了浙江文化法治化的基础。浙江省委还提出了"结合'法治浙江'建设，加快地方性文化立法进程，抓紧

---

① 2006 年 8 月，习近平同志在阐述建设"法治浙江"的总体要求时明确指出，要不断提高文化的法治化水平。参见习近平《干在实处　走在前列——推进浙江新发展的思考与实践》，中共中央党校出版社，2006，第 5 页。

② 习近平：《干在实处　走在前列——推进浙江新发展的思考与实践》，中共中央党校出版社，2006，第 363 页。

研究制定公共文化服务促进、文化产业促进、知识产权保护、广播电视管理、印刷业管理和音像制品管理等地方性法规或政府规章"的任务，以进一步提高文化的法治化水平。

文化治理体系现代化的关键，是依法规范政府文化主管部门的行政权力，全面建设法治政府。"治国者必先受治于法。"提高文化的法治化水平，关键是"职权法定、依法行政、有效监督、高效便民"，[①] 切实把依法行政落实到文化主管部门工作的各个环节、各个方面。一是进一步理顺政府与文化事业单位、政府与文化企业、政府与文化行业协会及中介组织的关系，"着眼于管住方向、管活机制、管出效益、管好质量"，"把管理重心放在社会管理和市场监管上，管导向、管原则，管规划、管布局，管市场、管秩序"。二是"文化主管部门要切实转变职能，正确处理'有为'和'无为'的关系，不断改进、完善领导方法和管理方式，把更多的精力放到调动积极因素、调节利益关系、调整行为规范上来"。[②] 三是按照全面贯彻《行政许可法》，深化行政审批制度改革，减少行政许可项目，规范行政许可行为，改革行政许可方式的要求，浙江省文化主管部门于 2005 年、2009 年、2012 年、2013 年四次下放行政审批和管理事项，大幅减少了行政许可事项和非行政许可审批事项。

文化治理体系现代化的思想基础，是全社会的法治观念和法律素质。思想观念是"总开关"。提高文化法治化水平，最根本的是培养法治精神，"在全社会树立法治信仰、形成法治风尚，努力把法治精神、法治意识、法治观念熔铸到人们的头脑之中，体现于人们的日常行为之中。这包括培养人们的理性精神、诚信守法的精神、尊重法律权威的精神、权利和义务对称的精神、依法维权和依法解决纠纷的习惯等等"。[③] 一是通过推进文化管理工作的科学化、规范化和制度化，培养文化管理人员的法治思维，提高其运用法治方法促

---

① 习近平：《干在实处　走在前列——推进浙江新发展的思考与实践》，中共中央党校出版社，2006，第 366 页。

② 习近平：《干在实处　走在前列——推进浙江新发展的思考与实践》，中共中央党校出版社，2006，第 328 页。

③ 习近平：《干在实处　走在前列——推进浙江新发展的思考与实践》，中共中央党校出版社，2006，第 386 页。

进文化改革发展的能力。二是结合普法教育，加强文化法制宣传，提高文化工作者和普通市民的文化法治观念与文化法律素质。三是提高文化市场监管水平，深入开展"扫黄打非"，加大知识产权保护力度，促使文化企事业单位依法和合法经营，维护著作权人合法权益，切实尊重和保障人民群众的文化权益。

二 培育现代文化市场体系

文化资源的配置效率，决定了文化发展的活力和生产力。减少政府对文化资源的直接配置，最大限度地发挥市场在文化资源配置中的作用，是文化发展内生性动力的源泉。培育现代文化市场体系，是浙江文化治理体系现代化的核心要素，其实质是处理好政府与市场的关系。

培育现代文化市场体系，首先要解决文化市场机制不健全的问题。浙江解决文化市场机制不健全问题的核心，是促进各类文化市场主体公平竞争、优胜劣汰，优化文化资源配置。其着力点有两个，一是放开准入领域。基本的思路是"像支持发展民营经济那样，进一步放开放活，突破文化产业发展的体制瓶颈，打开文化产业发展的闸门，抢占文化产业发展的先机，大力发展民营文化企业"，具体做法是"在国家政策允许范围内，进一步降低门槛，允许外资进入的，应同时允许民营经济进入"。放开的领域包括文化设施的建设和运营，文化产品的创作生产，文艺院团的转制改造，文化产品的印刷、发行及流通，区域特色文化产业的开发建设等。二是打破文化产业发展的行业垄断和条块分割。基本的思路是"把文化体制改革与世贸组织的贸易规则衔接起来，与国家现行的法律法规体系衔接起来，整顿和规范市场秩序，加快建立健全统一、开放、竞争、有序的现代文化市场体系"，具体做法是"推动产业以市场机制为手段，以资本和业务为纽带，以'双赢'为目标，开展多形式、跨区域的联合，构建文化规模企业，并积极推动面向长三角地区乃至全国的文化产业合作"。①

---

① 习近平：《干在实处 走在前列——推进浙江新发展的思考与实践》，中共中央党校出版社，2006，第327~329页。

　　培育现代文化市场体系，其次要解决文化市场体系不完善的问题。浙江解决文化市场体系不完善问题的核心，是优化文化产品市场和要素市场，重点是发展文化要素市场和新兴市场，促进文化消费。一是推进文化产品市场建设，重点发展书报刊、电子音像、演艺娱乐、动漫游戏、广播影视、工艺美术等产品市场。二是积极培育文化要素市场，有序发展文化人才、信息、技术等交易市场。加快构建文化企业与金融机构的战略合作机制，促进文化与资本市场对接，鼓励各种风险投资基金、股权投资基金参与文化产业发展。三是大力发展连锁经营、物流配送、电子商务、电影院线等现代流通方式，发展以网络为载体的新兴市场，加快网络线上交易与线下物流相结合的文化产品流通模式建设，发展版权代理、知识产权评估、演艺经纪、工艺美术品拍卖等文化中介行业。四是加快建立若干具有国际影响力的文化产品展示交易平台，着力打造杭州中国国际动漫节、义乌文化产品交易博览会等重大文化展会。五是加快发展大众文化消费市场，开发特色文化消费，扩大文化服务消费，努力提升城乡居民的文化消费水平。①

　　培育现代文化市场体系，还要解决政府干预过多和监管不到位问题。浙江解决政府干预过多和监管不到位问题的核心，是转变政府职能、建设法治政府和服务型政府，重点是发挥政府在文化发展中的积极作用。一是加强党对文化工作的领导。要求各级党委和政府把文化建设摆在全局工作的重要位置，深入研究意识形态和宣传文化工作的新情况新特点，及时研究文化改革发展重大问题，切实担负起推进文化改革发展的政治责任，牢牢把握意识形态工作主导权，掌握文化改革发展领导权。二是建立健全党委统一领导、党政齐抓共管、宣传部门组织协调、有关部门分工负责、社会力量积极参与的工作体制和工作格局。三是实现由办文化向管文化转变，由管微观向管宏观转变，由主要面对直属单位转为面向全社会，实行政企分开、政事分开。加

---

①　参见中共浙江省委《中共浙江省委关于认真贯彻党的十七届六中全会精神大力推进文化强省建设的决定》（2011 年 11 月 18 日中国共产党浙江省第十二届委员会第十次全体会议通过），《浙江日报》2011 年 11 月 25 日，第 1 版。

强对文化发展的方向、总量、结构和质量的宏观调控，重点做好规划、协调、服务和监督等工作。四是加强综合执法队伍建设，切实提高文化市场监管水平。五是制定文化政策，加强文化法制宣传，及时总结和推广文化建设的成功经验和做法，营造文化发展的良好环境。[①]

三 构建文化创新的体制机制

文化的本质在于创新，没有文化创新就不可能有文化发展。文化创新需要冲破一切束缚文化发展的思想观念和体制机制，这就需要改革。改革创新是文化发展的动力。构建文化创新的体制机制，是文化发展的内在要求，是浙江文化治理体系现代化的目的性要素和价值指向。归根结底，文化治理体系现代化的最终目标，是实现文化的发展和繁荣。

全面深化文化体制改革，推进文化体制机制创新。文化体制机制创新，是要改革束缚文化创新的体制机制，建立与文化创新要求相适应的、有利于文化创新的体制机制。实现文化体制机制创新，首先要积极推进文化观念和理念创新，其次要全面深化文化体制改革。浙江全面深化文化体制改革的主要任务，一是要深化国有文化单位改革。主要是打造一批有实力和竞争力的国有文化企业，全面推进文化事业单位改革，探索建立事业单位法人治理结构。二是要推进文化管理体制改革。主要是加快推进政府职能转变，继续深化市、县文广新局运行机制改革，创新文化市场综合执法方式和监管模式，完善国有文化集团绩效考核等管理制度。三是创新文化走出去模式。主要是实施对外文化拓展计划，进一步打造"连线浙江""浙江文化周（节）"等对外文化交流品牌，设立省级对外文化交流基金，制定并出台扶持文化出口政策，加强同港澳台的文化交流。

积极发挥传统文化、民族文化、革命文化、区域文化的优势，大力推进文化内容、形式和传播手段创新。在文化内容创新的机制方面，一是形

---

① 参见中共浙江省委《中共浙江省委关于认真贯彻党的十七届六中全会精神大力推进文化强省建设的决定》（2011 年 11 月 18 日中国共产党浙江省第十二届委员会第十次全体会议通过），《浙江日报》2011 年 11 月 25 日，第 1 版。

成作品扶持机制，扶持的内容是文艺、社科、新闻、出版四类优秀文化产品，扶持的标准是体现国家和浙江创作水准、具有全国影响的作品。二是形成项目扶持机制，重点扶持具有良好社会效益、市场发展潜质和积极导向作用的项目，深受基层群众欢迎的公益性文化服务项目，弘扬浙江优秀传统文化、具有传承和创新意义的文化艺术成果，以及围绕中心和大局、研究重大理论和现实问题、具有突出贡献的文化项目。在文化形式创新的机制方面，一是大力开展各类公益性文化活动，推动企业文化、校园文化、军营文化等各类形式的文化蓬勃发展。二是继续办好浙江文化艺术节。三是推动全民阅读、全民健身活动，促使"千镇万村种文化""钱江浪花""雏鹰计划"等活动经常化。四是加快建设覆盖城乡的各种形式的流动文化服务，推动农村文化礼堂服务菜单化。在传播手段创新的机制方面，一是鼓励和支持省主要媒体跨行业、跨媒体发展经营，鼓励和支持不同业态媒体之间的重组合作。二是加快推进三网融合，形成全省统一、互联互通、有序运行的新媒体集成播控平台。三是抓好影视动漫、出版物、文艺演出等国际营销网络的建设，支持各种所有制文化企业到海外开办分支、分销机构。四是鼓励文化企业以参股、并购等多种形式拓展国际市场，打造一批国际知名文化企业品牌。

适应市场需求，不断推进文化与科技融合。在全国两批38家国家级文化与科技融合示范基地中，浙江省共有杭州、宁波国家高新区和东阳横店3家，数量占全国的1/13。以杭州市为例，推进文化与科技融合的主要做法是，以园区为平台，以企业为主体，以精品为基点，以政府搭建的平台为节点，以人才为支点，为推动文化与科技融合提供了重要启示。一是强化政策引导。文化和科技的融合，作为一种新的工作内容和发展方向，更是需要政策的引导和扶持，需要政府的主导与推动。二是突出企业主体，充分发挥企业的主体性，狠抓行业领军企业。三是把握工作联动。推进文化和科技融合是一项系统工程，涉及多个部门。杭州在促进文化和科技融合的过程中，注重部门联动，通过成立杭州建设国家级文化和科技融合示范基地领导小组及办公室，协调市委宣传部、市科委、市文创办、市文广新局、市财政局、市统计局等单位，统筹解决全市在推进文化和科技融合过程中遇到的重大事项及日常工作。[①]

以企业为创新主体，激发全体人民的文化创造活力。一是以企业为创新主体。文化创新的成果最终都要通过企业实现产品化，离开了文化企业，一切文化创新都将无法呈现、无所依托。浙江省鼓励和支持企业进行文化创新的主要政策包括，文化企业按规定被认定为高新技术企业的，按 15% 税率征收企业所得税；对文化内容创意生产、非物质文化遗产项目经营按国家有关政策给予相关税收优惠。二是激发全体人民的文化创造活力。浙江省在激发全体人民文化创造活力方面的基本思路是，坚持人民群众文化发展的主体地位；基本原则是，按照贴近实际、贴近生活、贴近群众的要求，尊重群众首创精神，发挥人民在文化建设中的主体作用，坚持文化发展为了人民，文化发展依靠人民，文化发展成果由人民共享，努力提高人民群众的科学文化素养，促进人的全面发展；主要做法是，努力为人民搭建广阔的文化舞台，以激发民间的文化创意、创新和创造。

第四节　文化建设的经验与启示

浙江人民在实现中国梦的实践过程中发展和繁荣浙江文化，充分发挥文化的力量，探索了一些有效的做法，积累了一些成功的经验，得到了一些有益的启示。习近平同志在浙江省委十一届八次会议所作的报告中，将这些经验和启示概括为着眼于增强建设社会主义先进文化的本领、遵循文化建设基本规律的八个方面。在习近平同志看来，这些经验和启示，既是对过去文化建设工作实践的总结，也是今后文化建设的基本原则，要在工作中坚持下去，并结合新的实践不断加以丰富和发展。[②] 根据这一精神，深入了解浙江

---

① 参见中共杭州市委理论学习中心组《文化点亮科技　科技助力文化——杭州市促进文化和科技融合的经验与启示》，《浙江日报》2012 年 10 月 8 日，第 14 版。

② 习近平 2005 年概括的浙江文化发展的八个方面的经验与启示，参见习近平《干在实处　走在前列——推进浙江新发展的思考与实践》，中共中央党校出版社，2006，第 297～298 页。

人民实现中国梦进行文化建设的伟大实践，我们可以将浙江文化建设的基本经验和启示概括为以下几个方面。

一 用战略思维、时代要求和发展眼光审视文化建设

用战略思维、时代要求和发展眼光审视文化建设，是浙江文化建设的基本思维方式。这种思维方式的先进之处和最大优点就是有利于实现文化建设的三个重要结合：一是中央关于文化建设的战略思想和浙江文化发展实际的有机结合，二是地方作为中央文化政策的执行者和地方特色文化政策的制定者的有机结合，三是文化建设的当下任务和长远目标的有机结合。能否实现这三个结合，是检验一个地方文化建设自觉程度的重要指标。对于地方文化建设而言，往往会出现这样的倾向，即不理解中央关于文化建设的战略思想和部署，对文化建设的地位和作用缺乏深刻认识；仅仅将本身定位为中央政策的传声筒和执行者，缺乏对地方文化发展的战略考虑；只忙于完成中央规定完成的当下的文化建设任务，而没有地方文化发展的长远目标。有了战略思维、时代要求和发展眼光，就会有利于理解和把握中央关于文化建设的战略思想和文化政策的本质、把握自身文化建设主体地位、理解和把握文化建设的目标和任务。这种思维方式在浙江文化建设实践的集中反映，就是根据浙江文化发展实际牢牢把握和落实中央关于社会主义文化建设的指导思想、本质特征、根本方向、工作方针、重要任务、基本要求、内在动力和最终目标，努力建设具有中国特色、中国气派、中国风格和浙江特点的先进文化。

二 跳出文化发展文化的文化发展思路

跳出文化发展文化，是浙江文化建设最为重要的工作方法。这种工作方法反映在浙江精神和价值观建设的始终，从浙江精神到与时俱进的浙江精神和当代浙江人的共同价值观，特别集中地反映在浙江文化发展战略的各个层面，从文化大省战略，到加快建设文化大省和文化强省的决定。跳出文化发展文化的工作方法，从根本上解决了脱离文化建设与其他建设的关系而就文化发展文化的倾向，确立了在关系中发展文化的正确方法。跳

出文化发展文化最根本的着眼点，是自觉根据马克思主义关于文化与人的关系的基本原理，在文化与人的关系中思考和谋划文化发展问题，集中反映在浙江确立的以人为本、促进人的全面发展的文化发展战略上。跳出文化发展文化最核心的指向，是在底蕴深厚的浙江文化传统和当代文化发展需求的关系中思考和谋划文化发展问题。建构在这一认识基础之上的浙江文化发展战略，就是基于浙江文化传统，促进浙江文化创新性发展的战略。跳出文化发展文化，最基本的路径是在文化与经济、政治、社会、生态和党的建设的关系中思考和谋划文化发展问题，这就是使文化建设融入经济、政治、社会、生态文明和党的建设各个方面和全过程，促进融合发展的浙江文化发展战略。

三　以建立文化优势为核心的科学布局

以建立文化优势为核心的科学布局，是浙江文化发展的战略基点和战略内容安排。这一科学战略基点基于以下战略认识：当今世界激烈的综合实力竞争，也包括文化实力和民族精神的竞争，如果不能迅速建立自己的文化优势，就难以在激烈的国际竞争中捍卫自己的战略利益。这一战略内容安排建立在"悠久深厚、意韵丰富的浙江文化传统"基础之上，包括发挥浙江文化的"既有优势"和发掘浙江文化"潜在优势"两个方面。归结起来，这一战略内容安排是文化的精神优势、发展优势、竞争优势和主体优势的有机统一。文化是人的文化，文化优势首先通过人的精神状态表现出来。先进文化和浙江精神，是浙江文化精神优势的主要载体；传承是文化发展的基础，创新是文化发展的本质。继承浙江优秀传统文化，创新浙江文化，努力实现浙江优秀传统文化的创造性转化和创新性发展，是建立和打造浙江文化的发展优势的秘密；由文化实力表征的文化优势，是文化的竞争优势。坚持文化事业和文化产业"双轮驱动"，不断提高文化事业和文化产业协调发展的能力，是浙江建立文化竞争优势的法宝；人是文化发展的主体，文化优势归根结底表现为人的优势。践行社会主义核心价值观，培育新浙江人，是浙江文化主体优势的不绝源泉。

四 党领导的文化治理体系现代化

浙江省委坚强领导下的文化治理体系现代化，是浙江文化建设科学的制度安排。这一制度安排，作为浙江文化发展的主体条件和根本性的制度保障，可以说是浙江文化发展的动力机制。这一动力机制作用的结果，是形成了全社会文化创造活力得到充分激发和释放的浙江文化发展的"合力"。党委、政府、人大、政协，工青妇等群团组织，文化事业单位，文化企业，文化行业协会、中介组织、学术和科研机构，文化工作者，群众性文化团体，普通民众等浙江各类文化发展主体相互依存、相互作用、相互制约、相互促进的过程，就是浙江文化发展合力产生的过程。保证这一动力机制有效运转和充分发挥作用的是，不断提高的文化法治化水平、日趋成熟的现代文化市场体系和适合浙江特点的文化创新机制。浙江从提高党领导和驾驭文化工作的能力和水平的角度出发，不断提高文化的法治化水平。重点是加快地方文化立法进程，将依法行政逐步落实到文化主管部门工作的各个环节、各个方面，提高全社会的法治观念和法治素质。正确认识和处理政府与市场的关系，浙江现代文化市场体系日趋成熟。重点解决市场机制不健全问题，促进各类文化市场主体公平竞争、优胜劣汰；解决文化市场体系不完善问题，优化文化产品市场和要素市场，提高居民文化消费水平；解决政府干预过多和监管不到位问题，转变政府职能，建设法治政府和服务型政府。建立与文化创新要求相适应的、有利于文化创新的体制机制。重点是推进文化观念和理念创新，通过全面深化文化体制改革实现文化体制机制创新；发挥传统文化、民族文化、革命文化、区域文化的优势，大力推进文化内容、形式和传播手段创新，构建文化内容创新机制和传播手段创新机制；适应市场需求，不断推进文化科技融合创新；以企业为创新主体，激发全体人民的文化创造活力。

第四章
社会：公正包容、平安和谐

中国社会科学院社会发展战略研究院认为："社会发展是致力于福祉、公平、包容和可持续发展的一种理念"，其中福祉是社会发展的根本目标，公平是社会发展的基本要求，包容是社会发展的主要机制，可持续是社会发展的前提条件。[①] 本章试图借用该"四位一体"的社会发展理念来分析浙江省的社会发展过程和效果。浙江的社会发展以城乡居民福祉为根本目标，以平等公正为基本要求，以包容为整合机制，以可持续为前提条件，取得了显著的成效。

第一节　人民福祉：从经济增长到民生战略

一　人民福祉大幅增长

党的十六大以来，历届浙江省委、省政府坚持一张蓝图绘到底，团结带领全省人民深入实施"八八战略"，全面落实"平安浙江""法治浙江""文化大省""生态省"等一系列决策部署，推动了经济社会快速、协调发展，人民福祉大幅增长。

人民收入水平大幅增长。2013 年，全省城镇居民人均可支配收入为 37851 元，人均消费支出为 23257 元；农村居民人均纯收入为 16106 元，人均生活消费支出为 11760 元。城镇居民人均可支配收入和农村居民人均

---

① 参见渠敬东《社会发展的理念和评估》，载李汉林主编《中国社会发展年度报告》，中国社会科学出版社，2012，第 15 ~ 18 页。

纯收入分别连续 13 年和 29 年居全国各省份首位；城镇居民家庭恩格尔系数为 34.4%，农村居民家庭恩格尔系数为 35.6%。截至 2013 年，浙江省城镇居民人均可支配收入为 37851 元，农村居民人均纯收入为 16106 元，因而，从全国范围来看，浙江省居民的收入平均水平在全国范围内属于最高。

城乡居民收入差距持续降低。2013 年，全省城乡居民收入比持续下降为 2.35∶1，是全国城乡居民收入差距最小的省份之一；城乡居民居住状况持续改善，2013 年，城镇居民人均住房建筑面积达到 38.8 平方米，农村居民人均居住面积达到 60.8 平方米，分别比 2001 年增加 18.5 和 13 平方米；2013 年，全省高等教育毛入学率为 51.7%，比 2001 年提高 36.7 个百分点；2013 年，人民群众安全感满意率达到 95.93%，连续多年保持在较高水平，百姓的幸福感明显提高。[①]

二　社会保障与社会保护

在经济发展和人民收入不断增长的过程中，浙江省注重社会保障和社会保护体制的建设。浙江在建立覆盖城乡的社会保障安全网方面走在全国前列，城市社会保障已实现"全覆盖"，农村从 1996 年开始逐步建立起以农村最低生活保障、农民社会养老保险、农村新型合作医疗、失地农民基本生活保障、孤寡老人集中供养和贫困农户子女免费入学等为主要内容的农村社会保障体系，农民没有社会保障的现象在浙江已经成为历史。以医疗保障为例，2003 年，浙江在全国率先建立了以县为单位的大病统筹农村新型合作医疗制度，颁布了《关于建立新型农村合作医疗制度的实施意见（试行）》。浙江省从法律上规定把建立社会保障纳入政府责任范围，2003~2005 年仅省财政就投入了 8.62 亿元，其中 2005 年一年即投入 4.66 亿元；2003~2005 年全省财政投入 26 亿元用于"五保"救助，率先形成"保基本、全覆

---

① 参见中共浙江省委理论学习中心组《中国特色社会主义在浙江实践的重大理论成果——学习〈干在实处　走在前列〉和〈之江新语〉两部专著的认识和体会》，《浙江日报》2014年4月1日，第1~2版。

盖，多层次、相协调，可持续、高效率"的大社保体系。

2013 年，参加企业基本养老保险人数为 2272.5 万人，参加城镇职工基本医疗保险人数为 1790.5 万人，参加失业保险人数为 1144.3 万人，参加工伤保险人数为 1826.1 万人，均比 2001 年有大幅度增长；企业退休人员基本养老金月人均水平超过 2300 元，居全国前列。截至 2012 年，全省新型农村合作医疗参合率达 97.7%，比 2011 年提高了 0.2 个百分点；人均筹资标准达 482.5 元，其中财政补助为 342.2 元，均比往年有所提升；最高支付限额全部达到当地农民人均纯收入 6 倍以上，统筹地区政策内住院费用报销比例达 72% 以上，普通门诊实际补偿率达 27.8%。[1]

三 "八八战略"的根本目标是增加人民福祉

从政策视角来看，人民福祉提高和社会发展是善治理念和良好社会发展规划的落地结果。浙江省 2003 年提出的"八八战略"对社会发展的影响巨大。"八八战略"是浙江省在深入调查研究、听取各个方面意见建议的基础上形成的全方位省域发展规划，其核心要义就是"立足浙江实际，充分认识自身优势，强化现有优势，发掘潜在优势，努力创造条件把原有的劣势转化为新的优势"[2]。

"八八战略"以"共同发展""对内对外开放""新型工业化""城乡一体化""绿色浙江""推动欠发达地区跨越式发展""法治建设、信用建设和机关效能建设""文化大省"等为经济社会发展的着力点，得到了广泛社会认同。其根本价值取向是增加人民福祉，不仅追求经济社会的协调发展，而且致力于发展的公平公正性，为每一个公民打造充满机遇的发展环境和创业平台，是加快浙江全面建设小康社会、全面实现现代化的必由之路。更为

---

[1] 浙江省卫生厅：《2012 年全省卫生工作总结》，浙江省卫生和计划生育委员会网站，http://www.zjwst.gov.cn/art/2013/5/29/art_317_231802.html，最后访问日期：2015 年 2 月 1 日。

[2] 中共浙江省委理论学习中心组：《中国特色社会主义在浙江实践的重大理论成果——学习〈干在实处 走在前列〉和〈之江新语〉两部专著的认识和体会》，《浙江日报》2014 年 4月 1 日，第 1~2 版。

可贵的是，浙江省党委、政府咬定目标不放松，一任接一任、一届接一届地贯彻落实"八八战略"，浙江经济社会得以持续健康发展。

第二节　社会公正：从基本公共服务到政策干预

党的十八大报告指出："公平正义是中国特色社会主义的内在要求……保证人民平等参与、平等发展权利……共同富裕是中国特色社会主义的根本原则"，只有这样，才能"团结一切可以团结的力量，最大限度增加和谐因素"。① 浙江省在促进社会发展过程中通过促进基本公共服务均等化，运用政策干预增强人民群众的参与和行动能力，从各个方面实践了社会公正的基本要求。

一　基本公共服务均等化

从宏观层面来看，公共服务是社会发展的核心政策要素。中外学者普遍认为，社会发展是一项公共服务体系建设和完善的过程，对公共服务不完善以及基础设施欠缺的发展中国家而言更是如此。② 统筹城乡公共服务，消除城乡二元体制壁垒带来的社会不公正，是中国社会发展面临的主要任务之一，其基本路径是促进教育、医疗、福利、就业等基本公共服务均等化。浙江省通过制度改革和社会创新，走在了前列。例如，杭州市通过实施"名校集团化"战略，推动城乡学校互助共同体建设，提升农村各类教育发展水平和发展质量；通过开展"文明镇""文明村""文明户"等群众性精神文明创建和文化、科技、卫生"三下乡"活动，培育新农民、培树新乡风，不断提升乡风文明水平，促进城乡公共文化资源合理配置、均衡发展；通过农村体育健身活动场所建设，改善农村体育活动条件；通过加快农村公共卫生和基本医疗事业发展，健全和完善覆盖城乡的疾病预防控制、卫生监督、

---

① 参见胡锦涛《坚定不移沿着中国特色社会主义道路前进　为全面建成小康社会而奋斗——在中国共产党第十八次全国代表大会上的报告》，人民出版社，2012，第 14～15 页。

② 参见葛道顺《包容性社会发展：从理念到政策》，《社会发展研究》2014 年第 3 期。

医疗救治、突发公共卫生事件预警和应急体系；通过创建"充分就业社区"和"充分就业行政村"，推进城乡就业机构、就业登记、就业培训、就业市场"四个一体化"，实现城乡劳动者平等充分就业；通过加强城乡居民社会养老保险、医疗保险参保扩面工作，推进基本养老保险、基本医疗保险、失业保险、工伤保险、生育保险全覆盖，健全与经济发展水平相适应的城乡社会保障体系。

为了推动基础教育的均衡发展，惠及广大中低收入阶层，长兴县推出了教育券制度。2001 年夏天，《长兴县教委关于教育券的使用办法》出台，规定从 2001 年起开始发放扶持民办学校和职业学校的教育券。9 月开学时，学生将教育券交到职业学校或民办学校，可以抵充相当面值的学费。2002 年秋季教育券发放的范围拓展到义务教育阶段各类学校，开始发放扶贫助学教育券，小学、初中阶段的贫困生每学期可分别获得 1 张面额为 200 元、300 元的教育券。2003 年秋季，又出台了补助薄弱高中和民办高中的教育券。2004 年，长兴县政府劳动力转移培训经费划拨采用教育券的形式，按平均每人 500 元的标准安排培训补助经费，农民凭券选择培训基地，培训基地凭券领取经费。2005 年，浙江省人民政府实施农村教育"四项工程"，其中贫困学生资助扩面工程就采用了教育券的形式。长兴教育券注重发挥政府的主导和宏观调控作用，教育券成为政府调整教育结构、调节社会公平的有效工具，它给予学生更多的选择权，有效地促进了教育公平。

民办教育也是促进公平的一种有效机制。1985 年春天，新中国成立后第一所私立高中——上墅私立高级中学在安吉成立。该校以独特的教育理念推进了社会服务。其教育理念有六项"全国第一"：第一个提出"不求人人升学，但求人人成才"，第一个提出"不评'三好学生'"，第一个提出"教育要使人人成功，不能培养失败者"，第一个提出"实行订单招生，保障学生就业"，第一个提出"立足市场办学，瞄准市场育人"，第一个提出教育学生"学会做人、学会读书、学会办事、学会健身"的"四会"目标。该校创新了中国民办教育"有教无类"的平等教育，让"落榜生"能在该校良好的教育环境中成才；创优了中国民办教育"因材施教"的成功教育，让"差等生"都能发挥自己的闪光点；创办了中国民办教育为民致富的"平民教育"，让想出国的学生直接走出国门留学创业；创立了中国民办教育"学做真人"的人格教育，让学生走向社会以德为先；创建了中国民办教育丰富多彩的"生活教育"，使学生还未出校门就能掌握多项技能并成为社会的紧缺人才。近 30 年来，不花国家一分钱，该校把 1 万余名"差等生"培养成为国家的有用之才，有力地提高了他们的行动能力。

类似的社会创新还表现在关系民生疾苦的医疗卫生等领域。德清县首创"医疗票"制度，以发放慈善卡的形式，为城乡弱势群体小病就诊实行政府"埋单"；低保家庭"零起点"就诊，特困家庭大病救助、建立城镇居民医疗保险制度等改革探索，促进了社会公平。2006 年，湖州市在全省率先架构起医疗、预防、保健、康复、健康教育和计划生育"六位一体"的新型农村医疗保障体系。农村社区卫生服务中心融入全市网络，形成了覆盖全市农村大病统筹、小额补助和困难群众大病救助"三条医疗保障线"，保障农村脆弱群体的健康权利。

二 健全就业服务机制，优化劳动关系

实施"八八战略"以来，浙江全省失业率不断降低，一是因为经济持续增长创造出了更多的就业岗位，二是因为浙江实施了积极的劳动就业政策，健全了就业服务机制，优化了劳动关系，确保了城乡劳动者和外来建设者的劳动权益。

成熟的劳资关系由企业、劳动者和政府三方组成。从浙江省各地协调劳资关系的实践来看，浙江的做法主要包含以下两个方面。第一，劳资关系组织化。其一，从雇主一方来看，从省到县市各级成立了雇主协会。其二，各级政府以及有关部门对协调劳资关系高度重视。一方面，劳动与社会保障部门建立了直达乡镇街道的劳资关系调节中心。另一方面，政府高度重视作为雇工组织的工会的组织与发展，提供了多个方面的支持，包括成立了三方协调会议。其三，工会在提高劳动者组织化程度的过程中，开始出现跨企业的联合工会、行业工会或区域性集体谈判组织，以克服在一些小型企业（尤

其是雇工在25人以下的企业）单独组建工会的困难，或者解决基层工会负责人直接面对自己的雇主从而受到各种约束的问题。第二，主体地位平等化。为促进工会组织获得与其他两方相对平等的地位，浙江省做了以下工作：一是按照中央的要求，组建从省级到县市级的三方会议，让工会在三方会议上扮演重要角色。二是组织省政府与省总工会联席会议，由省政府副省长听取总工会主席的意见。三是赋予工会一定的行政职能，参与相关地方性法规制度的制定。在义乌市，政府为了加强工会的维权权威，提升了各乡镇工会主任的行政级别。四是加强对企业用工的监察，平衡劳资双方的关系，以执法手段限制雇主在用工上对雇工不利的行为。

杭州市制定并实施了《关于深入发展和谐劳动关系的实施意见》《加强企业社会责任建设的意见》《杭州市劳动关系和谐指数评价体系（试行）》，努力促进全社会劳动关系和谐。一是率先在全国建立"劳动关系和谐指数"评价体系。采取定量分析和定性分析相结合、官方统计数据和第三方调查相结合的办法，从政府部门、企业、劳动者3个方面入手，对全市13个区、县（市）完成各项目标任务情况、企业执行法律法规情况以及劳动者的满意度等进行综合评价，按得分高低公布排名。2012年杭州又将此纳入市政府目标任务考核，实施常态化管理。2013年，全市各级劳动保障监察机构共监察、检查用人单位11.7万家，为5436名劳动者追回被拖欠的工资2107.35万元。二是健全完善劳动关系三方协调机制。专门制定"三方会议制度"，明确了议事规则、目标任务和工作要求；围绕深入开展和谐企业创建活动、工资集体协商、企业社会责任建设等重点，大力发展和谐劳动关系。三是大力推行集体协商机制。召开全市工资集体协商推进会、工资集体协商现场会，开展"工资集体协商百日要约"行动，以区域性、行业性工资集体协商为重点，大力推进工资集体协商工作。四是构筑防范处置欠薪长效机制，出台《杭州市防范处置企业拖欠工资实施办法》，将防范处置企业拖欠工资工作纳入区、县（市）政府年度工作目标考核，通过完善工资支付保证金制度、欠薪应急周转金制度、欠薪预警制度和行政司法联动制度等措施，将防范处置企业拖欠工资工作落到了实处。五是夯实劳动争议调处机制。推广劳动争议庭前调解制度，深化调裁、裁审衔接机制，推进劳动争议"派出庭""流动庭"向基层延伸，就地就近处理劳动争议，形成街道（乡镇）劳动保障监察中队工作人员既是监察员，又是调解员、兼职仲裁员的"一岗三员"新模式。六是推进"劳动保障进楼宇"。在楼宇设立劳动保障工作服务站，构建信息化网络，开展常态化服务，创新多样化载体，开展"零距离"交流沟通，实现了楼宇企业劳资纠纷"零投诉"，促进了楼宇企业劳资关系的和谐稳定。七是完善"12333"咨询服务平台。实现市本级与区、县（市）互转互通，实现了"一地呼入，全市联动"的人力资源社会保障咨询服务网络。萧山区从 2011 年开始，制定出台了《企业和谐劳动关系标准（试点版）》，从劳动合同、职工工资、社会保险等 8 个方面 29 条，对企业和谐劳动关系做出了具体规定，率先开展企业和谐劳动关系标准认证工作，形成了"全方位创建、科学化认证、多层次覆盖"的创建模式，实现了"职工得实惠、企业得效益、经济得发展、社会得和谐"的共赢局面。

三　政策干预，减弱社会不平等

（一）统筹收入分配

浙江平衡收入分配制度走在全国前列，统筹收入分配旨在消除城乡居民在劳动报酬和社会保障上的差别，实现同工同酬同保障的目标。

在同工同酬方面，浙江省首先推进公务员的工资统一工作，取消小金库和单位化的奖金、津贴，统一公务员工资水平。例如，义乌市不仅实行同级公务员同等工资水平，而且各机关聘用的司机、清洁员等，工资水平也是统一规定的。

在同保障方面，2000 年以来，浙江省在成功实施以减缓区域性贫困为重点的"百乡扶贫攻坚计划""欠发达乡镇奔小康工程"的基础上，2008～2012 年又完成以减缓阶层性贫困为重点的"低收入农户奔小康工程"。到 2012 年，全省低收入农户家庭人均纯收入达到 4000 元及以上的比重达到 79.4%。2013 年，浙江开始启动实施以"低收入农户收入倍增计划"为核心的新一轮农村扶贫工程。2009～2012 年低收入农户人均纯收入年均递增

20%，低收入农户与农村居民人均纯收入的相对差距由 2009 年的 1：2.76，
2010 年的 1：2.67，2011 年的 1：2.47，下降到 2012 年的 1：2.32，收入的相
对差距逐年缩小。2012 年，浙江省委提出了新的扶贫标准，将 2010 年人均
纯收入低于 5500 元的农户作为省级标准的低收入农户。这一扶贫标准高出
全国标准 1 倍。

湖州市重视通过分配调节保障和改善民生，坚持每年把新增财力的
70% 以上用于民生改善，连续 16 年组织实施了 10 个方面的民生实事项目，
努力促进发展成果由人民共享，让人民生活得更加幸福。在居民增收方面，
制订实施"低收入群众增收""促进农民收入持续普遍较快增长"等行动计
划，想方设法拓宽渠道，促进城乡居民持续增收。2013 年，全市城乡居民
收入比缩小为 1.90：1，远低于全国和全省平均水平。同时，居民消费结构
也发生显著变化，2012 年全市城镇和农村居民恩格尔系数分别下降到
35.9%、32.2%。

（二）剥离户籍不正当附加的各类福利，降低社会不平等

城乡分割所导致的城乡差距一直被认为是中国社会发展中的最不和谐因
素，所以浙江在户籍制度改革上做出了不懈的尝试：1980～1994 年，允许
农村人口自理口粮进城务工经商；1994～1998 年，率先在 120 个小镇进行
户籍改革，1997 年在全国最早推出购房落户政策，1998 年在大中城市落实
夫妻、子女团聚政策；1998～2003 年，取消进城控制指标，并从血缘姻亲
移民向投资移民政策转变；2003 年首次尝试取消农业户口与非农业户口，
如嘉兴海宁市在辖区范围取消了农业、非农业、自理等户口性质，统称为居
民户口，同时实行户口迁移条件准入制度，剥离原附加在户籍上的其他社会
功能，在社保和就业、计划生育、教育、服兵役等政策上进行配套改革。
2013 年，德清县在全省率先启动以新型城市化为核心的户籍管理制度改革，
以"人的城市化"为核心，围绕"解决历史遗留问题、着力维护和谐稳定、
确保群众得到实惠"等关键环节，以完善政策为基础，统一城乡户口登记
制度，调整并完善城乡落户政策；以赋权增利为导向，全面推进农村产权制
度改革；以均等高效为目标，推动城乡公共服务一体化，全力确保农村居民

"进得来、安得下、融得进"，加快推进城乡一体化进程，降低城乡社会不平等。

除了核心的户籍制度改革之外，浙江的具体实践还包括：第一，出台推进城乡一体化纲要，推进城乡一体化实践，包括重点进行城乡配套改革，构建城乡一体化体制；通过城市化带动城乡一体化；强调公共财政和公共服务下乡；强调区域规划和发展与城乡一体化同步协调的关系，促进整体发展。第二，基础设施和公共服务从城市向农村扩展，推动了农村社区服务业和农村社会事业的发展，使现代服务业的网络向农村新社区延伸，缩小城乡居民的福利和服务差别。第三，统一城乡劳动力市场，培训农民，增强他们在城乡一体化进程中的生存和发展能力。

（三）统一公民权利，促进外来人口的社会融合

人口区域流动大幅增加显示出浙江省改革开放的巨大活力，但外来人口的社会融合对任何地区而言都是一个重要的社会发展议题。外来人口是不是平等公民，这是一个核心问题。浙江省在发展中保护外来人口的合法权益，通过建立民工公寓、公租房实现他们的安居乐业；通过建立"三级机构、四级网络"的就业服务平台，改善他们的就业环境；通过改革义务教育制度，保障外来人口子女的同等受教育权利。这些政策和措施帮助外来人口真正融入了浙江的当地生活。

义乌市的外来人口与本地人口比例接近2：1，外来人口中有40个少数民族的人口数万人，是一个典型的多民族聚居的"移民"城市。义乌很早就积极推行"外来人口本地化"政策，逐步使外来人口在社会保障、医疗、住房、就业、子女上学、职业介绍、劳动保护等方面享有市民待遇，形成了"发展空间共存、生活资源共享、社会责任共担、社会秩序共管、经济繁荣共创"的新局面，并在语言和政治符号建构上增加身份认同，把"外来打工者"改称为"外来建设者"，用开放、包容、平等的理念善待他们。其中突出的是在全国首开外来就业者参与人大代表、政协委员选举和担任人民陪审员的先河。

公平正义的好社会不会自己从天而降，它需要国家主导下的社会力量的

广泛参与。阿玛蒂亚·森指出，公正最终是与人们的生活方式相关，而并非仅仅与周遭的制度有关。[①] 浙江省不仅从制度方面，而且从实际生活层面关注公民权利和人民福祉，对塑造社会公正理念、促进社会包容具有深远意义。为摆脱外来人口的贫困而努力，为全体人民福祉而为政，就是保护公民平等的发展权利，就是追求社会公正。

第三节　社会发展机制：治理体系与社会包容

2014 年 7 月 29 日，习近平总书记主持召开中央政治局会议。会议强调，发展必须是遵循经济规律的科学发展，必须是遵循自然规律的可持续发展，必须是遵循社会规律的包容性发展。遵循社会规律的包容性发展，旨在回归发展的本意，坚持以人为本，强调人民福祉，有利于促进社会各类人群和谐相处。

一　通过共同治理，培育社会发展的协商机制

（一）"枫桥经验"是基层社会治理创新的典范

20 世纪 60 年代初，浙江省诸暨市枫桥镇干部群众创造了"发动和依靠群众，坚持矛盾不上交，就地解决。实现捕人少，治安好"的"枫桥经验"，通过说理斗争，制服敌人，把"一个不杀，大部不捉"的内部肃反的方针用来处理社会主义教育运动中揭发出来的有破坏活动的地、富、反、坏分子，为此，1963 年毛泽东同志就曾亲笔批示"要各地仿效，经过试点，推广去做"。[②] 可见，"枫桥经验"当初是对"以阶级斗争为纲"路线的一次矫正。从社会学思想来看，这是对基层行政化管理方式的一次矫正。"枫桥经验"之一是"小事不出村，大事不出镇，矛盾不上交，就地化解"。"枫桥经验"之二是帮扶刑满释放人员。5 年来，在枫桥 200 多名刑满释放

---

① 参见阿玛蒂亚·森《正义的理念》，王磊等译，中国人民大学出版社，2013，第 1 页。
② 《建国以来毛泽东文稿》第 10 册，中央文献出版社，1996，第 416 页。

人员中，绝大部分已成为自食其力的劳动者，改好率达99.15%，有的人成了致富能手，有的人还入了党，当上了村干部。"枫桥经验"之三是形成了外来务工人员管理新模式。随着经济发展，枫桥镇还针对外来务工人员推出新的管理模式，统一为外来员工解决住房和子女入学等问题，每年还评比"十佳外来优秀青年"，授予中高级人才以"荣誉镇民"称号。2003年11月，时任省委书记习近平同志在浙江纪念毛泽东同志批示"枫桥经验"40周年大会上明确提出，要牢固树立"发展是硬道理、稳定是硬任务"的政治意识，充分珍惜"枫桥经验"，大力推广"枫桥经验"，不断创新"枫桥经验"，切实维护社会稳定。

从社会学的有关理论去分析，"枫桥经验"的本质是群众自治、基层社会自治，是符合社会发展规律的一个具体案例。它告诉我们，基层社会治理，不是将社会矛盾压制在基层强行解决，而是在国家法律框架下充分尊重群众的自我管理、自我服务的首创精神，才能全面而妥善地解决问题，实现各方利益的最大化。正如习近平总书记指出，"枫桥经验"的重大意义在于要适应时代要求，创新群众工作方法，善于运用法治思维和法治方式解决涉及群众切身利益的矛盾和问题。

（二）培育基层社区，强化社会发展之本源

2009年10月23日，新中国第一个居委会——杭州上城区上羊市街社区迎来她60岁生日。60年前，新中国第一个居委会的产生，结束了几千年的封建保甲制度，是民主选举的见证，也是新中国基层民主法治建设的起点。60年来，上羊市街居委会与共和国一路同行，发生了翻天覆地的变化。居委会所提倡的"人民民主管理城市"的理念，为公民参与国家和社会公共事务管理提供了一个现实途径。今天，居民自治原则被写入宪法，成为中国基层自治与民主制度的重要内容。

"社会发展经由社区发展"，所以社区是社会发展的本源。经济发展之后，浙江省高度重视社区建设。2003年，中共浙江省委办公厅、浙江省人民政府办公厅印发了《2003～2010年浙江省城市社区建设指导纲要（试行）》和一系列配套文件，促使社区建设走上了制度化、规范化的发展道路。推行社区居委会直接选举，是基层民主政治生活中的一件大事，是完善居民自治、保证社区发展的基础性工作。宁波城市社区直选起步较早，2003 年海曙区就在全国率先实现全区 59 个社区居委会全部直接选举，在国内引起较大反响。2007年，宁波市在全国第一个实现全市 235 个社区居委会直接选举：一是候选人产生的公开性。任何人经选民 10 人以上联名推荐即可获得居委会成员候选人提名，在社区党组织主导下，按法定程序进行资格审查后确定正式候选人并公告。二是参选的竞争性。正式候选人按照居委会主任、副主任二选一，委员五选三开展差额竞选。三是选民的广泛性。除了 18 周岁以上的常住居民有当然选举权外，在本社区居住满半年以上的外来务工人员也纳入了选民范围，一些外来务工人员自告奋勇参加竞选。2013 年浙江率先在全国制定社区居委会选举规程，全省社区居委会直接选举比例达 80% 以上。

从 2006 年起，浙江以解决社区用房为突破口，采取投资新建、整合改造、资源共享、综合利用等措施，建设了一批城乡社区服务中心。同时，社区服务中心承接政府职能转移下放，向居民提供生活救助、社会保障、老年福利、综合警务、卫生计生、文体教育等"一站式"公共服务，建立起集市场便民利民服务、政府公共服务、居民自助互助为一体的社区服务体系。截至 2013年年底，全省累计建成 1334 个乡镇（街道）社区服务中心、18564 个农村社区服务中心（覆盖 24592 个村），99% 以上城市社区用房面积超过 350 平方米。

社区建设的目标是成为管理有序、服务完善、文明祥和的社会生活共同体。浙江在社区建设中突出居民主体地位和愿望诉求，建立完善民主选举、民主决策、民主管理和民主监督制度。

（三）培育民间组织，健全社会协商主体

社会治理不同于社会管理的显著特征是社会组织成为治理的主体力量之一。社会治理体制演变的一个重要趋势是发挥介乎政府与市场之间的社会组织在提供服务、协调利益、化解矛盾、反映诉求方面的积极作用。[①] 实施"八八战略"以来，浙江省逐步构建了政府、社会组织和市场三者之间的新

---

① 参见王梦奎《和谐社会与管理体制》，《人民日报》（海外版）2006 年 5 月 3 日，第 1 版。

型合作关系，健全社会治理体制，为社会平稳转型做出了贡献，促进了包容性社会发展。

浙江历来高度重视社会组织建设和管理工作，进入新世纪以来，全省社会组织数量保持稳步增长的态势。截至 2012 年年底，全省经民政部门核准登记的社会组织共计 31880 个，其中社会团体有 16452 个，民办非企业单位有 15163 个，基金会有 265 个，数量位居全国前列。

社会组织广泛深度的参与是现代社会多元治理的基本方向和重要特征。浙江逐步建立与本省经济社会发展需求相适应的社会组织培育管理体系，初步形成了门类齐全、层次不同、功能互补、覆盖广泛、特色明显的组织体系，在推动经济发展、提供公共服务、满足多元需求、反映利益诉求、规范社会行为、促进社会公平、扩大公众参与、化解社会矛盾等方面发挥了重要作用。社会组织的蓬勃发展健全了社会协商主体结构，整体提升了基层社会的自治水平，形成了多元主体合作共治的格局，增强了基层对群众的责任和回应能力。

二 强化社会参与，形成社会发展的行动机制

（一）社会参与是人民当家作主的基本途径

以主体方式参与公共生活，言说与行动具有优先于结构的重要性。阿伦特认为，行动根植于人的多样性和独特性，而通过"言"与"行"的展示，我们得以进入人类世界这个"公共领域"。公共领域是行动和相互交谈的场所，言与行是创造公共领域的能力，公共生活的政治性就在于，公民的参与形成了社会发展的行动机制。中国宪法规定，一切权力属于人民，而社会参与是人民当家作主的基本途径。

为解决传统社会结构和治理模式带来的公众参与途径不畅、公民责任意识缺失等发展障碍，桐乡市高桥镇在镇级层面成立百姓参政团，充分保障利益相关者在重大问题上的知情权、参与权、表达权，共同推进重大事项的实施。参政团成员由 12 名全镇甄选的突出代表作为固定成员，10～20 名直接利益相关者作为非固定成员，还有专业律师担任法律顾问。百姓参政团组建以来，在高桥新区高层安置房、三村村土地综合整治项目、桐斜线道路大修

等工程中，发挥了积极作用。发端于台州温岭市并在全省全面推广的"民主恳谈"经验，是一种广泛而有效的通过社会参与实现良好社会治理的方式，也是习近平同志在浙江工作时总结基层改革创新的实践探索而倡导推行的。高桥镇参政团打开决策之门让社会力量参政议政，把政府决策的运作置于阳光之下，给各种利益主体搭建了一个务实有效的协商和对话平台，既是让政府决策获得广泛社会认同和理解的有效手段，也是实现人民当家作主和基层民主与法制的重要手段。

（二）推动基层公众自我组织，完善基层自治机制

公众参与和基层自治是基层社会治理的精髓。浙江省重视各类社工机构开展专业社会工作实务，将专业社工理念、技巧、方法运用和介入传统社区工作及社区服务，推动基层公众的自我组织和基层自治。

嵊泗县菜园镇东海社区 2013 年开始开展乐和家园建设。社区引进北京地球村环境教育中心的乐和社区发展理念和模式，成立乐和社区互助会，选举乐和代表，引进社工服务，按照"三事分流"原则，形成基层公众的自我组织机制，完成基层自治机制，推动社区内生性发展。

乐和互助会代表由居民推选产生，每个网格为 3 名，共有 21 名，由散楼楼长、网格队员、义工代表及退休干部等各个层面的居民组成，代表了各个阶层的力量。他们发挥着自己的聪明才智，替居民说话，为居民办事。代表们征询每家每户的意见，分析存在的问题，再结合"大事政府办、小事社区办、私事自己办"的"三事分流"的模式进行划分，应当自己解决的私事问题主要由自己解决，共同的事务社区办理，更高层次的乡、镇政府解决。乐和理事会是互助会的联合组织，它的一个重要职责是举行乐和多方联席会议，邀请公安、住建、农林水利、环保、城管、电力等 10 多个政府部门相关负责人与乐和代表沟通交流，解答居民反映的热点、难点问题，现场办公。"三事分流"实质上是责任分担，引导居民共同参与社区居民事务，承担相应的责任，居民的责任感和集体意识变强了，社区的工作减轻了，政府的边界也清楚了。"乐和"就是凝聚，把涣散的人心和社会关系重新自我组织起来，从而提高社区的凝聚力，使社区逐渐成为居民的乐园。

基层自治是国家治理体系的一个重要组成部分，因此，完善基层治理体系、提升基层治理能力具有基础性作用。浙江在这个方面的探索为全国的基层自治和发展提供了丰富的经验。

（三）促进社会监督，建立社会治理的纠错机制

基层社会监督是社会发展的重要机制。基层事务具体实在，与广大居民存在直接的利益关联，因此，强化基层社会治理过程中的社会监督十分重要。特别是在农村地区，随着经济社会的持续快速发展、新农村建设的深入推进，广大农村集体经济持续壮大，村干部的"权力"不断增强，因民主监督缺失，村干部滥用权力导致广大村民利益受损的现象屡有发生。如何加强社会监督，促进基层发展中的财务公开和决策民主，成为维持基层稳定和促进基层发展的重要问题。

村务监督委员会是浙江人民的首创。2004 年 6 月，金华市武义县率先开展建立村务监督委员会试点工作。该县后陈村建立了全国第一个村级民主监督组织，由群众选举产生村务监督委员，在村党支部领导下，实行事前、事中、事后全过程村务监督特别是村级财务监督，使各种问题和矛盾有了内部化解的机制。随后，全省各地对村级民主监督的组织形式进行探索和创新，建立了各具特色的村级民主监督机构。习近平同志于 2005 年 6 月专程到后陈村实地考察调研，详细了解村务公开情况和村务监督流程，与基层乡村干部进行座谈。他强调："这是很有意义的探索，要总结经验，继续深化，不断完善，把它作为开展保持党的先进性教育活动中解决农村实际问题的一个课题、一个重要内容来抓好。"① 在习近平同志推动下，这项工作很快在全省推开和规范，取得了很好的效果。2010 年，"村应当建立村务监督委员会或者其他形式的村务监督机构"被写入修改后的《村民委员会组织法》。

---

① 中共浙江省委理论学习中心组：《中国特色社会主义在浙江实践的重大理论成果——学习〈干在实处 走在前列〉和〈之江新语〉两部专著的认识和体会》，《浙江日报》2014 年 4 月 4 日，第 1 版。

村务监督是农村基层社会治理的一个不可或缺的环节,社会监督机制的作用莫过于此。浙江省经验的意义不仅在于完善了基层治理机制,还在于更新了中国关于社会治理的监督理念。

三 促进社会包容,建立社会发展的整合机制

包容作为社会发展的一种理念,有三个方面的含义:一是建立一种具有社会整合功能的机制,完善以充分就业、社会保障和公共资源共享为目标的社会治理;二是优化公共资源的有效配给渠道,协调和平衡贫富关系、干群关系、劳资关系、民族关系,减少社会矛盾和社会冲突;三是尊重不同文化、族群和宗教的差异,建设一个多元共生的和谐社会体系。同时,包容作为社会发展的主要机制,要求平等对待不同地域、不同民族和不同文化的差异性,拓展广泛参与的社会建设渠道,让所有人都可以有条件和渠道参与发展过程,公平合理地共同享有发展成果。[①]

中国的包容性社会发展战略要充分尊重地区特色和进程差异,推动不同群体的社会整合、不同民族的社会融合、不同阶层的社会包容等。浙江省多年来的实践为我们提供了富有价值的历史经验。以弱势群体和外来人口的包容性发展为例,10年来,浙江加大了对农村等欠发达地区、农民等弱势人群的扶助力度,社会保障覆盖范围进一步拓宽,社会化救助体系初步形成,在全国率先建立了农民享受最低生活保障制度,城镇"三无"对象和农村"五保"集中供养工作提前完全实现。医疗、教育、住房等社会救助制度全面建立,全省农民享受基本公共服务实现全覆盖,基本实现了不让一个学生因贫困而失学,实施了《浙江省城镇廉租住房保障办法》,为低收入群体和外来农民工提供了大量经济适用房和廉租房。2013年,浙江共有流动人口达2300万人左右。浙江对待外来农民工从最初的管理到观念上共享、方式上服务、称谓上融入。政府的领导深刻认识到了农民工是重要的人力资源,是地方经济社会发展不可缺少

---

① 参见渠敬东《社会发展的理念和评估》,载李汉林主编《中国社会发展年度报告》,中国社会科学出版社,2012,第15~18页。

的建设大军，并深刻认识到农民工这一重要的人力资源应当是本区域人口的组成部分。他们为当地的工业化、市场化、城市化发展做出了巨大贡献，同时，他们已经熟悉或者接受了本地文化，并因为得到了当地人的认同和接纳而有了归属感，更加自觉地融入当地社会，建设当地社会。因此，各地党委、政府对这些农民工公平对待，一视同仁，强化服务，完善管理。为保护他们的合法权利，使他们真正融入城市及本地生活，提高生活质量，浙江实施了新居民制度，改善农民工就业环境，维护农民工合法收入，为农民工提供基本社会保障，将农民工培训列入社会发展计划，高度重视农民工子女教育，使外来人口共享社会政治权利，并将他们称之为"新浙江人"。

不难想象，如果没有建立这样的社会包容机制，一个各方力量共建和谐浙江的大好局面就不会形成。

第四节　社会可持续：结构均衡与良好秩序

党的十六大以来，浙江省坚持执行一张蓝图绘到底的"八八战略"和建设"平安浙江""法治浙江""文化大省""生态省"等系列决策部署，省域经济、社会发展的科学性明显提高。据中国国际经济交流中心评测，浙江转变经济发展方式水平2012年居各省份第2位；据中国科学院自2009年以来连续5年发布的《中国科学发展报告》，浙江科学发展总水平均居全国各省份前5位。[①] 结构优化提升了浙江社会内在发展的动力。

一　促进中间阶层发展，形成稳定的社会结构

（一）通过城市化实现统一公民化

城市化水平是社会转型的最重要的核心指标之一。城市化与工业化同步发展，是浙江社会经济协调发展的特色和重要支柱。浙江省1999年开始的

---

① 参见中共浙江省委理论学习中心组《中国特色社会主义在浙江实践的重大理论成果——学习〈干在实处　走在前列〉和〈之江新语〉两部专著的认识和体会》，《浙江日报》2014年4月1日，第1~2版。

为适应初始工业化而大力发展小城镇的战略显露成效。至 2003 年年底，全省共有设市城市 33 个（其中特大城市 1 个、大城市 2 个、中等城市 7 个），建制镇 783 个。初步形成了以杭州、宁波、温州为中心，大中小城市、中心镇和一般镇 5 个层次的城镇体系结构。城镇人口为 1970 余万人。全省城市化水平达到 43.5%，按第五次全国人口普查口径，全省城市化水平已达 53%。至 2013 年年底，全省城市化率达到 64.0%，比 2001 年提高 13.1 个百分点，高出全国平均水平 10.3 个百分点；城市在经济发展中的地位和作用越来越突出。在推进城市化进程中，全省各地相应积极推进就业制度、住房制度、社会保障制度的一体化，以及农村产权配套改革，在推动城市化的同时，引导城乡人口的统一公民化。如义乌市为了鼓励和引进农村劳动力向第二、第三产业和城镇转移，把吸引农民进城与建立土地流转机制紧密结合起来，在明确所有权、稳定承包权的前提下，把土地使用权交给集体资产经营公司，承认农民相应的收益权，允许其参与收益分配，有力地促进了农村人口平等公民权的建立以及向城镇的集聚。

（二）通过就业结构优化，培养体面工作阶层

经济发展推动了社会进步，使浙江的产业结构、就业结构发生了巨大变化。2001～2013 年，全省生产总值接连上了 1 万亿元、2 万亿元、3 万亿元 3 个大台阶，从 6898 亿元提高到 3.76 万亿元，年均增长 11.5%；人均生产总值从 14664 元提高到 68462 元；三次产业结构从 9.6∶51.8∶38.6 调整为 4.8∶49.1∶46.1。从统计数据来看，浙江省人口就业结构呈现出良性发展的趋势，第一产业就业人口向第二、第三产业快速转移。2000～2012 年，第一产业就业人口从 969.97 万人下降到 522.01 万人，减少接近 448 万人，第二产业就业人口从 966.30 万人增加到 1880.92 万人，增加接近 915 万人，第三产业就业人口从 789.82 万人增加到 1288.31 万人，增加近 499 万人。在第一产业就业人口快速减少的同时，第二、第三产业就业人口迅速增加，经济发展和产业结构的变迁有力带动了就业结构的第三产业化，标志着浙江人民已经从主要向自然和机器生产求生存转变为向社会提供服务来创造财富的新阶段，体面工作和有闲阶层大量出现，为社会发展提供了越来越多的正能量。

（三）通过扩展中间阶层，形成社会发展的可持续结构

组织资源、经济资源、文化资源是社会分层的主要依据，在逐步开放的社会里，以社会公正为基础的后致性资源越来越成为主要的因素，并集中地反映在阶层结构之中。阶层结构的稳定将带来发展资源的丰富化和扩大化，主导向上的社会流动，从而带来社会的和谐稳定和人的全面发展。在城乡结构、三部门就业结构进一步优化的基础上，浙江省的经济社会发展有力推动了社会中间阶层的形成。2004 年的一份大样本问卷调查表明，业主阶层占1.6%，小雇主阶层占4.7%，自雇阶层占15.5%，管理阶层占7.0%，自主劳动阶层占2.7%，半自主劳动阶层占10.2%，工人阶层占16.3%，农民阶层占41.9%。其中业主阶层、小雇主阶层、自雇阶层、管理阶层、自主劳动阶层合并占比为31.5%，社会中间阶层初步形成规模。从浙江的实际情况来看，中等收入群体主要有 3 个部分：一是占有一定资产的中小业主，二是具有新知识新技能的白领阶层，三是掌握较高技术能力的蓝领工人。截至2011 年中，浙江省市场主体总量突破 308 万户，其中在册企业为 83 万户，个体工商户为 221.3 万户。截至 2010 年，浙江省共有 3586 家企业被认定为高新技术产业，从业人员接近 116 万人。

2003 年，浙江省第一次人才工作会议做出《关于大力实施人才强省战略的决定》，标志着浙江省人才工作步入发展快车道。浙江省还明确提出优先推进企业人才开发，"政府主导、企业主体、市场配置"，注重从政策引导、平台建设等方面入手，引导企业在人才开发中发挥主体作用，促进资本和人才的对接。人才积聚效应不断显现，2002～2008 年，浙江省专业技术人才共获得国家技术发明奖 24 项、国家科技进步奖 106 项、国家自然科学奖 6 项，获国家级奖项数连续多年位居全国前列。截至 2008 年年底，浙江省各类人才总量达 624.85 万人，占全社会从业人员的比重为 17.9%。为推动传统行业高技能人才工作，浙江省起草了《浙江省传统行业技能大师评选管理办法》，2012年新增高技能人才 14.8 万人，占技能劳动者的比例为 20.1%。

中间阶层的扩展，优化了社会结构，为社会可持续性发展奠定了良好的基础。

二 城乡发展走向均衡，推动公共服务一体化

以人为核心是新型城市化的本质。但是，城市化更是一种生产和生活方式，在现代通信和交通技术平台上，城市化不仅仅是一个城市空间的概念，更是一个不可分割的公共领域的技术化进程，所以，城乡一体化均衡发展才是真正的方向，而其中的工作重点是加快乡村建设。

（一）以"三权"改革为突破口，推动农村经济的转换和发展

"三权"改革，形象地说就是"三权到人（户）、权跟人（户）走"，即进一步明确土地承包经营权、宅基地用益物权和农村集体资产股权，使农民不完整的产权成为能流转、能抵押、能担保乃至可继承、可有偿退出、可转让的完整产权，以保护好、发展好农民的财产权利。这是浙江省德清市城乡体制改革试点的经验，也是党的十八届三中全会提出的农村产权制度改革方向。浙江抓住农村经济转化和发展，促进了城乡均衡发展。

浙江在户籍制度改革中，首先尊重农民选择。对于农民是进城还是留在农村，尊重农民的选择，不采取强迫的手段，更没有不顾条件逼农民进城。为了做到这一点，浙江对浙北、浙中、浙西地区 5 个县（市、区）、164 个行政村进行了摸底调查，在 26 万人口中，有 13% 的农民已经在城镇买房居住，但户籍还在农村。如果"三权"改革到位、宅基地空间置换改革到位，还有 13% 的农民愿意进城。由此可见，农民是否进城，取决于多个方面的综合条件限制，其中农村"三权"改革是否尊重农民的合法权利是关键前提。

强化"三权"改革，推动农村经济转型和发展，是社会主义新农村建设的核心经济任务和社会重建基础，值得广泛重视。

（二）建立统一的城乡公共服务体系

浙江省早在 2008 年就开始实施基本公共服务均等化行动计划。2013年，浙江省颁布了《浙江省基本公共服务体系十二五规划》，其目标是到2015 年建立起比较健全的覆盖全省城乡居民的基本公共服务体系，力争基本实现基本公共服务均等化。

2008 年，浙江省制定了《基本公共服务均等化行动计划》，突出城乡社

会保障体系一体化建设，并加大对农村教育的扶持力度，实现城乡教育均衡发展。以教育基本公共服务为例，从 2006 年秋季开始，浙江省全面免除城乡义务教育学杂费，从 2007 年起正式将农村义务教育全面纳入公共财政保障范围。从 2008 年起，浙江省实施农村中小学教师"领雁工程"，截至 2011 年全省已累计培训 3.9 万名农村骨干教师，提高了农村教师的执教能力；2005～2011 年，全省共投入 6.8 亿元，为农村中小学低收入家庭子女提供每周 2～3 餐荤素搭配、营养合理的营养餐，让 259 万名学生吃上了"爱心营养餐"。2012 年，浙江省又提高了农村中小学低收入家庭子女爱心营养餐最低标准，从之前的每生每年 350 元提高到 750 元，并且做到每天一餐，受益学生比例达到义务教育学生总数的 7%。从 2008 年起，浙江省实施农村小规模学校改造工程，有效改善边远山区学校办学条件。除了改善办学条件之外，2009 年起全省实施农村中小学教师集体宿舍维修改造工程，逐渐满足了教师日常需求。

中国旧有的城镇公共服务，是以城镇户籍为基础建立的。农民，包括进城务工、进城居住的农民，只能享受其中的一小部分，问题是中国以户口为挡箭牌建立了二元体制的公共服务制度。所以，建立城乡一体化的公共服务制度，使城乡居民能够享有一视同仁的公共服务，才是社会可持续发展的机制。从浙江的经验可以看出，城市化不一定就是人口向城市集中这样一种形式，公共服务体系一体化才是城市化的根本要义。

（三）千村示范、万村整治：促进农村社区发展

习近平同志具有注重基层实践、深化改革创新、善于总结经验的政治敏锐、领导风格和务实作风。比如，《干在实处 走在前列》一书中专门编有"'千村示范、万村整治'是龙头工程、基础工程、生态工程、民心工程"一节，《之江新语》一书中也有"以发展强村、靠建设美村、抓反哺富村、促改革活村、讲文明兴村、建法治安村、强班子带村"的专门论述。实施"千村示范、万村整治"工程并在此基础上深入推进的美丽乡村建设，就是根据当年习近平同志深入基层进行调研后提出的"加快推进农业产业化、农村城镇化、农民非农化"要求，在全省持续开展的一项重要工作，也是

浙江推进创新发展的一个重大举措。这一工程实施 10 余年来，有力地促进了统筹城乡一体化发展和建设社会主义新农村的进程，全省建成了一大批全面小康示范村和文明和谐的农村新社区。2013 年 10 月，习近平总书记做出重要指示，强调要认真总结浙江省开展"千村示范、万村整治"工程的经验并加以推广。各地开展新农村建设，应坚持因地制宜、分类指导，规划先行、完善机制，突出重点、统筹协调，通过长期艰苦努力，全面改善农村生产生活条件。

城市化既是经济发展的过程，也是社会变化的过程、体制变革的过程。所以，城市化不是放弃农村。相反，城市化是要更好地建设农村，促进城乡均衡发展。浙江的经验，对全面理解和加快推进新型城市化建设具有重要意义。

三 建设"平安浙江"，形成社会有序发展的机制

早在 2003 年前后，针对社会转型过程中频发的社会问题，习近平同志从中敏锐地把握到体制和秩序重建的需要，及时建议省委做出了建设"平安浙江"、促进社会和谐稳定的重大决策部署。此后，面对"平安中国"建设的新目标新任务，浙江始终坚持系统治理、依法治理、综合治理、源头治理；始终坚持"一手拿经济报表、一手拿平安报表"，统筹推进政治安全、经济安全、文化安全、生态安全、治安安全、信息安全、生产安全、食品安全；始终坚持和发展"枫桥经验"，深入推进"网格化管理、组团式服务"，加强社会服务管理中心建设，把各类矛盾和问题解决在基层、解决在萌芽状态；探索在省、市、县三级建立重大决策社会稳定风险评估机制，从决策源头预防矛盾，并持续开展领导干部下访、县委书记大接访活动；努力做到经济社会发展到哪个阶段，平安建设就提升到哪个水平；影响平安的问题出现在哪里，平安建设就延伸到哪里，努力建设基础更牢、水平更高、人民群众更加满意的"平安浙江"。经过 10 年的不懈努力，浙江成为全国最具安全感的省份之一，为建设"平安中国"提供了实践样本。

在"平安浙江"建设过程中，浙江发展和探索了许多独具地方特色的基层社会治理经验。一是尊重和发挥人民群众在基层社会管理中的重要作

用。不少地方为此进行了许多积极的探索和创造。例如，温岭市首创"民主恳谈会"制度和"参与式预算"制度，义乌市把外来农民工选为人大代表参与社会决策，天台县推行村级民主决策"五步法"，乐清市实施"人民听证制度"构筑人民监督政府新平台，武义县建立村务监督委员会制度推进农村基层惩防体系建设，等等。这些探索和创造，尊重和保障了人民群众当家作主管理社会的权利，使公民的知情权、表达权、参与权、监督权以及救济权得到进一步发挥，使人民群众成为社会管理的参与者和受益者。二是进一步改革和完善政府行政管理体制机制。在既有的法律和制度框架内，各县级政府积极改革和完善政府行政体制机制，增强社会治理效能。例如，杭州市余杭区通过量化评估法治指数建立基层法治建设的目标体系和责任体系，舟山市定海区推行"网格化管理、组团式服务"，绍兴市柯桥区实施"扩权强镇"加快推进城乡一体化发展，遂昌县以文化"软实力"促进社会"软管理"，杭州市富阳区以"大财政"保障和促进"大民生"，云和县创建"小县大城"的欠发达山区跨越式发展模式，等等。三是进一步加强和完善政府公共服务职能。随着县域经济的不断壮大，各级地方政府把更多的精力和公共资源投向了社会领域，在加强和改进政府公共服务职能，保障和改善民生方面做出了积极努力。例如，宁波市海曙区创立全天候全方位全程式的"81890"公共服务模式，舟山市定海区推行重大事项社会稳定风险评估机制，绍兴市上虞区创建了"政府服务超市"，庆元县建设技能型乡镇政府，安吉县探索美丽乡村标准化建设，等等。四是进一步创新和完善社会矛盾化解体系。为进一步畅通与基层群众沟通的渠道，督促解决群众反映强烈的问题，构建排查和化解矛盾的长效机制，各基层政府积极组织开展领导干部"走进矛盾，破解难题""蹲点调研""民情日记"和下访接访活动，广泛开展基层和谐建设和平安创建活动，推进乡镇（街道）综治工作中心和城乡社区及规模以上企业综治室规范化建设，如苍南县的"五站式"民情服务模式、诸暨市外来务工人员服务管理的"店口模式"、义乌市提高境外经商人员管理和服务水平的"平安义乌"模式等。五是鼓励和培育多元社会力量参与社会管理。随着社会矛盾的多样化和复杂化，各县级政府积极鼓励和培育多元社会力量参与社会管理，促进社会和谐。例如，慈溪市通过推广新型社会融合组织"和谐促进会"模式，将原先游离于社会管理体系之外的"外地人"纳入社区管理范围，促进了新老市民的融合；杭州市萧山区筹建"和事佬协会"，将草根组织正规化，使之作为人民调解的补充和延伸来化解社会矛盾和冲突；义乌市发挥工会组织的作用，通过构建企业社会责任"义乌标准"，实现社会管理的关口前移和重心下移，在化解劳资纠纷、构建和谐劳动关系方面取得新的成就，等等。①

事实上，正如当年习近平同志鲜明指出的那样，崇尚和谐，企盼稳定，追求政通人和、安居乐业的平安社会，是中华民族文化的重要组成部分。只有社会和谐稳定，国家才能长治久安，人民才能安居乐业。"平安浙江"中的"平安"，是一种秩序重构，它涵盖了经济、政治、文化和社会各个领域，表现为经济、政治、文化、社会建设之间的有机统一和内在联系。

"平安浙江"是"法治浙江"。习近平同志对"法治浙江"建设的思考和酝酿较早。他认为，浙江正处在经济发展的腾飞期、增长方式的转变期、深化改革的攻坚期、开放水平的提升期、社会结构的转型期和社会矛盾的凸显期，完全有基础、有条件、有责任在推进法治建设、提高治理能力方面积极探索创新，努力适应经济社会发展走在前列的客观需要，并为建设社会主义法治国家做出应有的贡献。建设"平安浙江"，依靠的不是行政控制，而是法治和制度。同样，建设"平安中国"，就是要坚持依法治国，其核心就是确立和实现最具权威的以宪法和法律治理国家的价值取向。

"平安浙江"是"民主浙江"。众所周知，没有普世价值的民主形式，甚至没有统一的西方民主形式，只有英国民主、美国民主、法国民主。同样，中国也一定有中国特色的民主范式。习近平同志强调，要旗帜鲜明地反对那种假民主、假法治。民主必须在法治的轨道上运行。没有法治的民主，是无政府的民主，就是"文化大革命"式的"大民主"。中国搞现代化建设

---

① 参见钟其《从发展"县域经济"走向实现"县域善治"——论推进浙江省基层社会管理创新》，《中国城市化》2011 年第 11 期。

要借鉴人类政治文明的有益成果，但绝不能盲目照搬别国的民主发展模式。从源头来看，"平安浙江"是通过民主方式实现的。

法治和民主都在"平安浙江"建设中发挥了重要作用。比如，杭州创造性地开展"和事佬"调和，目前全市2924个社区（村）都创立了"和事佬协会"，2万多名"和事佬"活跃在大街小巷，成功化解了6万余起基层矛盾。再如，开展律师进社区服务，全市500多个社区成立了专门的"社区律师工作室"，每个社区都有驻点律师的"大头照"，公开律师的姓名、联系方式，居民在社区可以免费进行法律咨询。开展"杭城名律师走乡村"，目前，5个县（市）首批试点153个中心村的律师结对工作已经基本完成。着力推进"专业调委会"建设，通过加强医疗卫生、道路交通、物业管理、消费者权益等行业性和专业性人民调解组织建设，努力形成"纵向到底、横向到边"的调解组织网络。截至2013年年底，杭州已建立"专业调委会"5517个，其中村（社区）"调委会"2989个、乡镇（街道）"调委会"197个、企事业单位"调委会"2044个、区域性行业性"调委会"241个，共有人民调解员21116人。

安居乐业是一种社会有序发展的机制，"平安浙江"是在新的历史时期有效实行的社会机制的成功案例。

第五节　社会发展的基本经验

社会发展的根本动力来源于人民群众的社会需求和创造力。在经济发展的基础上，浙江省抓住了人民群众社会性需要和改革开放的契机，遵循实践第一的精神，以发展的包容性和"平安浙江"为载体，在积极推进具有中国特色的社会发展方面取得了重大成果和基本经验。

一　社会建设和社会发展必须以增强人民福祉为根本目标，以满足人民群众的多样化需求为基本路径，确保社会发展的正确方向

随着经济的发展，不断满足人民群众各个方面的社会性需求是推动社会和谐发展的基本路径。浙江社会发展的这一基本经验与科学发展观强调的统

筹经济与社会发展的要求是一致的，就是在大力推进经济发展的同时，更加注重人民福祉的增加，加快科技、教育、文化、卫生、体育和社会事业发展，不断满足人民群众精神文化、健康安全等方面的需求，促进社会全面进步。政府一方面要大力发展各项社会事业，丰富社会的物质生活形态；另一方面要致力于构建社会服务网络，让社会服务惠及所有社会成员。其中的要旨是建立公共财政，让经济发展成果直接转化为人民福祉，提高人民生活的幸福指数。正如习近平指出："按照建立服务型政府的要求，强化公共服务职能，完善公共财政制度，优化财政支出结构，加大公共财政投入和转移支付的力度。"① 在此政策思路下，"十一五"时期，浙江省财政用于民生的支出累计达 7595 亿元，年均增长 21.1%，连续 5 年财政支出增量的 2/3 以上用于民生，2010 年达到了 75%;② 进入"十二五"时期以来，政府财政用于公共服务的支出额度不断增加，民生事业快速发展。

二 社会发展必须遵循公平公正的原则，建立有效的利益表达机制，确保社会平等发展

公平正义是社会主义制度的本质要求，也是满足人民群众社会性需要的必要保证。所以，促进社会公平正义，保障人民群众社会性权利的实现，是社会建设必须遵循的原则。在具体工作中，要以权利公平为前提，逐步建立机会公平、规则公平、结果公平的机制，确保人民群众在公正的环境中发展。浙江省通过制度改革和社会创新，走在了前列，其基本路径是统筹城乡公共服务，促进教育、医疗、福利、就业等基本公共服务均等化。构建社会公正的过程，是平等协商各种利益、不断增加公正因素的过程；是妥善处理各种矛盾，不断消除不公正因素的过程。消除城乡二元体制壁垒带来的社会不公正，是中国目前社会发展面临的主要任务之一，其基础任务是农村确权，赋予农村人口合法财产权利；其基本途径是推进以城乡一体化为实质的

---

① 习近平：《之江新语》，浙江人民出版社，2007，第 246 页。
② 参见郁建兴、徐越倩《服务型政府建设的浙江经验》，《中国行政管理》2012 年第 2 期。

新型城镇化。政府要转换职能，由社会的直接"管理者"逐步向社会治理的"主导者"转变，致力于创造一个平等竞争的市场环境与和谐相处的社会环境，更好地协调经济发展与社会发展的关系，更好地为社会提供市场机制所不能提供的公共产品，包括经济性公共产品、社会性公共产品和制度性公共产品，更好地促进社会公正和社会稳定发展。

三　社会发展必须建立包容机制，推动社会有序发展

社会包容是构建社会主义和谐社会的内在要求。只有建立起与社会主义经济、政治、文化体制相适应的社会包容体制，才能形成与社会主义经济、政治、文化秩序相协调的社会秩序。浙江的基本经验是政府主导的社会行动要和社会自治结合起来，通过建立健全党委领导、政府负责、社会协同、公众参与、法治保障的社会治理体系，建立社会包容机制。其一，通过推进城乡基层自治组织和各类社会组织的自我管理、自我服务、自我教育、自我监督，充分发挥城乡基层自治组织协调利益、化解矛盾、排忧解难的作用和各类社会组织提供服务、反映诉求、规范行为的作用，增强社会的自我协调和管理功能。其二，建立政府调控机制同社会协调机制互联、政府行政功能同社会自治功能互补、政府管理力量同社会调节力量互动、公众广泛参与与法治保障相结合的社会治理体系，推动社会的有序发展。其三，建立农民工群体的社会包容和发展机制。农民工群体是改革开放以后成长起来的新的社会群体，介于城市居民和农村居民之间，其阶层地位、利益和发展模式处于边缘地位。一方面，这个规模庞大的新阶层是经济建设和构建和谐社会的重要力量，满足了市场和各个方面劳动力的需求；另一方面，由于利益博弈、生活方式以及其他外在因素的影响，农民工和城市社会之间孕育了当代中国最大阶层之间的潜在冲突。浙江逐步建立了农民工的利益表达和矛盾化解机制，增强了农民工的统一公民身份认同，形成了包容性社会发展的范式。

四　社会发展必须培育和发展中间阶层，形成可持续发展机制

浙江通过城市化实现统一公民化，通过就业结构优化，培养体面工作阶

层，通过扩展中间阶层，形成社会发展的可持续结构；通过建立统一的城乡公共服务体系，推动城乡发展空间的一体化；通过"三权"改革，推动农村经济的转换和发展，通过"千村示范、万村整治"，促进农村社区发展，从而使城乡均衡发展。城乡均衡发展是新型城市化的特质，浙江的经验，对全面理解和加快推进新型城市化建设具有重要意义。另外，浙江秉承"绿水青山就是金山银山"的理念，坚持不懈地抓生态文明建设，生态环境质量持续名列全国前茅，为建设"美丽中国"提供了实践依据，也为浙江长期可持续发展提供了生态承载力。

浙江的经验告诉我们，社会发展是四位一体的系统性工程，它必须以人民福祉为根本目标，以社会包容为整合机制。中国目前总体上已经进入小康社会，但是区域发展不平衡、城乡发展不平衡、不同群体发展不平衡等现象依然比较明显。党的十八大报告提出"两个必须"：必须以保障和改善民生为重点，必须加快推进社会体制改革。从社会学的理性概念进行分析，前者是社会建设的价值理性（value rationality），是社会建设本身所具有的价值和意义；而后者则是社会建设的工具理性（instrumental reason），是社会建设所需要使用的手段和工具。浙江的实践和经验验证了社会建设的价值理性和工具理性。浙江社会发展的过程和成果，也诠释了十八届四中全会提出的依法治国的思想，只有建立一个法治社会才能实现长期可持续发展。

第五章
生态：绿水青山、金山银山

生态环境是人类社会生存和发展的重要物质基础，也是一个国家或地区经济社会可持续发展的必要条件。因此，保护生态环境，建设生态文明，不仅是关涉经济社会发展的重大任务，也是关系人民福祉、关乎民族未来的长远大计。习近平同志指出："走向生态文明新时代，建设美丽中国，是实现中华民族伟大复兴的中国梦的重要内容。"① 事实上，面对生态系统退化、资源约束趋紧、环境污染严重的严峻形势，当前中国必须把生态文明建设放在突出地位，切实树立尊重自然、适应自然、保护自然的生态文明理念，将之融入政治建设、经济建设、文化建设、社会建设各个方面和全过程，努力建设"美丽中国"，才能实现中华民族永续发展。理性审视和发掘浙江省在生态文明建设领域的历程、实践和经验，不仅对于进一步推进浙江省生态现代化建设具有指导性意义，而且对于进一步推进中国生态文明建设具有一定的参考价值。

第一节　纲领与理念：绿水青山就是金山银山

生态文明是指人类在改造客观物质世界的同时，积极改善和优化人、自然、社会三者的关系，在建设有序的生态运行机制和良好的生态环境方面所取得的物质、精神、制度成果的总和，是指以人与自然、人与人、人与社会和谐共生、良性循环、全面发展、持续繁荣为基本宗旨的文明形态。它反映

---

① 《习近平致生态文明贵阳国际论坛 2013 年年会的贺信》，《人民日报》2013 年 7 月 21 日，第 1 版。

的是人类处理自身活动与自然界关系的进步程度，是人与社会进步的重要标志。生态文明具有丰富的内容，体现在政治、经济、文化和社会各个层面，不仅包括人类在生态问题上所有积极的、进步的思想观念建设，而且包括生态意识在经济社会各个领域的延伸和物化建设。人类对于生态环境的认识和生态文明的理解，有一个逐步发展和丰富的过程。最初，人类在享受大自然的恩泽的时候，并未认识到人类本身就是大自然的有机组成部分，所以往往无视自然规律而无节制地向自然界索取，破坏生态环境。当受到被破坏的大自然报复、惩罚以后，人们才渐渐认识到生态环境对于自身生存和生活的重要性，开始自觉地进行生态环境保护，推动生态文明建设。

回顾新世纪以来浙江省生态文明建设的历史进程，我们认为浙江省很早就对生态文明建设与经济社会发展的内在关系有着自觉而深刻的认识，"两座山"理论就是这种认识的高度提炼和集中体现。一个国家和区域经济社会的发展，需要一定的纲领和理念进行引导。作为一个纲领，"两座山"理论是打造"绿色浙江"，推进生态省建设和建设"美丽浙江"的指导原则；作为一种理念，"两座山"理论是落实科学发展观，建设"美丽中国"的重要内容。"两座山"理论契合生态现代化精神，符合生态需求递增规律、生态价值增值规律、生态经济协调发展规律等发展规律，从理论上回答了为什么要发展，如何科学发展等深层次问题。

早在2003年，习近平同志就对"两座山"理论进行了初步的思考。习近平同志强调："生态兴则文明兴，生态衰则文明衰。"① 他认为："'只要金山银山，不管绿水青山'，只要经济，只重发展，不考虑环境，不考虑长远，'吃了祖宗饭，断了子孙路'而不自知，这是认识的第一阶段；虽然意识到环境的重要性，但只考虑自己的小环境、小家园而不顾他人，以邻为壑，有的甚至将自己的经济利益建立在对他人环境的损害上，这是认识的第二阶段；真正认识到生态问

---

① 习近平：《生态兴则文明兴——推进生态建设打造"绿色浙江"》，《求是》2003年第13期。

题无边界，认识到人类只有一个地球，地球是我们的共同家园，保护环境是全人类的共同责任，生态建设成为自觉行动，这是认识的第三阶段。"①

到了2006年，习近平同志在浙江省丰富多彩的生态文明建设实践基础上进一步完善了"两座山"理论。他明确提出"绿水青山就是金山银山"，并就此进行了系统阐述："我们追求人与自然的和谐、经济与社会的和谐，通俗地讲，就是要'两座山'：既要金山银山，又要绿水青山。这'两座山'之间是有矛盾的，但又可以辩证统一。"习近平同志进一步指出："在实践中对这'两座山'之间关系的认识经过了三个阶段：第一个阶段是用绿水青山去换金山银山，不考虑或者很少考虑环境的承载能力，一味索取资源。第二个阶段是既要金山银山，但是也要保住绿水青山，这时候经济发展与资源匮乏、环境恶化之间的矛盾开始凸显出来，人们意识到环境是我们生存发展的根本，要留得青山在，才能有柴烧。第三个阶段是认识到绿水青山可以源源不断地带来金山银山，绿水青山本身就是金山银山，我们种的常青树就是摇钱树，生态优势变成经济优势，形成了一种浑然一体、和谐统一的关系。这一阶段是一种更高的境界，体现了科学发展观的要求，体现了发展循环经济、建设资源节约型和环境友好型社会的理念。"②同时，针对"唯GDP论英雄"的政绩观，他指出："破坏生态环境就是破坏生产力，保护生态环境就是保护生产力，改善生态环境就是发展生产力，经济增长是政绩，保护环境也是政绩。""不重视生态的政府是不清醒的政府，不重视生态的领导是不称职的领导，不重视生态的企业是没有希望的企业，不重视生态的公民不能算是具备现代文明意识的公民。"③因此，环境保护和生态建设，早抓事半功倍，晚抓事倍功半，越晚越被动。

在世界文明发展史上，人类确实走过以牺牲环境为代价来获取高度物质

① 习近平：《之江新语》，浙江人民出版社，2007，第13页。
② 习近平：《之江新语》，浙江人民出版社，2007，第186~187页。
③ 习近平：《干在实处 走在前列——推进浙江新发展的思考与实践》，中共中央党校出版社，2006，第186页。

文明的弯路。最初在发展经济过程中，一般不考虑或者很少考虑环境的承载能力，只会一味索取资源；尔后随着经济发展和资源匮乏、环境恶化之间的矛盾开始凸显出来，才意识到环境是我们生存发展的根本；到现代，始而能认识到生态优势可以变成经济优势，只有发展循环经济、建设资源节约型和环境友好型社会才可以达到人与自然浑然一体、和谐统一的更高境界。事实上，绿水青山与金山银山之间既有矛盾，又辩证统一，是一对辩证的矛盾统一体，两者可以相互促进、相互转化。首先，生活在绿水青山地区的民众，因为生态环境的优美，相对更多地享受着清新的空气、洁净的水源、绿色的食物，虽然这些自然赐予的生态财富大多难以用货币形式体现出来，但是这些民众的实际生活质量较高、疾病较少、寿命较长。这表明他们在一定意义上坐拥着生命健康、生活品质的金山银山。尤其是在经济社会快速发展、资源能源大幅消耗、城镇拥堵、雾霾严重的当下，绿水青山所代表的良好生产环境、生活环境、旅游环境，是极为宝贵、不可再生的稀缺资源，是许多过度开发的地区所不可企及、难以复制的。其次，绿水青山这种宝贵的稀缺资源，是发展生态农业、生态工业、生态旅游、文化创意产业等的天然沃土。在科学发展观的指导下，绿水青山的生态优势完全可以转化为永续发展的经济优势，达到浑然一体、和谐统一。最后，我们也要看到绿水青山转化为金山银山需要一个过程，尤其是离不开必要的发展环境和产业支撑。绿水青山转化为产业意义上的金山银山，是一个循序渐进的过程。要统筹兼顾经济效益、社会效益、生态效益的同步提升，绝不能以牺牲绿水青山为代价换取金山银山。因此，必须想方设法为绿水青山向金山银山的转化提供更加多元的路径，搭建更加开放的平台，创造更加便利的条件，构建更加完善的机制，以保障这一转换过程能够快速、顺利实现。

习近平同志以"两座山"作为形象比喻，系统地总结了浙江省生态文明建设的既有实践，理清了生态环境与经济社会发展的辩证关系，把握住了生态发展和经济社会相互协调的规律，为浙江省进一步推进生态文明建设指明了方向。由此，习近平同志深刻揭示出"两座山"的三种境界。第一境界：为获得金山银山牺牲绿水青山。即人们在发展之初，用绿水青山去换金山银山，一切为发展让路，只要金山银山，只要经济发展，不要绿水青山，不去过多考虑资源环境承载能力，造成了资源约束趋紧、环境污染严重、生态系统退化等严重问题。第二境界：既要金山银山也要绿水青山。即人们在发展过程中，看到被侵蚀的绿水青山影响了金山银山的发展，逐渐感受到保护生态环境的重要性，开始认识到环境保护的重要性，采取一些保护措施，希望做到既要金山银山，又要绿水青山。第三境界：绿水青山就是金山银山。即科学发展的实践启示人们，破坏生态环境就是破坏生产力，保护生态环境就是保护生产力，改善生态环境就是发展生产力，绿水青山就是金山银山，可以源源不断地带来财富，蓝天白云、青山绿水是长远发展的最大本钱，生态优势可以变成经济优势、发展优势。

第二节　历程与思路：从"绿色浙江"到"美丽浙江"

梳理新世纪以来浙江省生态文明建设历程和思路，我们发现，在"绿水青山就是金山银山"的生态现代化理念引领下，浙江省在努力保持经济社会持续较快发展的同时，坚持不懈地抓生态文明建设，顺势而为地相继提出了"绿色浙江""生态浙江""美丽浙江"等战略目标，加快形成符合区域实际的资源节约型和环境友好型的空间格局、产业结构、生活方式，为保证浙江区域的生态环境总体质量持续名列全国前茅做出积极贡献，为建设"美丽中国"提供了实践依据。

"绿色浙江""生态浙江""美丽浙江"这三大战略集中体现了"绿水青山就是金山银山"理论的不同层面。三者既一脉相承，层层递进，又互为一体，是浙江省生态文明建设探索和实践的重要结晶，体现着浙江省生态文明建设的脉络和发展方向。"绿色浙江"建设、"生态浙江"建设、"美丽浙江"建设等均是不同时期"绿水青山就是金山银山"理论在浙江省生态文明建设领域的有效载体和集中体现。其中，"绿色浙江"体现了绿色发展的初步想法和努力方向，"生态浙江"表现为生态立省的路径选择和目标归宿，"美丽浙江"则是生态文明建设的宏观思路和整体思考。合理处理"绿色浙江""生态浙江""美丽浙江"建设的关系，对于浙江省建设生态文明、实现可持续发展具有重要的现实意义。同时，这些富有浙江特色的响亮口号和生动实践为生态文明建设目标——"美丽中国"的提出奠定了坚实的基础。

一 "绿色浙江"建设是生态文明建设在浙江的萌芽

浙江省生态文明建设起步相对较早。早在1984年，浙江省面对全省经济社会发展过程中出现的生态环境的不良形势，召开了全省环境保护会议，突出强调经济建设要与生态环境保护协调发展。1989年，浙江省开始在全省实行各级政府任期环境保护目标责任制和城市环境综合整治定量考核，以强化各级政府管理生态环境的职能，增强各级政府和领导对本辖区生态环境质量负责的责任感。而各市、县（市、区）党委、政府都把生态环境保护有关指标列入目标管理，作为工作考核的重要内容。到了1992年，生态环境保护被全面纳入全省国民经济和社会发展计划，作为国民经济和社会发展的主要任务之一。1994年以后，浙江省政府先后多次召开全省环保会议，合理总结和分析全省生态环境保护工作的成绩、任务和措施，并发布了《关于进一步加强环境保护工作的决定》《关于加强环境保护若干问题的通知》，组织实施了"碧水、蓝天、绿色"三大环保工程以及《浙江省污染物排放总量控制计划》《浙江省跨世纪绿色工程规划》。

2002年6月，浙江省第十一次党代会就把建设"绿色浙江"确定为全省在新的历史阶段的战略目标。时任浙江省委书记张德江指出："建设'绿色浙江'是我省实现可持续发展的大事。必须从全局利益和长远发展出发，把发展绿色产业、加强环境保护和生态建设，放在更加突出的位置。"① 由此，要加快发展生态农业、生态工业、生态旅游和环保产业；积极推进清洁生产，严格控制和大力治理环境污染，提高城乡环境质量；搞好生态公益林

---

① 转引自徐震《着力建设绿色浙江、生态浙江、美丽浙江》，《浙江日报》2013年4月12日，第14版。

建设，加强流域综合治理，建立生态保护补偿机制，建设秀美山川；合理开发、利用和保护土地、水、矿产、森林等自然资源，努力建设资源节约型社会；等等。

2002 年 12 月，习近平同志就在浙江省委十一届二次全会上明确提出，要积极实施可持续发展战略，以建设"绿色浙江"为目标，以建设"生态省"为主要载体，努力保持人口、资源、环境与经济社会协调发展。2003 年 7 月，时任浙江省委书记习近平在省委十一届四次全会报告中，把"进一步发挥浙江的生态优势，创建生态省，打造'绿色浙江'"① 纳入"八八战略"。"八八战略"是习近平同志主政浙江时期的主要战略思想。由此，"绿色浙江"战略得到进一步完善，打通了发展绿色经济和营造绿色环境的关节点，标志着生态环境保护上升到绿色发展的战略层面。

浙江省通过"绿色浙江"战略，把保护生态环境和实现发展模式的绿色转型统一起来，突出以环保优化发展，以改变生产方式和调整产业结构为着力点，着力协调好经济与环境的关系。事实上，绿色发展是生态文明建设的必由之路，是当今世界发展的主流趋势。无论是过去、现在还是将来，推进"绿色浙江"建设，都要坚持绿色引领发展、环保倒逼转型，走资源低消耗、污染低排放、生产方式循环、经济效益高、环境效益高、社会效益高"两低一循环三高"的绿色发展之路，打造一个绿色发展的浙江。

二　"生态浙江"建设是生态文明建设在浙江的发展

从 2003 年提出建设生态省，到 2010 年浙江省委做出推进生态文明建设的决定，意图"打造'富饶秀美、和谐安康'的生态浙江，努力实现经济社会可持续发展，不断提高浙江人民的生活品质"②，再到 2012 年省第十三次党代会将"坚持生态立省方略，加快建设生态浙江"作为建设物质富裕

① 习近平：《干在实处　走在前列——推进浙江新发展的思考与实践》，中共中央党校出版社，2006，第 72 页。

② 中共浙江省委：《中共浙江省委关于推进生态文明建设的决定》，《今日浙江》2010 年第 13 期。

精神富有现代化浙江的重要任务，"生态浙江"战略犹如一根红线贯穿始终，由虚到实，最终成为浙江省现代化建设和生态文明建设的目标追求。

2003 年 1 月，国家环保总局正式批复浙江为继海南、吉林、黑龙江、福建之后的全国第 5 个生态省建设试点省份后，习近平同志系统研究和阐述了浙江建设生态省的重大意义、良好条件、指导思想、总体目标和主要任务，明确提出要坚定不移地实施可持续发展战略，坚持不懈地推进生态省建设，一任接着一任干，一年接着一年抓，努力把浙江率先建设成为经济繁荣、山川秀美、社会文明的生态省。6 月，浙江省出台《关于建设生态省的决定》。8 月，指导全省生态省建设的纲领性文件《浙江生态省建设规划纲要》正式下发，浙江生态省建设拉开大幕，具体部署实施生态工业与清洁生产、生态农业与新农村环境建设、生态公益林建设、万里清水河道建设、生态环境治理、生态城镇建设、下山脱贫与帮扶致富、碧海建设、生态文化建设、科教支持与管理决策"十大重点工程"，开展"811"环境治理行动，明确努力建设以循环经济为核心的生态经济体系、可持续利用的自然资源保障体系、山川秀美的生态环境体系、人与自然和谐的人口生态体系、科学高效的能力支持保障体系"五大体系"的目标，并将生态省建设任务纳入各级政府行政首长工作目标责任制，对生态建设和环境保护"一类目标"完成情况实行"一票否决制"。

2005 年上半年，浙江省连续发生东阳画水、京新药业、宁波北仑、长兴煤山等多起因环保问题引发的群体性事件。习近平同志及时主持召开省委专题会议进行研究，认真总结经验教训，及时提出切实可行的解决措施，同时举一反三，借势推进生态文明建设，有力地遏制了浙江生态环境持续恶化的态势。

2007 年 6 月，浙江省第十二次党代会明确把生态文明纳入全面建设小康社会的重要目标，强调"在节约资源保护环境方面实现新突破"，努力实现"环境更加优美，生态质量明显改善，人与自然和谐相处，人民群众拥有良好的人居环境"。11 月，省委十二届二次全会审议通过《关于认真贯彻党的十七大精神扎实推进创业富民创新强省的决定》，明确要求全面加强资源节约和环境保护，强调把加强资源节约和环境保护作为转变经济发展方式的突破口。由此，生态文明建设成为"两创"总战略的重要组成部分，并有机融入浙江省改革开放和现代化建设事业。

2008 年年初，浙江省政府提出实施"全面小康六大行动计划"，其中"资源节约与环境保护行动计划"的目标是通过五年努力，基本确立与社会主义市场经济体制相适应的资源节约和环境保护长效机制，加快形成有利于节约能源资源和环境保护的产业结构、增长方式和消费模式。通过全面深入梳理资源节约、土地节约集约利用和环境保护三个方面可能采取的政策措施，"行动计划"确定了实施节能降耗十大工程、节约集约用地六大工程和环境保护八大工程，积极推进生态省建设。

2009 年 5 月，浙江省委十二届五次全会指出，要积极推进节能减排和环境保护的体制改革，强调开展生态文明建设改革试点，切实把生态文明建设作为改革发展的重要内容。也是在这一年，赵洪祝同志亲自主持开展了课题调研，开始为省委专题研究生态文明建设工作做准备。

2010 年 5 月，赵洪祝同志赴上虞、新昌、奉化、余姚 4 个市县调研生态文明建设时强调，要进一步明确生态文明建设的总体思路，以深化生态省建设为抓手，以发展生态经济为中心任务，以改善生态环境为基础，以建设生态文化为支撑，以完善体制机制为保障，不断加大工作力度，创新工作举措，拓展工作领域，加快推进生态文明建设，努力探索生产发展、生活富裕、生态良好的有浙江特色的科学发展之路。

2010 年 6 月，浙江省委召开十二届七次全会，全面部署生态文明建设各项工作。全会根据党的十七大关于生态文明的战略要求，全面分析形势和任务，认真总结生态省建设经验，率先在全国做出了《关于推进生态文明建设的决定》，明确提出了推进生态文明建设的总体要求、主要目标、重点任务和重要举措，成为指导一个时期内浙江生态文明建设的纲领性文献。该文件要求坚持生态省建设方略、走生态立省之路，大力发展生态经济，不断优化生态环境，注重建设生态文化，着力完善体制机制，加快形成节约能源资源和保护生态环境的产业结构、增长方式和消费模式，打造"富饶秀美、和谐安康"的"生态浙江",努力实现经济社会可持续发展,不断提高浙江人民的生活品质,努力把浙江省建设成为全国生态文明示范区。

三 "美丽浙江"建设是生态文明建设在浙江的升华

生态文明是对环境保护与可持续发展理论和实践的总结和升华,是人类文明演进的必然趋势。2014年5月,浙江省委十三届五次全会做出了《关于建设美丽浙江创造美好生活的决定》,认为:"建设美丽浙江、创造美好生活,是建设美丽中国在浙江的具体实践,也是对历届省委提出的建设绿色浙江、生态省、全国生态文明示范区等战略目标的继承和提升。"①"面向未来发展,建设美丽浙江、创造美好生活,是我省深入贯彻落实党的十八大、十八届三中全会和习近平总书记系列重要讲话精神的重大部署,是尽快改善生态环境、不断满足人民对美好生活新期待的重大举措,是加快转变生产生活方式、实现更高水平发展的必由之路,是提升全面建成小康社会水平、建设物质富裕精神富有现代化浙江的重要内容。"②"要从全局和战略的高度,把建设美丽浙江、创造美好生活作为重要工作指针,贯穿于经济社会发展全过程。"③

"美丽浙江"战略是浙江省生态文明建设的一种终极的、理想的追求,体现为先进的生态文化、发达的生态产业、绿色的消费模式、永续的资源保障、优美的生态环境、宜人的生态社区等的和谐统一。"美丽浙江"建设要求通过"深入实施'八八战略',围绕干好'一三五'、实现'四翻番'目标,坚持生态省建设方略,把生态文明建设融入经济建设、政治建设、文化建设、社会建设各个方面和全过程,全面深化改革,加快经济转型升级,着力优化空间结构,改善生态人居环境,加强生态安全和资源安

① 中共浙江省委:《中共浙江省委关于建设美丽浙江,创造美好生活的决定》,《浙江日报》2014年5月29日,第1版。

② 中共浙江省委:《中共浙江省委关于建设美丽浙江,创造美好生活的决定》,《浙江日报》2014年5月29日,第1版。

③ 中共浙江省委:《中共浙江省委关于建设美丽浙江,创造美好生活的决定》,《浙江日报》2014年5月29日,第1版。

全，培育弘扬生态文化，强化法治制度保障，形成人口、资源、环境协调和可持续发展的空间格局、产业结构、生产方式、生活方式，努力实现天蓝、水清、山绿、地净，建设富饶秀美、和谐安康、人文昌盛、宜业宜居的美丽浙江"。①

"美丽浙江"建设分2015年、2017年和2020年三个阶段推进。2015年目标中明确，省"十二五"规划确定的单位生产总值能耗、主要污染物排放、民生保障和社会公平等主要指标全面完成。2017年目标中，明确省第十三次党代会确定的生态环境质量、人民生活品质、社会文明程度等方面的目标全面完成。2020年目标与物质富裕精神富有现代化浙江建设目标相衔接，明确要初步形成比较完善的生态文明制度体系，以水、大气、土壤和森林绿化美化为主要标志的生态系统初步实现良性循环，全省生态环境面貌出现根本性改观，生态文明建设主要指标和各项工作走在全国前列，争取建成全国生态文明示范区和美丽中国先行区，城乡统筹发展指数、城乡居民收入、居民健康指数、生态环境指数、文化发展指数、社会发展指数、社会保障指数、农民权益保障指数等达到预期目标。

"美丽浙江"建设要从生态环境保护、经济社会支撑和组织机制保障等方面进行努力。一是要严格推进生态环境保护工作。要优化完善实现永续发展的城乡区域空间布局，如完善空间规划体系，优化区域空间开发格局，统筹推进城乡一体化。要加强山川海洋自然生态保护建设，如加强重点区域——生态功能区、生态环境敏感区和脆弱区生态保护，坚持自然修复为主、人工修复为辅的原则下加大生态修复力度，大力推进生态屏障建设。要着力推进以治水为重点的环境综合治理，抓"五水共治"让水更清，抓雾霾治理让天更蓝，抓土壤净化让地更净。二是要努力做好经济社会转型升级。要切实优化"诗画江南"人居环境，如加快美丽城市规划建设，提升美丽乡村建设水平，并大力推行绿色建筑和低碳交通。要加快打造浙江经济升

---

① 中共浙江省委：《中共浙江省委关于建设美丽浙江，创造美好生活的决定》，《浙江日报》2014年5月29日，第1版。

级版，如打好转型升级"组合拳"，强化创新驱动发展，发展绿色循环低碳经济。要努力弘扬具有浙江特色的人文精神，传承优秀传统文化，注重挖掘浙江传统文化中的生态理念和生态思想，不断提升公民人文素养，积极培育生态文化。要不断提高城乡居民生活品质，如持续改善城乡居民物质生活条件，不断丰富城乡居民精神文化生活，努力营造和谐稳定的社会环境。三是要完善组织机制保障。要建立完善"源头严控"的体制机制，如探索建立自然资源资产产权制度和环境空间管制制度，划定生态保护红线，实行最严格的环境准入制度，实行节能减排降碳总量管制。要建立完善"过程严管"的体制机制，如推进环境监管制度改革，深化资源要素市场化配置改革，完善资源有偿使用和生态补偿制度，建立完善协同治理机制。要建立完善"恶果严惩"的体制机制，如建立环境损害责任终身追究制度、环境损害惩治制度。要建立完善"多元投入"的体制机制，如创新基本财力增长机制和财税政策，探索构建"绿色金融体系"。四是要建立完善组织体系，如完善组织领导，生态省建设工作领导小组调整为省委、省政府"美丽浙江"建设领导小组，统筹协调和指导监督建设"美丽浙江"、创造美好生活的重大事项，研究编制建设"美丽浙江"创造美好生活实施纲要，落实建设"美丽浙江"、创造美好生活的决策部署；加强人大对生态文明建设的立法和监督工作，强化生态环保预算审查监督和执法检查监督，依法行使好重大事项决定权；支持政协围绕建设"美丽浙江"、创造美好生活认真履行职能，等等。

第三节　路径与选择：从专项行动到"五水共治"

新世纪以来，浙江省在生态文明建设实践中，始终坚持"绿水青山就是金山银山"的生态现代化理念；坚持以"八八战略"为统领，进一步发挥浙江的生态优势，一任接着一任干、一张蓝图绘到底，把生态文明建设放在突出位置；坚持在保护中发展、在发展中保护，把发展生态经济和改善生态环境作为核心任务；坚持全面统筹、突出重点，把解决影响可持续发展和危害人民群众身体健康的突出环境问题作为着力点；坚持严格监管、优化服务，把保障生态环境安全和维护社会和谐稳定作为基本要求；坚持党政主导、社会参与，把创新体制机制和倡导共建共享作为重要保障；通过各类碎片化的专项环境整治行动、三轮"811"行动、"四边三化"行动、"五水共治"行动等，形成一条适合浙江省情的生态文明建设路径，生态文明建设取得重大进展和积极成效，浙江全省生态环境状况总体呈现优良并保持相对稳定发展，成为最适合人类生存和发展的地方之一，集中体现"绿水青山就是金山银山"的生态文明建设成果。

一 专项整治行动

浙江省现代化发展基本上是采用以农村工业化为主导，同时以城市化提升工业化的城市化发展战略，由此造成浙江省生态环境建设明显滞后于经济、社会发展进程，其中生活污染处理基础设施建设和运营尤为滞后，造成浙江省城乡人居环境质量相对低劣。到了2002年，浙江省乡镇企业"三废"排放量仅居江苏之后，列全国第二；同时，浙江省的集约化畜禽养殖场快速发展，但对其的环境管理和污染治理都未跟上，在一些地区其污染危害甚至超过了乡镇企业污染。面对这种局面，浙江省逐渐意识到生态环境污染问题是需要严肃应对的课题，采取了诸如"一控双达标"、"关停十五小"、重污染高能耗行业整治提升、农村环境连片整治等大规模的环境污染专项治理行动。这些生态环境专项整治行动，主要是针对经济社会发展各个阶段出现的生态环境问题，由各级政府以及生态环境保护部门等机构牵头，相关行业部门参加，按照职责分工，协调统一地处理和解决生态环境问题。虽然比较碎片化，也没有彻底解决环境污染问题，但仍然发挥了显著的作用，在很大程度上缓解了生态环境恶化的趋势，有力地促进了生态环境与经济社会协调发展。

二 "811"行动

"811"是浙江省环保事业发展中一块响当当的"品牌"，也是10余年来推进浙江生态环境建设的一项有效载体。"811"行动中的"8"是指浙江全省8大水系及运河、平原河网，"11"既是指11个设区市，也是指当年浙江省政府划定的区域性、结构性污染特别突出的 11 个省级环保重点监管区。从 2004 年开始，浙江省通过开展三轮"811"行动计划，积极探索环境保护新道路，迎头破解环保新难题，勇于创新体制机制，并以此促进环保大工程建设，有力推动了浙江省环境保护和生态文明建设的跨越式发展。

一是 2004~2007 年的"811"环境污染整治行动，突出"污染整治"。行动的主要目标是通过 3 年的努力，基本实现"两个基本、两个率先"的总体目标，即全省环境污染和生态破坏趋势基本得到控制，突出的环境污染问题基本得到解决，在全国率先全面建成县以上城市污水、生活垃圾集中处理设施，率先建成环境质量和重点污染源自动监控网络。行动的主要内容是在全省开展以 8 大水系和 11 个省级环境保护重点监管区为重点的环境污染整治行动，通过对重点流域、重点区域、重点行业和企业的整治，控制污染物排放总量，推进环保基础设施建设，强化环境执法和监测。首轮"811"环境污染整治行动实施后，8 大水系水环境质量取得了转折性改善，全省 11 个省级环保重点监管区和 5 个准重点监管区全部实现达标"摘帽"，有效遏制住了浙江全省环境污染和生态破坏的趋势。

二是 2008~2010 年"811"环境保护新三年行动，突出"环境保护"。此时的"8"已演化成环保工作 8 个方面的目标和 8 个方面的主要任务；"11"则既指当年提出的 11 个方面的政策措施，也指省政府确定的 11 个重点环境问题。行动的主要目标是将重点防治工业污染向全面防治工业、农业、生活污染转变，进一步提出"一个确保、一个基本、两个领先"的目标，即确保完成"十一五"环保规划确定的各项目标任务，基本解决各地突出存在的环境污染问题，继续保持环境保护能力全国领先、生态环境质量全国领先。行动的主要内容是在巩固老"811"三年整治成效的基础上，进一步发展和深化，从整治向建设、改善、提升等方向发展，包括确保完成主要污染物减排，继续重点推进水污染和工业污染防治，继续深入开展城镇环境综合整治，全面推进农业农村环境污染防治，加大环境监管和环保执法力度，建立健全有利于生态环境保护的体制和机制，加快发展环保产业和环保科技服务业，加快建设完善环保基础设施，加快推进土壤、矿山、河道等生态修复保护，实施工业园区生态化改造，持续深入开展生态创建等。第二轮"811"环境保护新三年行动实施后，浙江全省各地的突出环境问题基本得到解决，生态环境质量显著改善。

三是2011～2015年开始的"811"生态文明建设推进行动5年计划，突出"生态文明建设"。此时的"11"已演化成生态文明建设需要重点推进节能减排、循环经济、绿色城镇、美丽乡村、清洁水源、空气、土壤等11个专项行动。行动的主要目标是打造"富饶秀美、和谐安康"的生态浙江。行动的主要内容已经从全面推进环境保护转到立体推进生态文明建设上来，计划用5年时间，基本实现经济社会发展与资源环境承载力相适应，环境质量与民生改善相适应，生态省建设继续保持全国领先，生态文明建设走在全国前列。"811"生态文明建设推进行动5年计划实施后，浙江省生态文明建设在更广领域、更高层次全面深入推进。

三 "四边三化"行动

"四边三化"行动，即在公路边、铁路边、河边、山边等区域（简称"四边区域"）开展洁化、绿化、美化行动（简称"四边三化"行动）。公路边、铁路边、河边、山边等"四边"区域与人们的日常生活、生产息息相关，既是反映浙江省生态文明建设水平最直观、最形象的重要窗口，也是最容易受到污染的生态区域。加快改善"四边区域"的生态环境，是广大人民群众的迫切愿望，也是推进浙江省生态文明建设的一项基础性工作。但是，由于"四边区域"主要分布在农村地区和城乡接合部，长期以来一直是生态建设和环境整治的难点和薄弱环节。为提升人民群众生活品质，建设"富饶秀美、和谐安康"的生态浙江，浙江省坚持政府主导、全民参与，因地制宜、城乡统筹，综合整治、长效管理等方针，扎实开展了"四边区域"洁化、绿化、美化行动，以全面整治"四边区域"的生态环境问题，改善城乡环境面貌，努力推动经济社会可持续发展。一是以种植绿化和垃圾清理、违法建筑清理、违法广告清理为重点，推进国省道公路、铁路沿线洁化、绿化、美化，使交通干线沿线成为展示区域形象的景观大道和生态走廊。二是根据"水清、流畅、岸绿、景美"的总体要求，深入推进"万里清水河道"建设，并以国省道公路、铁路沿线等区域城乡河道为重点，推进河边洁化、绿化、美化。三是以国省道公路、铁路沿线为重点，加快推进废弃矿山生态环境治理与修复，推进山边生态环境整治。四是结合美丽乡村行动，以国省道公路、铁路沿线为重点，深入推进沿线村庄连片整治。

截至2014年9月，通过坚持高起点规划、高质量建设、高效能管理，持续推进交通干线特别是高速公路、高速铁路沿线绿化，重点加强省际交接地段、城乡接合部、入城口、互通区、服务区等区域的绿化管理和养护，浙江省"四边三化"行动取得了明显的成效。全省国省道公路边一定区域（边界为高速公路用地外缘起向外200米、普通国省道公路用地外缘起向外100米）和铁路线路安全保护区内影响环境的"脏乱差"问题基本得到整治，"四边三化"水平显著提升，打造出了一批环境优美的景观带和风景线；城乡环境卫生长效管理机制进一步完善，城乡居民环境卫生意识和生活品质明显提高。

四 "五水共治"

浙江省是著名水乡，因水而名、因水而兴、因水而美，但也面对一系列水问题，例如浙江省"缺水"，有海岛地区资源性缺水，也有一些山区工程性缺水，更多的是由污染造成的水质性缺水。面对青山不再、绿水不再的尴尬，历届浙江省委、省政府高度重视水问题。习近平同志在浙江省工作期间，曾经多次对水问题做出重要指示和部署，一再强调要用科学发展的理念和方法来研究用水治水节水工作，认真抓好安全饮水、科学调水、有效节水、治理污水等"四水工程"建设。事实上，通过"811"行动、千万农民饮用水工程、水资源保障百亿工程、千里海塘、"强塘固房"工程等改革措施，浙江省在治理水问题方面已经取得了阶段性成效。

2013年年初，针对浙江全省多地环保局长被"邀请"的下河游泳事件，浙江省以"重整山河"的雄心和壮士断腕的决心，打响铁腕治水攻坚战，重点抓浦阳江水环境综合治理，推动全省清理河道和清洁农村行动，建立

"河长制"等河道保洁长效管理机制，以治水为突破口打好经济转型升级"组合拳"，取得初步成效。2013 年 10 月，"菲特"强台风正面袭击浙江，引发余姚等地严重的洪涝灾害。浙江省在全力做好防汛救灾工作的同时，更加深刻地认识到要从根本上解决水的问题，就必须开展"五水共治"（治污水、防洪水、排涝水、保供水、抓节水）。"五水共治"是推进浙江省新一轮改革发展的关键之策，对于浙江省新一轮改革发展具有重要意义。水是生产之基，什么样的生产方式和产业结构，决定了什么样的水体水质，治水就是抓转型；水是生态之要，气净、土净，必然融入水净，治水就是抓生态；水是生命之源，老百姓每天洗脸时要用、口渴时要喝、灌溉时要用，治水就是抓民生。由此可见，抓"五水共治"就是抓改革、抓发展。因此，浙江省委、省政府认为，必须牢固树立"绿水青山就是金山银山"和"山水林田湖是一个生命共同体"的理念，以"功成不必在我"的胸襟和对浙江可持续发展的担当，持续不懈地推进"五水共治"，进一步"治"出经济社会转型升级的新成效，"治"出生态文明建设的新优势，"治"出未来发展的好局面。浙中小县浦江的变化，为此做出了具有典型性的诠释。当年水污染严重程度高居浙江"榜首"的浦江县，下决心"壮士断腕"，经过短短半年多时间，全县取缔水晶加工户 1.3 万家，减少水晶加工设备 6.6 万台，依法拆除违法建筑 207 万平方米，全年浦阳江出县断面高锰酸盐指数、氨氮、总磷指标同比下降 21%、35% 和 28%。浦江县的巨大变化，大大激励了全省各地治水的决心。2013 年年底，浙江进一步做出推进治污水、防洪水、排涝水、保供水、抓节水"五水共治"的决策部署，重点整治黑河、臭河、垃圾河，全面推进城镇截污纳管建设和农村污水处理、生活垃圾集中处理。截至 2014 年 10 月底，浙江全省清理垃圾河 6492 公里，治理黑臭河 4481 公里。[①] 同期主要污染物排放削减下降速度均大大超过全国平均水平，其中化学需氧量排放量比上年下降 3.95%，氨氮排放量下降 4.26%；在废气排

---

① 参见《浙江日报》编辑部《"八八战略"在浙江的生动实践》，《浙江日报》2014 年 12 月 25 日，第 1 版。

放方面，二氧化硫排放量下降 5.18%，氮氧化物排放量下降 6.90%。"江南水乡"重回浙江大地，许多群众高兴地说，小时候曾经游过泳的小河回来了。

第四节　实践与探索：诗画江南的再现与重构

审视浙江省生态文明建设历程，我们发现进入 21 世纪后浙江区域的生态环境也曾随着经济社会的快速发展而出现不同的阶段性特征，甚至在一段时期内趋向恶化。面对这一形势，浙江省开始端正认识，在"绿水青山就是金山银山"的生态现代化理念引领下，切实加强生态环境保护，政府用于生态建设、环境治理的人力和财力不断增加，以"一张蓝图绘到底"的精神，在"绿色浙江""生态浙江""美丽浙江"等发展战略指导下，一任接着一任干，在生态文明建设领域进行了一系列的实践和探索，在生态经济、生态文化、城乡人居环境等方面取得了突出的成就，使得浙江省"诗画江南"的意境得以再现和重构。

一　生态经济化与经济生态化态势显现

经济发展与生态环境保护两者具有良性互动的关系。经济与生态两个系统既相互独立，又可以相互促进。经济的发展要以生态环境为基础和支撑，而生态环境的保护与生态文明的建设又有赖于经济的充分发展。运用生态、经济社会相互促进的理念，推动经济生态化、生态经济化，实现生态与经济社会的统筹协调发展是推进生态文明建设的重要思路。进入新世纪以来，浙江省在"八八战略"的指导下，经济生态化和生态经济化态势发展很快。

所谓经济生态化，就是把生态的理念融入经济发展，用生态的理念来发展经济。经济生态化并不是说不要加快发展经济，而是要通过强化经济发展的支撑条件，从而为经济的发展创造更好的条件，使经济发展具有可持续发展的能力。改革开放以来，浙江省从一个资源小省发展成为一个经济大省，靠的是体制机制优势。但是，进入 21 世纪以后，这种优势逐渐弱化，需要发掘和培育新的优势。有鉴于此，浙江省开始努力营造区域的生态环境竞争力，不断促进经济生态化，以此来增强经济竞争力。一是利用污染减排的刚性约束手段来加快经济转型升级。浙江省把资源节约和环境保护作为结构调整的突破口，采取淘汰一批、转移一批、提升一批的方式，促进总量削减、质量改善、发展优化。二是努力塑造生态型产业结构。首先，加强对工业园区的生态化改造，生态工业示范园区、企业清洁生产示范工程、风力发电等可再生能源及高效节能技术示范工程等重点项目的建设取得阶段性成果。其次，不断发展生态高效农业，深入开展现代林业园区建设，以现代渔业园区、养鱼稳粮增收工程建设为抓手，全面推行水产健康养殖。最后，积极发展生态型服务业，扎实推进生态旅游区建设，进一步规范"农家乐"基础设施和环境监管。

所谓生态经济化，就是在生态环境保护与生态文明建设中，不仅要注重发挥政府的主导作用，也要善于运用市场机制办事。虽然生态环境属于"公共物品"，生态环境保护工作必须主要由政府来承担，但这也并不是说市场就只能无所作为。生态经济化就是为解决这一难题而提出的，是体现环境容量资源的价格属性、体现生态保护的合理回报、体现生态投资的资本收益的进化过程。在生态经济化领域，浙江省一直走在全国前列。一方面，浙江是全国首个出台生态保护补偿制度的省份。2005 年省政府印发了《关于进一步完善生态补偿机制的若干意见》。无论是生态公益林建设，还是水源保护区保护，均体现了"保护生态就是保护生产力"的基本精神，完成了生态保护从无偿到有偿的历史性变革。在多年实践的基础上，不断深化生态补偿机制：一是将单一的生态补偿机制拓展为生态保护补偿－环境损害赔偿相结合的科学制度，二是将区域内的生态补偿拓展为区域间的生态补偿。另一方面，浙江省也是国家排污权有偿使用和交易的试点省份，相继出台了《浙江省排污权有偿使用和交易试点工作暂行办法》等 10 多个法规和配套政策，基本建立了排污权有偿使用和交易政策法规体系的框架，使排污权从无偿使用到有偿使用、从不可交易到可以交易转变。

二　生态文化得到全面塑造

生态文明蕴涵着以人与自然和谐为核心理念的生态文化，而生态文化对促进生态环境保护，加强生态文明建设具有重要的引领作用。因此，加强生态环境保护、推进生态文明建设需要大力培育和弘扬生态文化，在全社会形成共同的生态文明意识。进入21世纪以来，浙江省在推进生态文明建设的历程中，始终坚持以培育和弘扬健康文明的生态文化为基础条件，积极开展形式多样、内容丰富的生态文明宣传教育，深入开展各具特色、富有成效的绿色创建活动，努力营造"人人关心支持生态、人人参与践行生态"的良好社会风尚。

第一，加强宣传教育是塑造生态文化的直接措施。在每年的"世界环境日""植树节"等重要节日，全省各地都会开展各种形式的纪念活动，借以宣传生态文明理念，引导人民群众不断强化生态环保意识。2010年6月，浙江省十一届人大常委会第二十次会议通过了《关于设立浙江生态日的决议》，确定每年6月30日为浙江生态日，开创了设立全国省级生态日之先河，是浙江生态文明建设征程中新的里程碑，对于塑造生态文化具有重要意义。第二，广泛开展生态文明创建活动是塑造生态文化的有效手段。2007年，浙江省生态办和省环保局等部门相继印发《浙江省省级生态县创建工作考核验收与管理暂行办法》《关于开展浙江省环境保护模范城市创建工作的通知》《关于进一步加强生态创建工作的意见》等文件，在全省开展省级生态县和环保模范城市创建工作。2009年，省委宣传部向全省公民发出低碳绿色生活倡议，号召全省人民过低碳生活，创绿色家园，由此全省创建了许多"绿色学校""绿色社区""绿色企业""绿色家庭"，织成了一张巨大的"绿色网络"。2011年，省政府又出台了《浙江省绿色创建行动计划》，力求进一步提高全民生态文明意识、推进生态示范和绿色系列创建活动。第三，积极创设和培育社会组织是塑造生态文化的有效载体。一方面，杭州成立了浙江省生态文化协会，这标志着浙江在动员公众力量参与低碳生活和资源节约型、环境友好型社会的建设中迈上一个新台阶。另一方面，浙江农林大学成立了浙江省生态文化研究中心，致力于打造产学研一体化的省级人文社科研究基地和全省生态文明教育、生态文化宣传的重要基地，通过举办高层论坛、实施专项课题研究、编辑出版科普读物和学术著作，推动浙江省生态文化研究向纵深发展。第四，努力营造生态文明社会新风尚是塑造生态文化的重要平台。为使生态文明理念进一步深入人心，浙江省有关部门努力推行健康文明的生活方式。2008 年，省妇联、省经贸委、省环保局联合印发《关于开展节能减排家庭社区行动的通知》，倡导全社会采取节能环保的健康生活方式。随后又启动了一系列行动来推进家庭社区的节能环保活动以塑造生态文化、倡导生态文明建设理念。由此，生态文明理念和生态文化已经渗透到每个单位、每个家庭、每个公民，公众参与环境保护意识高涨，共建浙江省生态文明成为全省上下的自觉行动。

三　"美丽乡村"建设蓬勃发展

"美丽中国"建设的难点和重点在于农村。"美丽乡村"建设是浙江省生态文明建设的重要组成部分，更是"美丽浙江"建设的重要组成部分。作为全国"美丽乡村"建设的"先行区"，浙江省"美丽乡村"逐渐呈现的活力、富足、幸福、美丽和文化底蕴，是推动现代化建设成果惠及全省人民的重要路径，也是对"美丽中国"内涵的注解。

浙江省"美丽乡村"建设经历了三个阶段：第一阶段为示范引领阶段。2003～2007 年，浙江省从农民反映最强烈的环境脏乱差问题出发，启动"千村示范万村整治工程"，开展以"垃圾处理、污水治理、卫生改厕、村道硬化、村庄绿化"为重点的农村环境综合整治，对全省 10303 个建制村进行初步整治，并把其中的 1181 个建制村建设成"全面小康建设示范村"，使农村局部面貌发生了"大"变化。第二阶段为普遍推行阶段。从 2008 年开始，按照城乡基本公共服务均等化的要求，浙江省以生活垃圾收集、生活污水治理等工作为重点，从源头上推进农村环境综合整治，逐步形成了农民受益广泛、村点覆盖全面、运行机制完善的整治建设格局。其中，安吉县在 2008 年正式提出"中国美丽乡村"计划，出台《建设"中国美丽乡村"行动纲要》，"美丽乡村"概念正式成型。第三阶段为深化提升阶段。按照生态文明和全面建成小康社会的要求，浙江省明确了"美丽乡村"从内涵提升上推进"科学规划布局美、村容整洁环境美、创业增收生活美、乡风文明身心美"和"宜居、宜业、宜游"的建设要求，成功培育了30多个"美丽乡村"创建先进县，呈现出城乡关系、人与自然关系不断改善和历史文化传承与现代文明发展有机融合的良好态势，农村面貌逐步发生"质"的变化。

10余年来，浙江省"一届接着一届干、一年接着一年抓"，"美丽乡村"建设在浙江农村"星火传递"，从树立"示范美"、力争"大家美"，到提升"内涵美"，使农村建设与城市建设比肩齐飞。一是浙江省"美丽乡村"建设结合本土地域特征、产业特色和人文特点，在"美丽乡村"总品牌下，创造了一批接地气、振精神、高立意、容易记的地域性乡村"金名片"，"秀山丽水、金色平湖""自在舟山、潇洒桐庐""梦留奉化""幸福江山"等，使"美丽乡村"建设得以与"本土化"建设有机结合。二是浙江省"美丽乡村"建设初步形成了以"美丽乡村"建设总规划为龙头，系列专项规划相互衔接的规划体系，使原本面广、点散、任务重的农村整治工作不再杂乱无序，相反梳理出脉络与重点，实现了"一幅蓝图到底"，让乡村建设有根可依、有脉可循。三是浙江省"美丽乡村"建设以点为基、串点成线、连线成片，通过整乡整镇环境整治，整体推进区域性路网、管网、林网、河网、垃圾处理网和污水处理网等一体化建设，使县域成为"美丽乡村样板区"，重要交通沿线成为"风景长廊"，村庄成为特色景点。四是浙江省"美丽乡村"建设坚持人口集聚和促进公共服务相衔接，加快构筑梯次合理、衔接紧密的城乡体系，把中心村作为统筹发展的基础节点和推进基本公共服务均等化的有效载体，加快推进村庄整治从"治脏治乱"向"治小治散"并重转型，加快公共资源要素向农村，特别是中心镇村集聚；促进产业布局合理化、人口居住集中化和公共服务均等化。

第五节　生态文明建设的经验与启示

浙江省在"绿水青山就是金山银山"的生态现代化理念引领下，加强生态环境保护、推进生态文明建设的实践与探索，走出了一条具有中国特色、符合地方实际的道路，实现了"既改造自然，又不破坏自然；既满足当代人的需要，又不对后代人满足其需要的能力构成危害的发展"的生态现代化的可持续发展目标，人民生活质量得到稳步提升，形成了经济社会与生态环境协调发展的机制。这既是对生态文明建设理论的重大贡献，又是对治国理政思想的重大贡献。浙江省在实践和探索中形成的宝贵经验，对于其他省份乃至其他国家和地区的发展具有一定的借鉴和启示意义。

一　以政府主导为核心的生态现代化发展模式

浙江省加强生态环境保护、推进生态文明建设的实践与探索证明，政府的公共治理是否符合生态现代化理念至为重要。即区域政府能否正确认识生态环境保护在经济社会发展的地位和作用，合理处理生态环境和经济社会发展的关系，加强其生态环境保护职能，对于生态环境保护和生态环境建设至关重要，也是该地区经济社会建设与生态环境保护能否协调发展的关键因素。因为政府在生态环境保护方面的财政投入，加强生态环境监管力度，严格执行生态环境保护法规，落实各级政府生态建设与环境保护责任制以及提供作为纯粹公共物品的生态产品和生态环境服务等方面具有决定性作用。进入21世纪以来，浙江省在有力促进经济社会快速发展的同时，也通过各种生态环境保护工作会议和行动规划等，不断加强和完善对生态环境保护工作的领导职能，基本形成了经济社会发展与生态环境保护相互协调、相互促进的局面。

二　以循环产业为标准的生态现代化经济结构

浙江省加强生态环境保护、推进生态文明建设的实践与探索证明，相对良好且有利于促进生态和谐发展的经济结构是加强生态环境保护，促进生态环境与经济社会协调发展的重要条件。优化生态环境就是促进生态自然环境和生态人居环境的持续优化，坚持优化生态环境和经济社会发展环境全面优化的有机统一，在更高水平上为经济社会发展提供有力的环境支撑，突出生态环境保护，打响生态环境品牌。生态环境保护和建设涉及面广，情况复杂，任务繁重，并非单纯属于生态环境领域的事情，而是与国民经济社会发展存在密切关系。事实上，环境污染和生态破坏在很大程度上是由经济社会发展规划的局限性和资源配置不合理造成的，这集中体现在生产力发展布局不当和产业结构、产品结构失调等方面。因此，优化资源配置、产业结构和生产力布局，寻找生态环境保护与经济社会发展的有效结合，以求既可从宏观上控制环境污染和生态破坏，又能促进经济社会持续、健康、快速发展，很有必要。

三　以制度建设为支撑的生态现代化制度保障

作为具有显著外部性和公共物品特征的生态文明建设必须依靠体制改革、机制改革和制度改革。浙江省在推进生态文明建设过程中，十分重视生态文明制度建设，在组织保障制度、政绩考核制度建设等诸多方面做出了积极探索；甚至从顶层设计的高度把握了生态文明建设的基本要求，在生态文明体制、机制和制度方面展开了前所未有的改革。这也是浙江省生态现代化得以推进的制度原因。生态环境保护既需要正式约束作为硬约束，又需要非正式约束作为软约束，起到软硬结合的效果，法律制度属于"刚性"的正式约束。生态环境保护法规就是关于保护和改善生活环境及生态环境、防治污染及其他公害的法律规范和制度的总和，是生态环境管理的基本依据。浙江省加强生态环境保护、推进生态文明建设的实践与探索证明，积极建设和不断完善生态环境保护法律，形成区域环境法治氛围，实行严格生态环境监督管理，是加强生态环境保护，促进生态环境与经济社会协调发展的必要环节。一段时间以来，浙江省根据国家关于生态环境保护的一系列方针政策和法律法规，先后制定和颁布了一系列地方性法规和发展规划。这些法规和规划作为国家法律法规的补充和延伸，使浙江省的生态环境管理逐步做到有法可依、有章可循，基本形成了区域环境法治局面。

四　以公众环境素养为引领的生态现代化文化氛围

浙江省加强生态环境保护、推进生态文明建设的实践与探索是一项意义深远的工程，关系到子孙后代的生存和发展，因此必须使其深入人心，成为全民的自觉要求和自发行为。同时，生态环境问题的解决，事实上在很大程度上也需要社会公众的"觉悟"。而要使社会公众具有生态环境保护觉悟，就需要通过一种制度性安排如宣传和教育等来提高社会公众的生态环境素养，也就是必须合理提升社会公众的生态意识、生态观念、生态道德，改善生态习俗、生态习惯等，从而营造广大群众自己改善环境、创造美好未来的良好氛围。生态意识的宣传和教育就其内容来讲，包括生态知识的宣传普及、环境法规的宣讲灌输和生态环境管理中典型案例的示范教育，使公民懂得环境对人类的重要性和环境法规的严肃性，从而形成坚定的环保理念和自觉的环保习惯。浙江省加强生态环境保护、推进生态文明建设的实践与探索证明，包含上述内容的、体现了生态保护内涵的社会文化对于加强生态环境保护，促进生态环境与经济社会协调发展非常重要。

第六章
党建：巩固基础、发挥优势

浙江省委始终以建设坚强的党领导核心为目标，以全面提升党的执政能力和社会治理水平为重点，把推进经济、政治、文化、社会、生态文明建设与推进党的思想、组织、作风、反腐倡廉、制度建设有机结合起来，从致力于巩固党执政能力的基础条件入手，求真务实，狠抓落实，充分发挥党组织的组织力、影响力、感召力和领导力，努力使全省各级党组织和广大党员成为中国特色社会主义在浙江的生动实践的组织者、推动者、实践者，切实为浙江继续走在前列提供坚强有力的保证。

第一节　党建理念：红船引领、保持先进

"红船劈波行，精神聚人心。"浙江是中国共产党的诞生地之一，在这里孕育了以"开天辟地敢为人先、坚定理想百折不挠、立党为公忠诚为民"为内核的"红船精神"。在过去的岁月里，浙江各级党组织带领全省人民沿着红船的航向，以坚定的理想、不折不挠的奋斗精神，勇立历史发展的潮头。但浙江的发展也遇到了严峻的挑战。怎样在已有的基础上找准发展的新的战略起点？21世纪后的历届浙江省委坚信继续加强党的建设是浙江经济社会发展"百尺竿头、更进一步"的根本保证。

一　学在深处，坚定信仰

思想是行动的先导，理论是实践的指南。浙江省委始终强调党员领导干部要坚定共产主义理想和中国特色社会主义信念，坚持用马克思主

义中国化的最新理论成果武装全党。每当中央有最新理论成果出台，省委都会在第一时间召开常委会议和领导干部会议进行学习传达，并对全省党员干部的学习贯彻做出部署，要求全党在系统学习上下功夫，在深刻理解上下功夫，在贯彻落实上下功夫，用最新理论指导浙江的社会主义现代化建设。

2003 年 6 月，《中共中央关于在全党兴起学习"三个代表"重要思想新高潮的通知》下发后，浙江省委及时传达中央的有关精神和要求，并于次月做出《中共浙江省委关于兴起学习贯彻"三个代表"重要思想新高潮，进一步加强和改进党的建设的决定》，明确提出"学在深处、谋在新处、干在实处"的要求，并对全省县处级以上领导干部进行了普遍轮训。

为把学习贯彻"三个代表"重要思想引向深入，2004 年年初，省委又决定在全省县以上党政领导班子中开展"树立科学的发展观、树立正确的政绩观、树立牢固的群众观，创为民、务实、清廉好班子"的"三树一创"教育实践活动。

党的十七大提出在全党开展深入学习实践科学发展观活动后，浙江省委立即出台《关于开展深入学习实践科学发展观活动的实施意见》，对全省开展这一活动做出部署。从 2008 年 9 月至 2010 年 2 月，浙江分 3 批对省级机关、市县（市、区）机关、乡村和新经济组织中的党员进行集中教育，涉及单位 8.47 万个、党员 282.83 万名。在活动中，浙江不仅不折不扣地完成中央要求的"规定动作"，而且注重结合浙江实际，紧扣"加快转变经济发展方式、推进经济转型升级、再创浙江科学发展新优势"这一实践载体，创造性地开展了"服务企业、服务基层"专项行动，全省先后组建各类服务组 6.2 万个，帮助企业和基层解决实际问题 12.2 万个，并且推动这一做法形成长效机制，一直坚持下来。

党的十八大以来，浙江省委迅速把党中央提出的管党治党新思想新要求传达到党员干部群众中、落实到党建工作实践中。在各级干部特别是县处级以上领导干部中普遍开展了党的十八大、十八届三中全会、十八届四中全会精神学习，率先在全国完成学习习近平总书记系列重要讲话精神省管干部和处级干部的集中轮训，并把学习领会习近平总书记系列重要讲话精神与认真阅读《干在实处、走在前列》和《之江新语》两部专著紧密结合起来，坚定不移深入实施"八八战略"和建设"平安浙江""法治浙江"等重大决策部署，坚定不移推进全面深化改革，推动浙江经济持续健康发展与社会和谐稳定，以"干在实处"的成效落实"走在前列"的要求。

在学习马克思主义中国化的最新理论成果时，浙江省委还把集中教育和常规学习结合起来，努力推进学习型党组织建设。党的十七届四中全会提出建设马克思主义学习型政党的重大战略任务后，省委出台了《关于推进学习型党组织建设的实施意见》，明确提出要建立健全集中学习、干部轮训、个人自学、调查研究、干部宣讲、网络学习、考核评价、评选表彰8项制度，要求县以上领导干部每年至少上党课、做形势报告2次以上，并将述学与述职、述廉一同列为年终目标责任制考核的重要内容，将干部学习情况作为民主评议和选拔任用的重要依据。

在学习中，各级党委和领导干部以身作则，发挥示范和表率作用，形成了常委学习会、中心组学习会、专题读书会、研讨交流会、"浙江论坛"报告会等基本学习形式。仅2005年，省委常委专题学习会就达30次，集中学习达11次，其中"浙江论坛"专题报告会8次，省委专题读书会1次，学习的次数和时间均超过中央的要求。2010年2月至2011年6月，省委中心组先后组织23次学习活动。省领导带头赴全省各地做形势政策专题报告，2011年上半年就宣讲30多场次，直接听众达3万多人次。省委主要领导一直高度重视中心组理论学习，做到四个"亲自"：亲自担任中心组组长，亲自确定学习主题，亲自审定学习计划，亲自主持中心组学习。中心组成员自觉把学习作为一种政治责任，作为深化思考、提高能力的重要途径。在省委的领导和带动下，全省各级党组织理论学习蔚然成风。

浙江还坚持理论学习"大众化"。针对新时期党员队伍的就业多样性、生活丰富性、思想活跃性相对比较突出的现状，各级党组织主动适应浙江人

的崇学价值观要求，以极大的热忱满足党员和群众对理论的需求。仅 2007
年以来，全省就建立超过 5200 所基层党校和近 10 万人的宣讲队伍，形成
"社科普及周""人文大讲堂"等一批理论普及品牌。针对当前各种价值观
念、文化思潮对马克思主义意识形态的严峻挑战，省委旗帜鲜明地巩固马克
思主义在意识形态领域的领导权，广泛开展"让网络空间清朗起来——当
战士、不当绅士"学习讨论实践活动。

通过多途径、多形式的学习，浙江各级干部进一步坚定了理想信念，增
强了对中国特色社会主义的理论自信、道路自信、制度自信，明确了实现中
国梦的奋斗目标，提高了政治敏锐性和政治鉴别力，增强了工作的原则性、
系统性、预见性，有力地促进了党的执政能力的提高。

二 以作风建设为抓手，推动党的先进性建设

新世纪新阶段，历届浙江省委以作风建设为抓手，以为民、务实、清廉
为目标，扎实做好保持党的先进性的各项工作，为全面建设小康社会，推进
科学发展继续走在前列提供了重要保证。

2005 年 1 月至 2006 年 6 月，浙江贯彻中央《关于在全党开展以实践
"三个代表"重要思想为主要内容的保持共产党员先进性教育活动的意见》，
在全党开展保持共产党员先进性教育活动，全省共有 13.98 万个基层党组
织、247.9 万名党员参加了这一活动。在活动中，浙江通过"百名厅（局）
长进百村"和"万名党员进社区"，促进了机关党员干部进一步深入群众、
联系群众、服务群众；通过创建"党员先锋岗""党员示范岗""党员志愿
者服务队"等，激发了党员干部争当先锋模范的热情。这次活动全省共解
决突出问题 39.1 万个，化解基层矛盾 7.6 万个，兴办民生实事 71.9 万件，
得到了党员群众的高度评价。[①]

保持党的先进性，既要靠集中教育，又要靠长抓不懈。2004 年，浙江

---

① 参见舒国增《党的十五大以来党内集中教育活动的历史回顾和现实启示》，《浙江日报》
2011 年 7 月 1 日，第 13 版。

省委出台《关于进一步转变领导作风的意见》，推出"四条禁令"，普遍开展民主评议机关工作。从 2005 年开始，作风建设从集中开展转入经常化、制度化。省委、省政府出台了《关于建立健全为民办实事长效机制的若干意见》，每年年初的省"两会"都提出本年度 10 个方面的为民办实事任务，年底把办理情况向社会公示。从 2007 年开始，坚持每年突出一个主题，在全省开展"作风建设年"活动。2007 年，以"树新形象、创新业绩"为主题，在各级领导干部中开展主题实践活动；2008 年，以巩固和发展"作风建设年"活动成果为目标，开展"我为创业创新作贡献"作风建设大讨论等"九个一"系列活动；2009 年，为积极应对国际金融危机的冲击，部署开展了服务发展、服务民生、服务基层，让人民满意的"三服务一满意"活动和提高工作效率、提高服务水平，降低公务支出、降低行政成本的"两提高、两降低"专项行动；2010 年，以"治庸治懒、提能增效、狠抓落实"为主题，在全省开展"深化作风建设年"活动；2011 年，以"提升执行力、增强群众观、为民办实事、服务'十二五'"为主题，开展"治庸提能力、治懒增效率、治散正风气"活动；2012 年，根据中央关于建立干部直接联系群众制度的要求，以"进村入企、助推发展、强化服务"为主要内容，开展省、市、县、乡 4 级联动大走访活动。在持续开展作风建设活动的同时，省委根据中央指示精神，扎实开展深入学习实践科学发展观活动和"之江先锋"创先争优活动，并在活动中突出作风建设主题，建立多种形式的实践活动载体，使服务发展、服务社会、服务群众进一步成为全体党员、干部的共识。在第一批学习实践科学发展观活动中，每位省委常委都上网与群众直接对话，成为浙江学习实践活动的一大特色。在省领导带动下，各地各部门全面开展"网上互动交流和民主恳谈"，听取网民意见建议。全省共有 239 名市、县（市、区）委常委参加网上互动交流，参与网民达 1328.18 万人次，征求意见建议达 54569 条次。① 在创先争优活动中，全省集中开展

① 参见中共浙江省委党史研究室编《加强作风建设 提高执政能力——历届浙江省委贯彻党的群众路线历史回顾》，内部资料，第 30 页。

了 5 次"双服务"专项行动，帮助解决实际问题 1.27 万个。在 2012 年的 "进村入企"大走访中，省委还要求各级干部直接到点，不干扰地方工作，不给基层添麻烦，不干预企业正常生产经营活动。同时严肃做出"五不准"的规定：不准接受所走访村和企业的吃请和报销开支，不准收受所走访村和企业馈赠的有价证券或礼品（包括土特产），不准参与公款娱乐消费，不准做违背群众意愿、侵害群众利益的事情，不准搞层层陪同和迎送。这些举措得到了群众的肯定。

2012 年 12 月中央"八项规定"出台以后，省委迅速做出部署，及时制定贯彻落实中央"八项规定"及实施细则的"28 条办法"，在调查研究、精简会议活动、精简文件简报、规范出访活动、改进接待和警卫工作、改进新闻报道、厉行勤俭节约、加强督促检查 8 个方面做出严格规定。2013 年元旦、春节临近前，省委又颁布了"六条禁令"，要求各地各部门和领导干部严禁出现用公款送礼、向上级赠送土特产、违规收送礼品、滥发钱物、超标准接待、组织和参与赌博活动等行为。省委还制定配套制度，成立正风肃纪工作机构，狠刹"酒局""牌局"，严肃查处公车私用、公款消费、节日送礼、滥发津补贴等违纪行为，规范公务行为，对顶风违纪、边纠边犯的行为"零容忍"，重点盯住窗口服务单位（基层站所）办事作风慵懒等问题，抓好景区、公园等公共场所内会所专项整治。"八项规定"和"六条禁令"的实施，不仅在干部队伍中引起极大震动，起到了令行禁止的作用，而且得到了广大人民群众的真心拥护，整个社会风气为之焕然一新。

2013 年 7 月至 2014 年 9 月，根据中央的统一部署，浙江又在全党开展了以"为民务实清廉"为主要内容的党的群众路线教育实践活动，切实解决党员领导干部在形式主义、官僚主义、享乐主义、奢靡之风等方面存在的突出问题。在教育活动中，省委常委会以身作则，要求别人做到的自己先要做到，要求别人不做的自己坚决不做，切实解决自身存在的突出问题，并以"踏石留印、抓铁有痕"的劲头抓好 25 项具体整改项目的任务分解和责任落实，为全省的作风建设做出榜样和示范。万名机关干部深入田头炕头车间，聚集"四风"听意见，并把了解社情民意、真心为民办事作为作风建设的重要举措。在全省集中开展文风会风治理，"严纪律、正作风、做表率"等"六项集中行动"，切实解决在"四风"方面存在的突出问题。制定党政机关厉行节约反对浪费实施细则、公务用车配置使用管理办法、机关停止新建楼堂馆所和清理办公用房办法等制度，开展"学、清、立、改、停"工作，对党内法规和规范性文件进行清理。

在第二批群众路线教育实践活动中，全省建立了 38 个党员省领导联系点，组建了 101 个督导组督导市县，确保第二批教育实践活动高起点、高标准、高质量推进。同时加大明察暗访力度，把"六项集中行动""八项专项整治"和整风肃纪专项行动作为抓作风、改作风的重要手段，并结合中心工作开展教育实践活动。浙江的群众路线教育实践活动得到了中央政治局常委、中央党的群众路线教育实践活动领导小组组长刘云山的高度评价，认为"真正抓出了高质量，确实建成了示范点"。

在省委的不懈努力下，全省干部队伍的精神面貌得到进一步改善，作风方面的突出问题得到进一步治理，为民服务的效能得到进一步提高。

三 以建设惩防体系为载体，坚决反对腐败

面对世情、国情、党情的深刻变化，省委坚持教育、惩治和预防相结合，加强党风廉政建设，坚持把完善具有浙江特色的惩治和预防腐败体系作为反腐倡廉建设的工作主线，纳入党委的总体工作规划。

2003 年，浙江在全国率先出台《浙江省反腐倡廉防范体系实施意见（试行）》。在具体做法上，创新载体，选好抓手，突出重点，注重特色，形成了整体构建、专项构建、行业构建、联合构建、科技构建的"4 + 1"构建方式，拓展了惩防工作的深度和广度。中央出台的《关于建立健全教育、制度、监督并重的惩治和预防腐败体系实施纲要》中，总结和吸收了浙江的经验。浙江还被列为全国体系构建工作的 6 个试点省份之一。2005 年后，省委除出台浙江省《惩治和预防腐败体系实施意见》《建立健全惩治和预防腐败体系 2008～2012 年实施办法》《建立健全惩治和预防腐败体系 2009～2012 年制度建设工作计划及实施方案》等，还编制工

作计划分工进度表，将 5 大类 73 项制度建设任务分解落实到具体部门。

省委创新和完善反腐败工作领导体制和工作机制，坚持以党风廉政建设责任制作为深入开展反腐倡廉工作的"龙头"来抓。全省成立了由党政"一把手"任正副组长的领导小组，各级党委建立了"三书两报告"① 制度，严格责任考核，强化责任追究。浙江不断探索加强对党员干部监督管理的有效形式，在全国率先制定《浙江省党内监督十项制度实施办法（试行）》，严格执行民主生活会、述职述德述廉、新任职领导干部廉政谈话、诫勉谈话、函询等制度。切实加强对"一把手"权力的制约与监督。制定和实施"一把手"用人行为离任检查、廉政情况定期分析、廉政谈话、廉政情况报告、个人重大事项报告、经济责任审计以及监督责任制等一系列具体制度。2006 年年初，宁波市委组织部对镇海区委书记闻建耀的用人行为进行了离任检查，宁波市成为全国地级及以上城市中第一个严格规范市委及县（市）区委"一把手"用人权的城市。杭州市因对主要领导干部进行经济责任审计成绩突出、经验丰富，于 2004 年被评为全国经济责任审计先进地区。为了在全省范围内形成一个对干部进行监督管理的合力，浙江省成立了由省纪委（监察厅）、省委组织部等 11 个单位组成的干部监督工作联席会议制度，并出台《关于建立健全干部监督工作联席会议制度的实施意见》。从 2002 年起，浙江省温岭、宁海、平阳等地进行了干部辞职制的探索和实践，各地依据实际情况，内容规定也不尽相同。为了规范、引导干部辞职从事经营活动，出台《浙江省贯彻实施〈关于党政领导干部辞职从事经营活动有关问题的意见〉的若干规定（试行）》，重点对自愿辞职程序、辞职后从业行为的限制和监督进行了规范。2004 年 7 月，省委常委会公开向全省人民做出六项廉政承诺，带头自觉接受公众的监督。2008 年，省委做出推进廉政风险防控机制建设的决策部署，并于 2011 年下发《关于全面推进廉政风险防控机制建设的意见》，要求各地各部门针对腐败现象易发多发

---

① "三书两报告"是指党风廉政建设责任分工报告书、党风廉政建设牵头任务函告书、落实党风廉政建设责任制建议书、责任领导和牵头单位报告抓党风廉政建设落实情况。

的重点领域、重要岗位和关键环节，全面排查可能引发廉政风险的问题。到2011年年底，全省有30026家单位83.3万名党员干部共查找廉政风险点129.5万个，制定防控措施116条，实现了省委提出的廉政风险排查和防控机制两项"全覆盖"目标。① 与此同时，省委坚持落实党风廉政建设责任制不走过场，每年及时将有关任务层层分解到省委、省政府领导班子成员和省直各部门，并做好检查工作。

浙江组建省预防腐败局，强化纪检监察派驻（出）机构监督责任，强化行政监察和审计职能，建立并完善巡视制度。规范事权、财权、人事权，建立行政服务中心、会计服务中心、招投标中心和效能投诉中心（经济发展环境投诉中心），加大源头治腐的力度。全面开展"农村基层党风廉政建设示范村"创建活动，在乡镇普遍建立村级财务委托代理中心和小额工程招投标中心，建立健全县、乡、村三级联网的农村财务计算机监管网络，建立村务监督委员会。

为了营造廉洁从政的良好环境，浙江首创廉政文化建设。2009年10月，在全省开展了以"六个一"为主要载体的反腐倡廉专题教育，要求各地召开一次警示教育大会，推出和观看一批警示教育教材，举办一场专题报告和新任领导干部党风廉政集体谈话，组织一次法纪警示教育活动，开展一次专题读书活动，召开一次民主生活会。当年12月，省4套班子领导集中参观了位于杭州市南郊监狱的省法纪教育基地，接受党风廉政教育。2010年，《中国共产党党员领导干部廉洁从政若干准则》（以下简称《廉政准则》）下发后，省委及时出台贯彻意见，把学习贯彻《廉政准则》纳入各类主题教育、集中培训和各级党校课程。省委常委会专门举行《廉政准则》专题学习会，省委举行了以《廉政准则》学习辅导为主题的"浙江论坛"报告会。到2012年年底，共创建36家省廉政文化教育基地，使基地成为开展廉政教育的重要阵地；同时在机关、学校、企业、农村、家庭、社区广泛

---

① 参见中共浙江省委党史研究室编《加强作风建设　提高执政能力——历届浙江省委贯彻党的群众路线历史回顾》，内部资料，第32页。

开展廉政文化"六进"活动，收到了良好效果。全省营造了"以廉为美、以廉为乐、以廉为荣"的良好氛围。如今，廉政文化建设已成为浙江省党风廉政建设的日常性工作。

在正面引导的同时，浙江依照党纪国法，坚决查处各类违纪违法案件，坚决惩治腐败分子。省委强调，对腐败案件要发现一起、查处一起，绝不让任何腐败分子逃脱党纪国法的惩处。坚决查处了一批大案要案，以党风廉政建设和反腐败斗争的实际成果取信于民。同时，纠正了一批不同类型的不正之风，如开展治理教育乱收费、查处商业贿赂案件、清理"小金库"、清理公务用车、整治奢侈浪费之风、压缩出国（境）经费等专项治理行动，一批群众反映强烈的突出问题得到解决。

第二节　党建思路：开拓进取、敢于担当

一　谋在新处，保持与时俱进的精神状态

检验党的理念的成效如何，就是看全体党员干部，尤其是领导干部能否学以致用，学有所长，把信仰化为力量，认真总结经验，积极探索创新，把理想信念充分体现在各项重大决策和部署上，全面落实到执政为民的丰富实践中。

浙江省委认为，保持良好的精神状态是干事创业的重要前提，号召全省党员干部要始终保持共产党人的蓬勃朝气、昂扬锐气和浩然正气，以求真务实、奋发有为的精神状态，团结和带领全省广大群众，与时俱进，扎实工作，把社会主义现代化事业不断推向前进。

第十一届省委强调，发展犹如逆水行舟，不进则退。过去发展得好不等于以后也发展得好，过去领先不等于今后就能够走在前列。只有在原有基础上，发扬成绩，再接再厉，紧紧抓住发展机遇，充分利用发展优势，积极挖掘发展潜力，才能在新的起点上走在前列。于是，在科学判断国际国内形势，深入调查研究，认真总结浙江经验的基础上，省委十一届四次全体

（扩大）会议明确提出了进一步发挥"八个优势"、推进"八项举措"的"八八战略"。"八八战略"提出后，省委又不断地将其加以深化、细化、具体化。比如，为进一步发挥浙江的区位优势，主动接轨上海、积极参与长江三角洲地区合作与交流，省委组织党政代表团到上海、江苏学习考察，回来后立即召开省委工作会议进行全面部署，推动全省进一步加大引进外资的力度，充分利用国际国内两个市场、两种资源，跳出浙江发展浙江。又如，为推动经济转型升级，提出推进"腾笼换鸟"，实现"凤凰涅槃"。再如，为进一步发挥浙江的城乡协调发展优势，加快推进城乡一体化，省委相继实施了"山海协作""欠发达乡镇奔小康""百亿帮扶致富""三大工程"以及"千村示范、万村整治"工程。

继做出"八八战略"后，十一届省委还从提高党的治理水平角度，做出了全面建设"平安浙江"、加快建设文化大省、积极建设"法治浙江"、全面加强党的建设等一系列重大战略部署，把"巩固八个方面的基础，增强八个方面的本领"① 作为当前和今后一个时期内浙江加强党的执政能力建设的主要任务。这些决策有力推动了经济社会的发展和人民生活水平的提高，浙江经济总量在 2004 年跃上万亿元大关，人均 GDP 在 2005 年突破 3000 美元，2006 年接近 4000 美元，在许多方面继续走在了全国的前列。

2007 年 6 月，省第十二次党代会从全面建设惠及全省人民小康社会的

---

① 具体是指：①致力于巩固党执政的思想基础，加强理论武装和党对意识形态工作的领导，不断增强用发展着的马克思主义指导新实践的本领；②致力于巩固党执政的经济基础，全面推进经济强省建设，不断增强驾驭社会主义市场经济的本领；③致力于巩固党执政的政治基础，全面推进法治社会建设，不断增强发展社会主义民主政治的本领；④致力于巩固党执政的文化基础，全面推进文化大省建设，不断增强建设社会主义先进文化的本领；⑤致力于巩固党执政的社会基础，全面推进"平安浙江"建设，不断增强构建社会主义和谐社会的本领；⑥致力于巩固党执政的体制基础，健全并完善党的领导制度和领导方式，不断增强地方党委总揽全局、协调各方的本领；⑦致力于巩固党执政的组织基础，加强干部队伍建设和基层组织建设，不断增强自身素质和团结带领广大群众干事业的本领；⑧致力于巩固党执政的群众基础，密切党同人民群众的血肉联系，不断增强拒腐防变和抵御风险的本领。

总目标的高度，提出"坚定不移地走创业富民、创新强省之路"的要求。在省委十二届二次全会上明确提出实施"创业富民、创新强省"总战略。

正当浙江人民满怀豪情地在创业创新的路上迈开步伐的时候，一场突如其来的金融危机开始席卷全球。经济外向度和民营经济占比较高的浙江，不可避免地成为全国受国际金融危机波及较早、影响较深的省份之一。在困难和挑战面前，省委要求全省广大党员干部特别是各级领导干部要以坚定的理想信念、无私的党性原则、强烈的事业心责任感、良好的制度环境和激励机制来保持和发扬昂扬向上、奋发进取的精神状态，坚决防止和克服精神懈怠的危险，全身心投入推进经济社会发展的各项工作当中。提出各级领导干部要大力弘扬四种精神，破除四种消极思想：一是弘扬勇于创新的精神，破除因循守旧、求稳怕难的思想。二是弘扬奋发进取的精神，破除骄傲自满、故步自封的思想。三是弘扬求真务实的精神，破除唯书唯上、好大喜功的思想。四是弘扬艰苦奋斗的精神，破除贪图安逸、奢侈浪费的思想，把有限的资源用在推进科学发展上，用在解决人民群众迫切需要解决的问题上。省委、省政府坚持"标本兼治、保稳促调"，进一步明确加快经济转型升级和社会全面进步的总体思路和主要任务，谋划推进"四大国家战略举措"和"四大建设"，扎实推进"全面小康六大行动计划"，做出全面改善民生促进社会和谐的决定、推进生态文明建设的决定、加强和创新社会管理的决定以及推进文化强省建设的决定。上述举措使浙江经受住了国际金融危机的冲击，保持了经济社会平稳较快发展。

2012 年 6 月，省第十三次党代会提出了建设"物质富裕精神富有的现代化浙江"的要求，成立了第十三届省委。新一届省委反复强调精神状态问题，把对这一问题的认识提到了一个新的高度。省委十三届二次全会指出："精神状态问题至关重要，事关事业成败、人民福祉、干部形象"，并对党员、干部提出五点具体要求。要求做到"六戒六要"，即戒贪图安逸，要锐意进取；戒消极怠慢，要恪尽职守；戒不学无术，要善学善思；戒坐而论道，要踏实肯干；戒松散狭隘，要团结合作；戒骄浮奢侈，要心怀敬畏。在省委的带领下，全省党员、干部的精气神进一步提升。

省委继做出"干好'一三五',实现'四翻番'"的决策部署后,进一步做出了全面实施创新驱动发展战略加快建设创新型省份的决定、全面深化改革再创体制机制新优势的决定和建设"美丽浙江"创造美好生活的决定。以"五水共治""三改一拆""四换三名""个转企、小上规、规改股、股上市""四边三化""双清"等为抓手推动新一轮改革发展,倡导"实务、守信、崇学、向善"的当代浙江人共同价值观。这一系列举措的实施,让浙江克服了国内外市场复杂多变和自然灾害等困难,完成了稳增长、调结构、促改革、惠民生等目标任务。

正是由于历届省委谋在新处,在不同的发展阶段做出既一脉相承又富有阶段特点的战略部署,全省的党员干部和群众保持饱满的精神状态,为浙江继续走在前列提供了保证。

二 干在实处,敢于担当

要做到"走在前列",就要干在实处,敢于担当。事业是干出来的,不是说出来的。一切难题,只有在实干中才能破解;一切办法,只有在实干中才能见效;一切机遇,只有在实干中才能抓住和用好。

当中央领导要求浙江在全面建设小康社会、加快推进社会主义现代化的进程中继续走在前列时,省委就提出:"要做到'走在前列',就要干在实处。"干在实处,贵在"实"字。历届省委主要领导经常用"实"字对干部作风提出要求。习近平始终认为,不抓落实,再美好的蓝图也是空中楼阁;抓好落实,要有务实的作风,要有克难的勇气,要有争先的干劲。他在省委十一届五次全会上强调:"重实际、鼓实劲、求实效,不图虚名,不务虚功,不提脱离实际的高指标,不喊哗众取宠的空口号,不搞劳民伤财的假政绩,扎扎实实地把各项工作落到实处。"2004年1月29日,在省委理论学习中心组专题学习会上,他通过讲解自己写的四幅春联,提出要"求'四真'、务'四实'",即"求客观实际之真,务执政为民之实","深化理论武装求真谛,深入调查研究重实际","狠抓工作落实动真格,加快浙江发展务实效","高度关注民生系真情,坚持为民谋利出实招"。他指出:"这四幅春联的横批都是'求真务实'。"他强调："从一定程度上讲，说真话就是水平，干实事就是能力。这也就是省委提出'干在实处'的本意所在。"①围绕求真务实的要求，省委出台了《关于认真贯彻胡锦涛同志重要讲话精神全面推进"干在实处，走在前列"的意见》，指出，要紧紧抓住重要战略机遇期，发挥优势，挖掘潜力，干在实处，走在前列。

赵洪祝在任浙江省委书记期间，也多次要求全省党员干部求真务实、真抓实干，形成合力抓落实，专心致志干事业，努力开创浙江各项事业的新局面。他强调："对于领导干部来说，具有责任意识和担当精神，既是党和人民事业的要求，也是共产党人应该具备的精神状态。""必须克服'无过便是功'的思想，以'食不甘味，寝不安席'的责任感和使命感，适应新形势，增强新本领。"②

夏宝龙担任浙江省委书记以来，在多个场合要求干部要干在实处，勇于担当。2013年4月，他在省委召开的市委书记汇报会上形象地把领导干部比作"狮王"，要求他们不仅自己要保持良好的精神状态，还要狠抓干部队伍的精神状态，带出一批"狮子型"干部。5月底，他又在省委十三届三次全会上要求各级各部门和广大党员、干部"以狮子率队的狠劲、燕子垒窝的恒劲、蚂蚁啃骨头的韧劲、老牛爬坡的拼劲"，"出力流汗拼命干"，"必须把心思和劲头放在实干上，以愿干来提升实干境界，以敢干来展示实干气魄，以会干来增强实干绩效"，并要求全省上下"迈开大步快赶路，甩开膀子多干事"，不达目标誓不罢休、不获全胜绝不收兵。10月，他在全省县（市、区）委书记工作交流会上又指出，要做"狮子型"干部，当"战士"，不当"绅士"。面对重任和考验，要勇于担当、冲锋在前；面对矛盾和问题，要知难而进、克难攻坚。省委还制定出台了《关于完善能上能下机制建设过得硬打胜仗干部队伍的若干意见》，要求努力培养和造就一大批

---

① 习近平：《干在实处　走在前列——推进浙江新发展的思考与实践》，中共中央党校出版社，2006，第539、542页。

② 中共浙江省委党史研究室编《加强作风建设　提高执政能力——历届浙江省委贯彻党的群众路线历史回顾》，内部资料，第33页。

敢于负责、奋发有为的"狮子型"领导干部。

为真正落实干在实处，省委主要领导率先开展了深入的调查研究工作。习近平到浙江工作后，用大量时间深入市县和省直部门调查研究，只用了1年多时间，就跑遍了全省11个市和90个县（市、区）。他强调，调查研究要在内外结合上力求跑遍、跑深、跑透。为确保调查研究工作的落实，2003年，省委、省政府制定下发了《关于推进调查研究工作规范化制度化的意见》和《关于进一步转变领导作风的意见》。这两份文件规定，省级和市县领导班子成员，每年分别要有2个月和3个月时间下基层调研，写1~2篇高质量的调研报告。省委还建立了省级领导联系基层和群众制度，要求省级领导每年至少到联系点2次，市县领导要与基层联系点保持经常联系，以此加强对基层工作的督促检查和具体指导。为此，有的地方，每位领导班子成员，不仅联系1个贫困村、1个困难企业、1家困难户，还联系1所学校、1个机关单位。淳安县下姜村还成为4任省委书记的联系点。在调研中，坚持调查研究与推动当前重点工作紧密结合。

下访接访是调查研究的重要途径。习近平指出，下访接待群众是考验领导干部能力和水平的大考场，来访群众是考官，信访案件是考题，群众满意是答案。要充分认识做好领导下访接待群众工作的重要性，长期坚持，抓紧抓好，抓出成效，使群众带着问题而来，怀着满意而归，真正把服务人民群众的目标要求落到实处。自2003年以来，浙江一直坚持并不断完善领导干部下访接待群众工作制度。目前，全省已形成了省级领导坚持带头接访、市级领导坚持定期接访、县级领导坚持开门接访、乡镇领导坚持随时接访、村居干部坚持上门走访的五级大接访机制。联系、调研与下访接待工作，加深了广大人民群众与党和政府的感情，各级党委、政府的许多重大决策也由此诞生。

工作干得怎么样，必须用事实来说话，以实效来检验。历届省委追求"功成不必在我"的境界，不动摇、不懈怠、不折腾、不"翻烧饼"，解放思想大胆干，步步为营扎实干，敢于碰硬较真干，一件事情善始善终抓到底，共同努力向着建设现代化浙江的目标迈进。至2013年，全省生产总值为37568.5亿元；人均生产总值为68462元；地方财政收入为3797亿元。中国科学院《2013 科学发展报告》显示，浙江 GDP 发展质量指数居全国第 2 位。全省城市化率达到 64.0%，全省城镇居民人均可支配收入和农村居民人均纯收入分别达到 37851 元和 16106 元，分别连续 13 年和 29 年居全国各省份首位，城乡居民收入比持续下降为 2.35∶1，是城乡居民收入差距最小的省份。浙江被认为是全国最具安全感的省份，可持续发展能力和生态环境质量位居全国前列。

第三节　党建布局：总揽全局、发挥优势

新阶段新情况，对党的执政能力提出了更高的要求。浙江省委认识到，提高执政能力，首要环节在于强化党的领导核心作用，关键在于提高党的领导水平和执政水平。只有不断提高党的建设科学化水平，党才能站在时代前列带领全省人民不断开创中国特色社会主义事业新局面。

一　完善领导体制和执政方式，强化党的领导核心作用

省委坚持从制度体系上不断完善党的领导制度和工作机制，充分发挥党的领导核心作用，努力提高科学执政、民主执政、依法执政的水平。

进一步完善加强省委常委会自身建设。重点抓好三个方面措施的完善和工作落实：对进一步加强省委常委会的理论学习提出明确要求，完善省委理论学习中心组的各项制度；按照民主集中制和党总揽全局、协调各方的原则，进一步完善有关工作机制和具体制度，切实加强省委常委会领导集体的民主团结，保持省级领导班子之间相互沟通、相互支持、相互配合的好风气；省委常委会带头制定并落实进一步改进作风的具体措施，对省级领导干部下基层调研、精简会议文件、建立完善各类联系点、加强与省级各民主党派和省工商联的联系等，做出明确具体的规定。

完善各级党委内部的议事和决策机制。2003 年省委制定了《中共浙江省委议事规则》，明确规定了必须民主讨论的事项和程序。坚持做到重大问题提交党委常委会集体讨论决定，涉及全局和长远的问题提交党的委员会全体会议讨论决定，充分发挥党委全委会对重大问题的决策作用。2005 年 6

月，省委制定和完善了《集体领导和分工负责制度实施办法》，健全完善党委常委分工负责制。建立健全常委会向全委会负责、报告工作和接受监督的制度。健全党员对党组织包括上级党组织的工作进行监督的机制，加强对领导干部特别是各级领导班子主要负责人的监督。同时，浙江还在建立健全社情民意反映制度和涉及群众切身利益重大事项公示、听证制度，完善专家咨询制度，设立决策失误责任追究制度等方面进行了探索，使加强党的领导和充分发挥民主、严格依法依章办事有机结合起来。

按照总揽全局、协调各方的原则，改革和完善党的领导方式。省委分别出台加强人大工作、政协工作、工青妇工作、民主党派和无党派人士工作的意见，从制度上加强和规范党委对人大、政协、民主党派和无党派人士、群团工作的领导。

进一步完善"一个核心""三个党组""几个口子"的领导体制和工作机制。① 省委对全省工作主要是实行政治、思想和组织领导，集中精力把好方向、抓好大事、出好思路、管好干部。省人大常委会党组织经过法定程序，将省委决议精神切实体现在地方立法中，使省委推荐的人选成为国家政权机关的领导人员，并对他们进行监督。省政府党组依法行政，通过政府决策程序把省委决议精神贯彻于政府的政令规章制度中。省政协党组织通过政治协商把省委决议精神变成社会各界的共识。需要省委推动的工作，主要是由省委提出总体目标要求，由省政府具体组织实施，各方配合支持工作。需要省委支持的工作，主要是面上的日常工作，由省委提出总体要求，牵头推动，在贯彻实施中按照一项工作由一个部门为主负责的原则，让有关职能部门组织推进，省委予以支持。比如，经济体制改革与创新、统筹城乡发展、"平安浙江"建设、"生态省"建设等事关浙江改革、发展、稳定的重大任务，在实施中，省委听取阶段性进展情况汇报，及时协调各方力量，共同推

---

① "一个核心"就是省委全委会，在省委全会闭会期间，由常委会主持日常工作；"三个党组"是指省人大常委会、省政府、省政协三个党组；"几个口子"是指省委副书记和常委分管的经济建设、纪检监察、农村工作、组织党群、意识形态、政法、统战、国防建设和民兵预备役等几个方面。

进。各级党委也坚持做到"总揽而不包揽，协调而不取代"，各方的事由各方去办，各方之间的事由党委来协调，从而使各方都能各司其职，各尽其职，相互配合，形成合力，推动各项工作有力、有序、有效开展，从而切实发挥地方党委对同级人大、政府、政协等各种组织的领导核心作用，发挥这些组织中党组的领导核心作用，实现党委对同级各种组织、下级党组织以及各个领域和各项事业的有效领导。

加强党对经济工作的领导。按照"把握方向，谋划全局，提出战略，制定政策，推动立法，营造良好环境"的要求，进一步明确了党委领导经济工作的主要职责和任务；切实加强调查研究，推进经济工作决策的科学化和民主化；坚持和完善党委常委会经济形势分析会制度，确定年度经济工作思路，决定经济工作重大事项；省委建立财经领导小组，研究全省国民经济建设和经济体制改革的指导方针和重大决策，提出处理全省重大财经问题和重大建设项目的原则和措施。

为确保重大决策的顺利实施，2004年12月，省委制定出台了《关于实行贯彻落实重大决策责任制的规定》。该文件明确各级党组织是贯彻落实重大决策的责任主体，主要领导为第一责任人，领导班子成员为责任人，并对中央和省委做出重大决策后各级党组织和各级领导干部的责任提出了具体要求。

正是由于省委能总揽全局，强化党的领导核心作用，确保了全党在思想上、政治上始终与党中央保持高度一致，行动上自觉服从全国一盘棋。无论是抗击"非典"还是宏观调控，无论是应对国际金融危机还是建设"美丽中国"等，浙江都能不折不扣地贯彻执行党的路线方针政策，确保中央政令畅通，确保省委的决策部署能顺利实施。

二 建设高素质领导班子和干部队伍，提高领导水平

省委坚持把建设能够适应经济社会发展需要的高素质干部队伍，作为党的建设的关键性工程来抓。围绕"服务中心创新机制选人才，立足当前着眼长远为发展"，从干部的选拔任用、培养教育、管理监督、考核激励上不断求突破、创特色、出成果，整体地推进干部人事制度创新和干部工作方式

方法创新，提高了广大干部的实际工作能力。

以提高素质、优化结构为重点，选好配强各级领导班子。省委明确指出，关心一个地方、一个部门的工作，首先要关心这个地方、这个部门的领导班子建设；支持一个地方、一个部门的工作，首先要帮助这个地方、这个部门把领导班子建设好。浙江以省市县三级领导班子调整换届为契机，大力选拔政治上靠得住、业务上有本事，肯干事也能干事的干部进入各级领导岗位。一是继续实行县市党政一把手"省管"体制，确保省委能从全省的视野选人用人。二是建立健全民主推荐提名制度。2004 年 6 月，省委在总结瑞安市把党委全委会成员民主推荐提名制度引入干部任用初始提名程序的经验的基础上，出台了《关于试行市、县（市、区）党委全委会成员民主推荐提名制度的意见》，在全省范围内试行这一制度。2013 年，在省直单位主要负责人和市党政正职集中调整过程中，全省还采用"两轮推荐、两轮差额"和省委常委署名推荐的方式，调整任命了 54 名省直单位主要负责人和 9 名设区市党政正职。三是在干部任用上改"议决"为"票决"，在全国开了先河。2004 年开始推行党委常委会、全委会对下一级党委、政府领导班子正职及重要职位拟任人选和推荐人选进行票决制度，① 市、县（市、区）党委常委会任免干部无记名投票表决制度。目前，各市、县（市、区）都已建立常委会票决制，所有市和大多数县（市、区）建立了全委会票决制。其中，最具特色的要数台州市椒江区从 1988 年就开始试行的党委全委会无记名投票表决制。四是运用"两推一选""公推直选"② 的办法选好配强乡镇、村两级班子特别是"一把手"。五是不断创新竞争上岗、公开选拔制度。2002 ~ 2007 年，全省

① 制度规定，市、县（市、区）党政正职的推荐人选，市直属部门正职领导干部的拟任人选和推荐人选，由上一级常委会提名并提交全委会无记名投票表决；全委会闭会期间急需推荐或者任用的，由上一级常委会以无记名投票表决方式做出决定，决定前还得征求全委会成员意见。

② "两推一选"是指先由党员和村民代表民主评议党员，并公开推荐党组织书记和委员初步人选，经乡镇党委考察后确定正式候选人，在党员大会上差额选举村党组织委员会委员。村党组织书记在新当选的委员中由全体党员选举产生。"公推直选"是指把党委直接提名和委任变为在党组织领导下，由党员、群众公开推荐候选人，然后由全体党员直接进行差额选举产生村党组织书记和委员。

共组织县（处）级以上领导职位公开选拔 26 批次。其中值得推介的有：湖州市首先实行定期分类资格考试有限公选新模式，[①] 杭州、丽水等市实行市县联合公选，[②] 衢州市探索出了民主提名推荐、差额竞争选举模式。[③] 2008年、2010 年和 2013 年，全省分 3 次共公开选拔 94 名省管干部、73 名省级机关处级干部、262 名主任科员以下公务员，并把民主测评、民主推荐、任前公示作为干部选拔任用的必经程序。积极探索群众参与的干部全面考察制度，形成了任前考察预告、差额考察、"两圈考察"（生活圈和社交圈）、推荐考察任用工作责任制的"四位一体"的全面考察制度。

为培训干部，2003 年 6 月，省委制定和实施了《关于五年内大规模开展干部教育培训工作的实施意见》。在培训内容上，按照"缺什么、补什么"的原则，坚持理论培训、岗位培训、技能培训、学历培训一起抓，形成重要干部重点培训，优秀干部加强培训，年轻干部经常培训，紧缺人才抓紧培训的工作思路。在培训形式上，坚持党校综合培训、国外强化培训、高校重点培训一起抓。全省各地还探索出了"菜单式学习"、全媒体在线学习等促进学习的好办法。仅 2003 年以来的第一轮培训，全省就培训干部783.9 万人次，其中省管干部 5046 人次，县级处以上干部 28.8 万人次。2006 年与 2013 年，省委又分别出台并实施 5 年干部教育培训规划。大规模培训提高了各级干部的素养和能力。

省委把实践锻炼作为提高干部素质、能力的重要方法。其一，放在"一

---

① 把每选拔一次就组织一次考试变为定期、分类的全市统考，让符合条件的报名者参加统一的区分不同层次职位要求的综合知识考试，然后由各级组织部门根据各地干部人才资源的需求情况确定入围分数线，入围者即取得一定职级的领导职务的任职资格，进入各级组织部门的人才库，由各级组织部门统一掌握，分类管理。当领导班子出现缺职或需要进行班子调整组建时，由各级组织部门根据拟选拔职位的特点和具体要求，从具备任职资格且具有相关专业知识或从事相关职业的对象中，经自愿报名和组织审查，择优确定面试人选，参加统一面试。面试后再按既定比例确定考察人选，最后经组织考察，讨论决定任用。

② 即在市委组织部统一协调下，组织市县两级统一宣传、统一考试、分别报名、分别考察、分别体验、分别录用的公选方法。

③ 民主提名推荐、差额竞争选举经过的主要环节有：第一，自荐报名和资格审查；第二，代表、委员推荐和县委全委会扩大会议推荐；第三，差额考察和市委全委会差额票决；第四，竞选演说和大会选举。

把手"位置上锻炼提高。省委先后把一批在各个方面比较优秀、发展潜力大的年轻干部有意识地放到县（市、区）党政"一把手"岗位上进行重点培养、使用。其二，在干部交流中锻炼干部，实行市、县（市、区）党政领导班子成员异地交流任职。2006 年 7 月，25 名县（市、区）党政正职跨市交流，这是浙江改革开放以来首次实行县（市、区）党政正职的集中跨市交流。2007年，各县市区的党委书记、县（市、区）长、纪委书记、组织部长、公安局长等 7 个重要职位全部实现易地交流。其三，在上挂下派中锻炼干部。对于长期在基层工作的有发展潜力的干部，采用选送到上级机关挂职的方式以扩大视野，提高驾驭全局的组织领导能力；将缺少基层工作经历的干部下派进行挂职锻炼，让他们了解基层情况，掌握领导工作艺术。其四，各级党政部门积极选派优秀干部到先进地区、境外学习锻炼，以解放思想，更新观念。同时，从发达地区选派干部到贫困山区、海岛任职。其五，对于年轻干部，派到重要工程关键岗位上进行压担锻炼，提高他们处理复杂问题的能力。其六，把优秀年轻干部下派到农村第一线去担任农村工作指导员和科技特派员。

对干部进行科学的考核评价是建设高素质领导班子和干部队伍的重要内容。2005 年，浙江被中组部确定为地方党政领导班子和领导干部综合考核评价办法试点省份。浙江选择嘉兴、丽水 2 个市和 10 个县（市、区）开展试点，并于 2006 年和 2007 年制定了《浙江省市、县（市、区）党政领导班子和领导干部综合考核评价实施办法（试行）》《浙江省党政工作部门领导班子和领导干部综合考核评价实施办法（试行）》。这两份文件改进和完善了考核评价内容，实行组织评价和群众评价相结合、定性和定量相结合，引入民意调查、实绩分析、综合评价、集体面谈等新方法，提高了考核评价结果的准确性和说服力。2009 年 8 月，省委组织部制定出台浙江干部考核评价"一个意见、五个办法"，① 标志着浙江探索完善体现科学发展观和正确政绩观要求的干部考核评价体系迈出新步伐。

---

① 具体是指：健全完善促进科学发展的干部考核评价机制的实施意见和市县（市、区）、党政工作部门、省属高校、省属国有企业领导班子和领导干部（人员）考核评价实施办法以及年度考核实施办法。

在不断的探索与实践中，浙江磨砺出了一支负责、干练、务实，有闯劲、有干劲、有激情的高素质的领导干部队伍。

第四节　实践探索：巩固基础、激发活力

基础不牢，地动山摇。党的基层组织是党的全部工作和战斗力的基础，是贯彻党的路线、方针、政策的重要渠道，是党联系群众的桥梁。浙江省委在抓党建时始终坚持巩固基础不动摇。同时，各级党委坚持充分发挥基层党组织的战斗堡垒作用和党员的先锋模范作用，发挥党员的主体作用，努力使党的基层组织和全体党员真正成为中国特色社会主义在浙江实践的组织者、推动者和实践者。

一　探索"两新"组织党建工作，扩大党的工作覆盖面

浙江是全国较早在新经济组织①和新社会组织②中探索建立党组织的省份之一。党的十六大提出关于"扩大党的工作的覆盖面"的要求后，省委以新领域党建工作为突破口，积极拓展非公有制企业、城市社区和新社团组织的党建工作。

2003 年 8 月，省委召开全省非公有制企业党建工作座谈会，提出了"抓目标促提高，抓基础促覆盖，抓作用强功能，抓载体求推动，抓示范带整体"的工作重点。会后，制定下发了《关于加强非公有制企业党建工作覆盖网建设的意见》《浙江省非公有制企业党组织工作暂行规定》，分别就进一步扩大党的组织覆盖和工作覆盖，充分发挥党组织作用问题提出具体要求。2004 年省委明确提出，支持有条件的地方探索建立社会工作党委，全面负责非公有制企业、民办事业单位、中介组织、社会团体（包括行业协会）等的党建工作。2006 年省委又对如何进一步理顺非公有制企业党建工作的领导体制，有效解决"隐形党

①　新经济组织指非公经济组织、股份合作制经济组织、部分混合经济组织等。
②　新社会组织指民间社会团体和民办非企业单位等。

员"、活动经费和场地等问题进行深入研究,并专题召开全省非公有制企业党建工作现场推进会。各地也纷纷出台文件提出具体措施,全面落实主要领导亲自抓、分管领导重点抓、主管部门具体抓、有关部门配合抓的党建工作领导责任制,进一步加强抓"两新"组织的党建工作力度。2011 年 4 月,省委正式成立"两新"工委并开展工作,全省所有 11 个市和 90 个县(市、区)以及 1029 个经济较发达的乡镇(街道)建立了"两新"工作机构,基本形成了覆盖省、市、县(市、区)、乡镇(街道)4 级的"两新"组织党建工作领导体系。

在具体工作中,省委和各级党委坚持从实际出发,做到积极稳妥,分类指导,注重实效。鉴于连续几年在 3 名党员以上企业和 100 名职工以上企业建立党组织、50~99 名职工企业有党员的比例维持在 95% 以上的实际,从 2004 年起,浙江在全省全面推行了以组织覆盖和工作覆盖为主要内容的全覆盖网络建设。针对非公有制企业党务工作比较薄弱的实际,各地把继续向非公有制企业选派党建工作指导员、联系员作为推进覆盖的重要措施来抓,温州等地还面向全国招聘党委书记。对辖区内的企业按照"企业规模适当、数量适中,地域相邻、行业相近,推进党建、促进发展"的原则,以乡镇(街道)为基本单位进行编组,以区域共建推进覆盖;抓好行业协会和产业链龙头企业党建工作,以行业联建推动覆盖。2007 年后,全省各地一是突出以产业集聚区、工业园区、高新技术园区、经济技术开发区为重点,以党员服务中心为依托,以建立联合党组织为主要形式,不断扩大党在新经济组织中的覆盖面。二是采取"以大带小、以条带块、以点带面"的方法,探索单独组建、联合组建、派驻组建、挂靠组建等多种形式组建新社会组织党组织。三是探索大部制抓非公企业党建。由"两新"工委牵头,将组织、统战(工商联)、民政、工商、纪委、宣传、科技、司法、财政、商务、经信 11 家党政部门列为委员单位,同时将工会、共青团、妇联作为列席单位,称为"11 + 3"的大部制工作体制。各地在具体操作中各显神通。例如,嘉善县成立了新嘉善人"党员之家",使 11 个镇及县经济开发区实现了党建全覆盖;杭州市探索实施企业党建与社区党建联动,社区与企业结对子,形成共建网络;温州瓯海区探索实施非公有制企业党组织活动社区化管理;台州等地建立了机关单位党组织与非公有制企业结对帮建工作；玉环县探索非公有制企业党建工作按数量编组；绍兴上虞等地借鉴工业"孵化器"的有效做法，推行党建"孵化器"工作法，推进区域化党建工作……为有效解决"隐形党员"问题和切实加强对非公有制企业流动党员的教育管理，在试点的基础上，推动各地积极建立党员服务中心，以搭建平台推进覆盖；在先进性教育活动中，各级党员服务中心积极会同"两新"组织的党组织开展"双找"活动，共找到流动党员约1.59万名，指导新建立党组织860家。

为增强党的阶级基础，扩大党的群众基础，浙江还针对新时期社会阶层构成发生的新变化，在总结温州试点经验的基础上，积极稳妥地在新的社会阶层中开展发展党员的工作，把承认党的纲领和章程、自觉为党的路线和纲领而奋斗、经过长期考验、符合党员条件的其他社会阶层的先进分子吸收到党内来。仅2003～2007年，全省就发展新的社会阶层党员871人。

至2013年年底，浙江共有非公企业31.88万家，已建党组织30.02万个，有党员54.49万名，党组织覆盖率达94.2%，基本实现"非公有制经济发展到哪里，党建工作就延伸到哪里，党的活动就开展到哪里"的要求；有新社会组织3.09万个，从业人员52.54万名，已建党组织2.53万个，党组织覆盖率达81.9%。

浙江还全面开展以"红色堡垒、红领计划、红色引领、红色在线、红色互动、红色示范"为主要内容的一系列"红色行动"，打造浙江"两新"组织党建特色品牌。

二　充分发挥基层党组织的战斗堡垒作用和党员先锋模范作用

党的基层组织的凝聚力和战斗力、党员队伍的生机与活力，是党的先进性的基础和体现。浙江省委高度重视抓基层、打基础，并充分发挥基层党组织的战斗堡垒作用和党员先锋模范作用。

在农村，从2003年3月开始，全面开展以"强核心、争创领导班子好，强素质、争创党员队伍好，强管理、争创工作机制好，强实力、争创小康建设业绩好，强服务、争创农民群众反映好"为主要内容的"先锋"工程建设。一是多途径选好配强乡镇、村两级班子特别是"一把手",提出了切实加强基层干部队伍建设的 10 条政策措施。二是探索创新农村党组织的设置形式。根据全省行政村区域调整和农民专业合作社发展迅猛的情况,在规模较大、党员较多的村建立党委或党总支,在自然村、村民小组、农民专业合作社、专业协会等建立党支部或党小组,构建纵横交错的农村基层党组织网络结构。三是推行农村工作指导员制度。从 2004 年开始,每年从各级党政机关、科研院所等单位选派近 3 万名党员干部,进驻全省每个建制村,加强对农村基层组织建设的指导。四是从 2005 年开始,省财政每年安排专项资金补助村级组织运转经费。各级财政开展村级组织活动场所建设,在全国率先全面解决村级组织活动场所问题。五是建立农村基层干部培训基地,积极开展党员现代远程教育试点工作,坚持政治理论培训、岗位培训、学历教育和实用技术培训"四轮驱动",多途径提高农村干部队伍的整体素质。基层组织和党员也积极发挥作用。例如,县(市、区)普遍建立了行政审批中心或行政服务中心,一窗受理、全程代理有关涉农部门与群众生产生活密切相关的审批项目;乡镇全面推行为民办事全程代理制、办公无休日制度等。又如,乡镇普遍建立健全了干部驻乡驻村联户、记"民情日记"① 等制度;行政村实行了干部联户帮扶、走访农户等制度,帮助解决农户的实际困难。各地还进一步健全了"365 服务窗口"、② "农技 110" 服务网络,③ 为农民

---

① "民情日记"最早起源于1998 年嵊州市雅璜乡的"记民情日记"活动。该活动的主旨为"串百家门,知百家情;解百家难,联百家心;办百家事,致百家富"。浙江各地在推行这一做法的过程中,结合当地实际情况,进一步拓展、创新出许多新的形式,如"星期三驻村服务日""住村联心""民情系列活动",使"民情日记"得到进一步深化和发展。

② "365 服务窗口"起源于金华市磐安县胡宅乡,是该乡在农村"三个代表"重要思想学习教育活动中,总结探索出的一种一年 365 天为农民服务的便民制度,后来在金华市和浙江全省迅速推广,并在 2002 年 5 月召开的全国"学教"总结表彰大会上受到胡锦涛同志的充分肯定。

③ "农技 110" 服务网络,是衢州市为了解决农民缺信息、技术和服务的困难而创新的一种服务方式。1998 年 11 月,该市在全国首创"农技 110" 网站。这是一个由政府部门主办、集农业技术信息与农业商务信息为一体的农业综合性网站。主要发布信息,向全市农民传递农产品种、养、加、销等方面的公益信息,并通过与当地电信、移动、联通、电视台和报社合作,利用现代通信和传媒手段,增加信息传播渠道,提高信息的覆盖面,被国家列为 2003 年联合国公共服务奖的 5 个推荐项目之一。

提供各类服务；积极建立专业合作组织和协会，创办示范服务基地，全面开展党员干部带头致富、带领群众致富的"双带"活动；积极推行村干部创业承诺制度，鼓励村"两委"班子和村干部以富民强村为目标，向村民做出办实事的公开承诺。与此同时，义乌市、宁波市镇海区等地，还积极推行设立党员责任岗，搭建党员发挥作用平台。

在企业，为发挥党组织和党员的作用，浙江做出了以下努力：一是着力构建党组织和党员的参与决策机制。一方面，通过党组织书记和决策层的党员积极向企业建言献策；另一方面，积极组织党员职工围绕企业的发展提出合理化建议，使企业党组织在实际工作中与经营班子形成目标同向、作用互补、相互支持、共同发展的良好局面。二是着力构建服务发展机制，各地积极开展"我为党旗添光彩""党员先锋岗""党员示范工程""党员责任区"等活动，引导广大党员立足本职，发挥先锋模范作用，促进企业健康发展。三是着力构建双向沟通机制。通过广泛开展"党员民主听证""民主恳谈"等活动，就企业发展、员工福利、劳资关系等，加强业主与员工的经常性沟通，及时化解企业内部矛盾，凝聚各种力量，促进企业稳步发展。四是着力构建关心帮扶机制。各地普遍开展了以"凝聚党员、凝聚职工、凝聚企业"为主要内容的"凝聚力工程"建设活动，建立党员和职工的谈心、访问制度，并建立"爱心基金"，切切实实解决党员职工群众生产生活中的实际困难。仅2011年，全省就建立了企业关爱资金（基金）303个，落实关爱资金3717万元；组织8583个企业党组织与7078个村（社区）党组织结对共建。[①]

在城市社区，普遍开展了创建党建工作示范社区、示范街道和示范区"三级创联"。为推动社区党建，习近平把杭州市西湖区翠苑一区社区作为联系点。在省委重视和领导带动下，全省各地都建立了社区建设领导小组，并建立领导联系指导社区建设工作制度。全省积极推进"一社区一支部（党委、总支）"建设，构建以县（市、区）服务中心为指导、以街道服务

---

① 参见袁艳《两新组织党建扩面提质》，《浙江日报》2012年2月3日，第2版。

中心为基础、以社区服务站为支点的三级服务网络，坚持把保障居民群众安居乐业作为社区党建的根本出发点和落脚点，积极探寻社区党建与社区服务的有效结合点，从居民群众"共同需求、共同利益、共同目标"出发，充分发挥社区党组织和党员在服务居民群众中的积极作用，并通过建立楼道党支部①、特色党小组和推行"网格化管理、组团式服务"② 等形式，使社区党组织服务群众更加便捷有效。

在机关，推动党员干部立足本职联系服务群众。深入开展"进村入企"大走访、"服务企业、服务基层"等活动，推进形式多样、内容丰富的城乡基层党组织结对共建工作。仅"进村入企"活动期间，全省就有19.6万余名党员干部走访2.8万个行政村、768.2万余户农户、11.7万家企业，帮助解决问题54.4万余个。③ 目前，县级及以上机关事业单位党组织都与1个

---

① 浙江省推行建立楼道党支部的基本做法是：根据地域相邻的原则，以一个楼道、一幢楼房或几幢相邻楼房为主，以20名左右党员建立楼道党支部。这一办法最早在杭州市下城区实行，经历了探索、创新、推广、再创新的过程。目前，杭州市下城区从提出"四进楼道"（支部建设进楼道、党员教育管理进楼道、作用发挥进楼道和监督评议进楼道），到建立楼道党支部百分考核制度，再到进行以楼道支部工作为重点的社区党建 ISO9000 质量管理体系认证试点，逐步加强对社区党建的规范化、标准化、制度化建设。宁波、绍兴、温州、台州等很多城市，有的针对社区范围内商住楼宇较多的实际，本着"就地、就近、就便"的原则，依托社区，采用社区党委领导、组建楼宇党支部；有的采取"三进四覆盖"的方式，健全社区党组织。"三进"，即党委进社区、支部进楼盘、小组进楼栋，"四覆盖"即要求街道（镇）党工委对辖区内非公有制企业、社会团体、社会中介组织和民办非企业单位积极抓好党的组织覆盖和工作覆盖。

② "网格化管理、组团式服务"起源于浙江省舟山市。2008 年 8 月，舟山市按照"网格化定位、组团式联系、多元化服务、信息化管理、全方位覆盖、常态化保障"的要求，在全市全面推行了"网格化管理、组团式服务"工作，形成了党政主导、公众参与、社会协同、上下联动的基层工作新格局。这一工作以家庭为基本单位设置网格。渔（农）村一般以100～150 户家庭为一网格，城区则适当放大，在全市范围内划分了 2464 个网格。同时，将组织关系在同一网格内的党员编入一个党小组，并通过双向选拔的办法，确定每名党员联系 10～20 户普通群众。网格管理服务团队以乡镇（街道）机关干部、社区（村）干部、网格党小组组长、辖区民警为骨干，并吸收教师、医生、老干部、渔农科技人员、乡土实用人才等参与，一般由 6～8 人组成。舟山市"网格化管理、组团式服务"获 2010 年全国基层党建创新最佳案例奖。

③ 参见中共浙江省委组织部理论学习中心组《加强基层服务型党组织建设，不断提升党的建设科学化水平》，《浙江日报》2012 年 11 月 30 日，第 6 版。

以上村或社区、企业基层党组织结成对子进行共建，全省集体经济年收入在5万元以下的村都有共建单位。为进一步发挥党员的先锋模范作用，浙江突出抓好窗口单位和服务行业创先争优活动，全省共创建党员示范窗口（岗位）1.85万个、党员先锋岗4.8万个。省市县乡4级联动评比创先争优"闪光言行之星"，形成了人人争先、人人闪光的良好氛围。涌现出了省第七地质大队党委、江小金、许兴祥、季欣林、舒幼民、吴菊萍等一批先进典型。

与此同时，浙江广泛开展党员志愿服务活动。大力推广"15分钟党员服务圈""党员服务日""党代表工作室"等做法，广泛开展政策宣传、法律援助、扶贫帮困、治安维稳等方面的服务。目前，全省共有党员志愿服务队近5万支，党员志愿者80多万名。2013年，全省66.14万名在职党员到社区报到志愿服务，先后8次得到中央领导同志批示肯定并在全国推广。2013年"七一"前夕，浙江策划开展"点亮微心愿·共筑中国梦"主题活动。全省在职党员共认领并兑现群众"微心愿"19.8万个。

每当面临危难时刻，每个支部就是一座战斗堡垒，每名党员就是一面冲锋旗帜。在台风、洪涝灾害或突发事件面前，党员总能挺身而出。2008年四川汶川大地震发生后，祁友富率先缴纳10万元"特殊党费"，掀起了全省乃至全国党员缴纳"特殊党费"的热潮。浙江的各级党组织及共产党员正以积极的姿态发挥先锋模范作用。

三　完善党内民主，发挥党员主体作用

党内民主是党的生命和活力的源泉。推进党内民主，最基本的是要实现党员的知情权、参与权、选举权、监督权。在新形势下，省委坚持以保障党员民主权利为基础，以完善党的代表大会制度和党的委员会制度为重点，积极推进完善基层党内民主，发挥党员主体作用。

实行党代会常任制试点，发挥党代表的作用，是浙江一直在做的工作。自从1988年在台州市椒江区和绍兴市开展党代会常任制试点以来，

历届省委都对此高度重视，未有中断。经过多年试点，已初步形成了以党代表常任制、党代会年会制为核心，以闭会期间党代表活动系列制度为配套的比较完善的党内民主制度。而且，试点的范围在稳步有序地扩大，呈现加快之势。目前全省已有台州、绍兴、舟山3个市和13个县（市、区），以及全省70.4%的乡镇试行党代会常任制，另外有一部分县（市、区）探索建立党员代表活动制度。浙江在深化党代会常任制度试点工作方面，以保障党员民主权利为基础，以党代表直选、党代表提案制度、党代表向选区党员群众报告工作、全委会事先征求党代表意见和邀请部分党代表列席全委会等形式，建立健全了一系列充分反映党员和党组织愿望的党内民主制度。在发挥党代表作用的有效途径和形式上，探索建立"党代表活动日"、代表述职评议、代表提议的处理和回复、视察调研、联系党员群众等相关制度。浙江省多年试行党代会常任制的实践证明，试行党代会常任制发挥了党代会和党代表的作用，拓宽了党代表参与重大事务的决策渠道，是对党代会制度和党的委员会制度的完善。这一实践，为创新发展党内民主提供了有效平台，为科学执政、民主执政探索出了新的路子。

探索基层党组织领导班子"公推直选""两推一选"是推进党内民主的重大举措。2002年4月，宁波奉化市在省内率先进行村支部书记"公推直选"。在总结经验的基础上，在2005年的换届选举中，全省实行"两推一选"的村党组织有2.75万多个，占换届村党组织的83.47%。杭州市余杭区还创造了"自荐海选"的模式选出村委会成员，这在全国基层民主选举中开了先河。在最近一次村党组织换届选举中，49.8%的村实行"两推一选"，50.2%的村实行"公推直选"。在村民委员会换届选举中，88.4%的村采用"自荐直选"方式（另有11.6%的村采用了"海推直选"方式）。在2004年乡镇换届中，舟山市所辖的4个县区以及诸暨市、长兴县、建德市、常山县、武义县、安吉县、柯城区等地还探索试行乡镇党委书记"公推直选"，产生了较大的影响。以后，"公推直选"乡镇党委书记得到更大范围的推广。在社区居委会换届中，宁波市海曙区迈出了由全体居民直接选举社区居委会的第一步。2003 年实行直选的有 244 个，占换届总数的 20.87%。在 2007 年举行的社区居委会选举中，宁波市 11 个县（市、区）的 235 个城市社区全部实现直选，平均参选率达 92.6%，宁波市也成为全国首个城市社区全部直选的城市。之后，基层党组织领导班子直选已逐步扩大到其他领域。2008 年，全省有 47 个高校二级学院成功选举产生了党组织书记、副书记和总支委员。2009 年，党的十七届四中全会总结了近年来党内民主建设的经验，提出："推广基层党组织领导班子成员由党员和群众公开推荐与上级党组织推荐相结合的办法，逐步扩大基层党组织领导班子直接选举范围。"① 省委十二届六次全会明确要求"在乡镇、机关、高校、国有企业的二级单位和科研院所党组织开展领导班子公推直选试点"，进一步指明了公推直选的方向。2009 年 12 月，省委组织部运用公推直选的方式，组织开展部机关党委换届工作，顺利产生了新一届部机关党委、纪委。所有"公推直选""两推一选"都增强了党员的主体意识，激发了党员参与党内事务、行使民主权利的积极性。

浙江还积极探索基层党内民主的多种实现形式。2005 年 5 月，浙江率先在全国由省级出台村级组织工作规则（试行），对村级组织特别是党组织的决策程序进行了明确的规定，要求按照"党员群众建议、村党组织提议、村务联席会议商议、党员大会审议、村民（代表）会议决议、表决结果公开、实施情况公开"的步骤进行决策。2006 年，省委制定了《实施村级重大事务民主决策制度的意见》，要求对村级重大事务推行天台县于 2005 年探索出来的"民主决策五步法"，即民主提案、民主议案、民主表决、公开承诺和监督实施。为切实保障党员的知情权、参与权、表达权和监督权，各地积极探索并进一步健全民主制度，丰富民主形式，拓宽民主渠道，分别探索推广了"民主恳谈会"、② 民主听证会、民主议事会、"民情沟通日"、"阳

---

① 中共中央文献研究室编《十七大以来重要文献选编》（上卷），中央文献出版社，2009，第 431 页。
② "民主恳谈会"首创于温岭市，主要形式为干部与群众进行面对面交流沟通。

光村务八步法"① 和村务监督委员会②等制度。目前全省 3 万余个行政村全部建立了村务监督委员会。

此外，浙江认真贯彻落实《中国共产党党员权利保障条例》《中国共产党党内监督条例（试行）》等，按照"集体领导、民主决策、个别酝酿、会议决定"的原则，促使党委内部的议事和决策机制更趋完善，常委会和全委会的关系进一步理顺，全委会的职能得到更好履行；党内选举制度、干部人事制度也有不少改革创新；党内情况通报制度、情况反映制度和重大决策征求意见制度都在逐步建立和完善。这一系列党建新经验，极大地推动了浙江党的建设工作的开展并为全国所借鉴。

第五节　党建工作的经验与启示

中国特色社会主义事业是改革创新的事业。党要站在时代前列带领人民群众不断开创事业发展新局面，必须以改革创新的精神加强自身建设。自提出"八八战略"以来，浙江省委坚持以"三个代表"重要思想和科学发展观为指导，坚持底线思维，做到居安思危，把党所领导的伟大事业和党的建

---

① "阳光村务八步法"发端于余姚市泗门镇。2006 年，泗门镇政府在农村党员教育活动点引入定期公布村务的活动内容，同时要求各村按月将党员群众提案办理情况、村财政收支明细表等，编印成"阳光月刊"小册子分发到户。具体操作分为八步：第一步，村民提出意见和建议；第二步，由党员和村民代表讨论形成可向村"两委"递交的提案；第三步，村"两委"论证修订并形成可行性方案；第四步，反馈给党员和村民进一步征求意见；第五步，党员大会讨论修改并形成决议；第六步，召开村民代表会议或村民大会实施公决；第七步，在村民代表监督小组监督下实施；第八步，在村民代表监督小组和民主理财小组监督下竣工结算并公开。这一办法的实施，使原本"神秘"的行政管理被置于"阳光"下，使群众能直接地参与基层公共事务管理和公益事业管理，参与对干部的民主管理。在以后的实践中，这一做法不断被赋予新的内容。

② 2004 年 6 月，武义县白洋街道后陈村的村民代表选举产生了全国第一个村务监督委员会。村务监督委员会由 3 位成员组成，需经村民代表会议选举产生，并对其负责。村务监督委员会对村务管理和监督制度落实情况行使监督权。村"两委"成员及其直系亲属不能担任村务监督委员会成员。村务监督委员会成员有权列席村务会议，受理群众举报，对财务开支凭证进行稽核，对村委会违反制度的行为提出修正建议，并可要求村委会召开村民代表会议进行裁决。党支部、村委会开展村务管理工作也必须接受村务监督委员会的监督。

设新的伟大工程紧密结合起来，实现了伟大工程和伟大事业的互动互进。浙江省党的建设的生动实践对于我们正确把握新时期党的建设规律，进一步增强党的执政能力，为实现中华民族伟大复兴的中国梦提供了深刻而有益的启示。

一 必须以改革创新的精神保持和发展党的先进性

今日浙江，经济社会快速发展，综合实力不断增强，各项工作蒸蒸日上，干部群众朝气蓬勃，在许多方面走在了全国前列。浙江取得的巨大成就，缘于全省各级党组织和广大党员始终能够以改革创新精神保持和发展党的先进性。

2003年7月，省委十一届四次全体（扩大）会议做出《中共浙江省委关于兴起学习贯彻"三个代表"重要思想新高潮，进一步加强和改进党的建设的决定》，要求以改革的精神加强和改进党的建设。2004年，省委十一届七次全会明确提出把"巩固八个方面的基础，增强八个方面的本领"作为当前和今后一个时期内浙江加强党的执政能力建设的主要任务。正是在这种战略思维的指导下，浙江不仅在思想、组织、作风、反腐倡廉和制度建设方面加强党的建设，还跳出党建看党建，紧紧围绕改革发展稳定大局，从经济社会发展的宏观层面设计和实施党的建设，使党的建设在经济社会发展中起到了"纲举目张"的作用。

首先，把党建工作放到党所领导的中国特色社会主义经济、政治、文化、社会、生态文明建设的伟大实践中去研究，把党建工作与党所领导的事业统一起来，在推进事业发展的过程中加强党的建设。一是省委牢牢把握发展这个党执政兴国的第一要务，紧紧抓住经济建设不动摇，抓好和用好重要战略机遇期，深入实施"八八战略"。以"腾笼换鸟、凤凰涅槃"的理念推进结构调整和发展方式转变；以增强企业主体活力为核心，推动民营经济大发展大提升；坚持跳出浙江发展浙江，积极开拓国内外市场；实施创新驱动，增强区域特色经济的竞争优势；大力发展海洋经济，拓展经济社会发展新空间。二是积极建设"法治浙江"，探索中国特色社会主义民主政治。党委总揽全局、协调各方的领导核心作用得到加强；村民自治、社区自治、企业基层民主制度不断推进，法治政府和服务型政府正在建立，全社会民主法制意识不断增强。三是加快建设文化大省，文化综合实力显著提升。推动浙江精神与时俱进，扎实推进群众性精神文明创建活动，培育"务实、守信、崇学、向善"的浙江人共同价值观；积极推进文化体制改革，文化事业和文化产业快速发展；实施文化建设"八项工程"①，公共文化服务体系日趋完善；加快建设教育强省、科技强省、卫生强省、体育强省，人民综合素质不断提高。四是全面建设"平安浙江"，把解决民生问题作为构建和谐社会的出发点和落脚点。构建覆盖城乡的社会保障体系，建立为民办实事长效机制；坚持和发展"枫桥经验"，加强社会管理和社会公共安全建设。着力推进城乡一体化，在推进新型城市化建设的同时，以实施"千村示范、万村整治"工程为重点，以"美丽乡村"为载体，大力推进社会主义新农村建设。五是坚持以"生态省"建设为抓手，全面部署和推进生态文明建设，从建设"绿色浙江""生态浙江"到建设"美丽浙江"。深入开展污染治理，积极淘汰落后产能，推进生态修复，发展循环经济，生态文明建设取得积极成效，生态环境质量全国领先。

其次，党的自身建设也在不断改革创新，充分发挥各级党组织和党员的积极性、带动性。突出表现在：一是在组织设置上打破分隔，探索新模式。从有利于事业发展出发，打破依据地域、单位设置基层党组织的原有形式，积极探索园区、街区、片区、村企、商圈、楼宇统筹等新模式，做到哪里有群众哪里就有党的工作、哪里有党员哪里就有党组织、哪里有党组织哪里就有健全的组织生活。二是激发党员干事创业、参与党内事务的热情。运用多种载体多种形式最大限度地吸引党员参与各种活动，让他们立足岗位发挥先锋模范作用。三是在工作机制上抓住重点，突出管用性。广泛开展党员设岗定责、岗位承诺、评星挂牌、志愿服务、民情恳谈等活动，认真落实"党

---

① 文化建设"八项工程"是指文明素质工程、文化精品工程、文化研究工程、文化保护工程、文化产业促进工程、文化阵地工程、文化传播工程、文化人才工程。

员责任区""党员先锋岗""党员示范窗口""党员服务中心"等制度，搭建基层党组织和党员充分发挥作用的平台。此外，在党员队伍建设、干部人才队伍和领导班子队伍建设、党的领导方式和执政方式等领域进行了大量的创新性探索，在健全和完善县（市、区）委书记抓基层党建工作责任机制、基层党组织活动阵地建设保障机制、基层党组织建设工作经费稳定投入机制和以工促农、以城带乡的城乡党建工作一体化机制等方面也进行了创新探索。

上述实践探索，充分反映了浙江各级党组织驾驭全局、领导改革开放的能力，充分体现了浙江广大共产党员务实创新的能力、处理利益关系的能力，充分展示了浙江各级党组织和党员的先进性。在省委的正确领导下，浙江各级党组织和广大党员，大力弘扬与时俱进的浙江精神，带领群众开拓创新，艰苦奋斗，在改革发展的攻坚阶段不断迈出新的步伐，在推动城乡、区域、经济社会协调发展等方面不断取得新的进展。

浙江的经验表明，党的建设要紧密联系党的政治路线来进行，围绕党的中心任务来展开，以服务大局为要务，围绕发展而部署，围绕发展而展开，围绕发展而深入，以发展成效检验党的建设，使党的建设始终为经济社会发展提供强有力的组织和政治保证。浙江的经验同样表明，只有党在自身建设中不断改革创新，党的各级组织才能适应新形势、承担新任务、解决新问题，才能进一步增强党的生机活力和整体成效。

梦想承载希望，奋斗成就未来。要实现中华民族伟大复兴的中国梦，实现"两个一百年"奋斗目标，应对和战胜前进道路上的各种风险和挑战，关键在党。我们必须顺应时代潮流，及时研究新情况、解决新问题、总结新经验，大力推进党的建设创新，努力在以科学理论指导党的建设、以科学制度保障党的建设、以科学方法推进党的建设上见到成效，不断提高党的建设科学化水平，以党的先进性推动我们的事业不断向前发展。

二　必须坚持底线思维，做到居安思危

改革开放以来，在历届省委的正确领导下，浙江经济社会发展取得了非

凡的业绩，至2002年，浙江已成为全国最发达的地区之一，是各地竞相学习和效仿的对象，"浙江模式""浙江现象""浙江经验"成为人们研究和思考的热门课题。但此时的浙江，也出现了许多亟待解决的新问题：一是长期积累的结构性、素质性、资源环境性矛盾和问题日益凸显。二是随着经济社会快速转型和利益关系的不断调整，社会公正公平问题，失业和社会保障问题，社会治安、安全生产和公共安全问题，已成为影响社会稳定的突出问题。三是干部队伍的能力以及一些干部的思想方法和工作作风，与新形势新任务的要求还有一定差距。如何实现经济与社会协调发展，使发展成果真正惠及全体人民，这是省委面临的一个重大战略问题。

习近平到浙江主政后，在基层调查研究中，多次和地方的党政主要领导说：一路高歌猛进，更应增强忧患意识。与广东、上海等发达地区相比，浙江在经济总量、产业层次、对外开放、科技进步等方面还存在一些差距；与全国其他省份相比，也是尺有所短，寸有所长，各有各的优势。满招损，谦受益。我们有理由为过去发展的成就感到自豪，但我们绝不能自满、绝不能懈怠、绝不能停滞。他再三要求全省各级领导干部在取得的成就面前，要始终保持清醒头脑，居安思危，处盛虑衰，正视差距，勇往直前。他的继任者也多次强调各级党组织和领导干部要有"从最坏处准备，向最好处努力"的底线思维，把工作想在前、做在前，做到有备无患、遇事不慌、牢牢把握主动权。

正是在这一脉相承的理念指导下，经过充分的调查研究论证，浙江出台了一系列事关全省社会和经济发展的重大战略，创造了许多好做法，积累了实践经验。例如，要坚持把思想理论建设放在首位，坚定不移地以马克思主义中国化最新成果武装头脑，努力提高党员干部的马克思主义水平；坚持围绕党的政治路线抓党的建设，从全党工作大局出发、从浙江改革发展实际出发，在服务大局、促进发展中推进党的建设；坚持以党的执政能力建设和先进性建设为主线，找准党建工作中的主要矛盾和关键环节，以重点突破带动党建工作全面推进；坚持把加强基层组织建设作为党的建设的基础工程来抓，充分发挥基层党组织战斗堡垒作用和共产党员先锋模范作用；坚持以改革创新精神推进党的建设，使党的建设始终与时代发展同步伐，增强党的生机活力；坚持党要管党、从严治党，不断推进党风廉政建设和反腐败斗争，以优良党风促政风带民风。这些做法和经验既是浙江省党的建设实践的理论概括，也为丰富和发展党建理论提供了具有鲜活生命力的素材。

改革开放30多年来，中国发展取得了有目共睹的重大成就。但是，经济体量越来越大，市场复杂程度也越来越高；生活质量不断提升，人们的民主意识、权利意识也越来越强；中国经济更多地融入世界，受世界经济的影响也越来越大。正因为如此，当前我们面对的矛盾和风险并不是少了，而是大大增多了；改革发展需要解决的问题并不是简单了，而是格外复杂艰巨了。在这样的形势下，如果对矛盾和风险缺乏清醒认识，就可能陷入被动甚至发生危机；如果消极等待，就可能贻误宝贵的发展时机，造成无法弥补的损失。所以我们必须要深刻认识党面临的执政考验、改革开放考验、市场经济考验、外部环境考验的长期性和复杂性，深刻认识党面临的精神懈怠危险、能力不足危险、脱离群众危险、消极腐败危险的尖锐性和严峻性，深刻认识增强自我净化、自我完善、自我革新、自我提高能力的重要性和紧迫性，坚持底线思维，做到居安思危。

当然，坚持底线思维，并不是降低标准、被动应付，不是因循守旧、无所作为，而是从坏处准备、向好处努力。底线思维、居安思危，其实包含了"乱云飞渡仍从容"的战略定力和"不到长城非好汉"的进取精神。

能否坚持底线思维，关系经济社会发展走向，关系各项工作能否顺利开展，切不可等闲视之，绝不能在根本性问题上出现颠覆性错误。这表明，无论在前行中遇到什么风险和挑战，我们都要始终坚持走中国特色社会主义道路，绝不能走老路邪路。这是改革发展的底线，是事关中华民族前途命运的底线。具体到经济社会发展的各个领域，经济建设的底线是保持主要经济指标处在合理区间，不发生系统性经济风险；民生工作的底线，是把握百姓增收，保障百姓学有所教、劳有所得、病有所医、老有所养、住有所居，保障低收入群众基本生活；干部作风的底线，是坚定理想信念、保持廉洁自律、不受"四风"侵蚀；等等。坚持底线思维，首先应树立底线意识，在头脑中拉起"警戒线"。其次应掌握唯物辩证法，坚持用两点论看问题，主动思考工作中的主要矛盾是什么，面临的有利条件和不利因素有哪些，发生破坏性质变的界限在哪里，怎样提前防范，并创造条件取得更大的发展成绩。只有这样，才能扎扎实实地做好工作，卓有成效地推进事业。也只有这样，才能实现中华民族伟大复兴的中国梦。

参考文献

1. 阿玛蒂亚·森：《正义的理念》，王磊等译，中国人民大学出版社，2013。

2. 陈惠雄：《快乐原则——人类经济行为的分析》，经济科学出版社，2003。

3. 陈佳贵、黄群慧、钟宏武：《中国地区工业化进程的综合评价和特征分析》，《经济研究》2006年第6期。

4. 陈佳贵、黄群慧、吕铁、李晓华：《中国工业化进程报告（1995～2010)》，社会科学文献出版社，2012。

5. 房宁、贠杰主编《浙江经验与中国发展》（政府管理卷），社会科学文献出版社，2007。

6. 房宁：《民主的中国经验》，中国社会科学出版社，2013。

7. 傅白水：《浙江加快"腾笼换鸟"的四个着力点》，《杭州日报》2012年5月28日，第6版。

8. 葛道顺：《包容性社会发展：从理念到政策》，《社会发展研究》2014年第3期。

9. 谷军、康琳：《缩小中国城乡收入差距的可靠性措施研究——以美国、日本、韩国经验为借鉴》，《发展研究》2011年第2期。

10. 郭亚丁：《为发展提供强有力的组织和政治保证》，《浙江日报》2012年10月26日，第14版。

11. 郭占恒：《推进"四大建设"加快转型升级》，《政策瞭望》2011年第5期。

12. 胡坚：《中国梦想 浙江实践》，《浙江日报》2013年12月20日，第14版。

13. 胡锦涛：《高举中国特色社会主义伟大旗帜 为夺取全面建设小康社会

新胜利而奋斗——在中国共产党第十七次全国代表大会上的报告》，人民出版社，2007。

14. 胡锦涛：《坚定不移沿着中国特色社会主义道路前进　为全面建成小康社会而奋斗——在中国共产党第十八次全国代表大会上的报告》，人民出版社，2012。

15. 黄平、金敏丹：《"权力清单"的浙江样本》，《经济日报》2014 年 9 月 21 日，第 8 版。

16. 贾帆联、林洁、易双云：《浙江工业企业"机器换人"情况调查》，《政策瞭望》2013 年第 8 期。

17. 江泽民：《全面建设小康社会　开创中国特色社会主义事业新局面——在中国共产党第十六次全国代表大会上的报告》，人民出版社，2002。

18. 金碚：《论民生的经济学性质》，《中国工业经济》2011 年第 1 期。

19. 李崇富、赵智奎主编《浙江经验与中国发展》（党建卷），社会科学文献出版社，2007。

20. 李汉林主编《中国社会发展年度报告》，中国社会科学出版社，2012。

21. 李景源、张晓明主编《浙江经验与中国发展》（文化卷），社会科学文献出版社，2007。

22. 李强：《算好三本细账　打好三场硬仗——在全省推进空间换地加快城镇低效用地再开发现场会上的讲话要点》，《国土资源》2014 年第 4 期。

23. 林毅夫：《新结构经济学》，北京大学出版社，2012。

24. 刘迎秋等主编《浙江经验与中国发展》（总报告卷），社会科学文献出版社，2007。

25. 《马克思恩格斯全集》第 23 卷，人民出版社，1972。

26. 《建国以来毛泽东文稿》第 10 册，中央文献出版社，1996。

27. 乔传秀、周国富主编《浙江政协工作创新案例：2012》，浙江人民出版社，2012。

28. 沈锡权、岳德亮：《浙江"三张清单一张网"加速政府改革》，《经济参考报》2014 年 7 月 20 日，第 8 版。

29. 舒国增：《党的十五大以来党内集中教育活动的历史回顾和现实启示》，《浙江日报》2011 年 7 月 1 日，第 13 版。

30. 王婷：《熔铸共同的价值观——"务实、守信、崇学、向善"凝炼纪实》，《浙江日报》2012 年 6 月 18 日。

31. 习近平：《干在实处　走在前列——推进浙江新发展的思考与实践》，中共中央党校出版社，2006。

32. 习近平：《巩固执政基础　增强执政本领》，《党建研究》2005 年，第 2 期。

33. 习近平：《加强基层基础工作　夯实社会和谐之基》，《浙江日报》2006 年 11 月 3 日，第 1 版。

34. 习近平：《与时俱进的浙江精神》，《哲学研究》2006 年第 4 期。

35. 习近平：《之江新语》，浙江人民出版社，2007。

36. 习近平：《习近平谈治国理政》，外文出版社，2014。

37. 习近平：《浙江文化研究工程成果文库总序》，载《浙江文化研究工程成果文库》，中国社会科学出版社，2007。

38. 徐邦友：《自由与发展：浙江现象的新解读》，《中共浙江省委党校学报》2014 年第 2 期。

39. 徐祖贤：《浙商加速回归浙江》，《中国经济时报》2014 年 5 月 22 日，第 7 版。

40. 郁建兴、徐越倩：《服务型政府建设的浙江经验》，《中国行政管理》2012 年第 2 期。

41. 贠杰：《有限政府论：思想渊源与现实诉求》，《政治学研究》2005 年第 1 期。

42. 张延龙：《民营经济大省的倒逼式转型》，《经济观察报》2007 年 2 月 19 日，第 A12 版。

43. 张永伟：《企业创新动力为何不足》，《中国经济时报》2006 年 11 月 28 日，第 8 版。

44. 赵晓、陈金保：《全球第四次产业转移真的来了》，《商周刊》2012 年第

23 期。

45. 之江平:《干好"一三五" 实现"四翻番"——新年寄语之一》,《浙江日报》2013 年 1 月 2 日,第 1 版。

46. 中共杭州市委理论学习中心组:《文化点亮科技 科技助力文化——杭州市促进文化和科技融合的经验与启示》,《浙江日报》2012 年 10 月 8 日,第 14 版。

47. 中共浙江省委:《中共浙江省委关于认真贯彻党的十七届六中全会精神大力推进文化强省建设的决定》(2011 年 11 月 18 日中国共产党浙江省第十二届委员会第十次全体会议通过),《浙江日报》2011 年 11 月 26 日,第 1 版。

48. 中共浙江省委:《中共浙江省委关于加快建设文化大省的决定》(浙委〔2005〕11 号)。

49. 中共浙江省委党史研究室编著《创业富民 创新强省——中共浙江省第十二次代表大会以来》,浙江人民出版社,2012。

50. 中共浙江省委党史研究室编著《干在实处 走在前列——中共浙江省第十一次代表大会以来》,浙江人民出版社,2007。

51. 中共浙江省委理论学习中心组:《中国特色社会主义在浙江实践的重大理论成果——学习〈干在实处 走在前列〉和〈之江新语〉两部专著的认识和体会》,《浙江日报》2014 年 4 月 1 日,第 1～2 版。

52. 中共浙江省委宣传部编《潮起东方看浙江》,浙江大学出版社,2008。

53. 《中共中央关于全面深化改革若干重大问题的决定》,《人民日报》2013 年 11 月 16 日,第 1 版。

54. 《中共中央关于全面推进依法治国若干重大问题的决定》,《人民日报》2014 年 10 月 29 日,第 1 版。

后　记

为全面贯彻落实党的十八大和十八届三中、四中全会精神，系统总结"八八战略"实施以来浙江省推进中国特色社会主义建设和改革开放基本经验等中国梦在浙江实践的理论和实践成果，中共浙江省委与中国社会科学院协商，共同组织实施了"中国梦与浙江实践"重大课题研究。

受院领导委托，中国社会科学院民营经济研究中心主任刘迎秋担任本项研究总协调组副组长和总报告组组长，总报告组副组长为中国社会科学院工业经济研究所所长黄群慧研究员和浙江省社会科学院社会学研究所所长王金玲研究员。中共浙江省委宣传部理论处处长陈先春和浙江省社会科学院图书馆馆长潘志良担任总报告组联络员，中国社会科学院研究生院政府政策与公共管理系博士生彭杉担任学术秘书。总报告卷各章作者分工如下：

主报告，刘迎秋（中国社会科学院）；

第一章，原磊（中国社会科学院）；

第二章，贠杰（中国社会科学院）；

第三章，贾旭东（中国社会科学院）；

第四章，葛道顺（中国社会科学院）；

第五章，钟其（浙江省社会科学院）；

第六章，俞红霞（中共浙江省委党史研究室）。

2014 年 4 月 22 日，总报告组全体成员参加了课题组在浙江召开的课题研讨会，听取了中共浙江省委书记夏宝龙、中国社会科学院党组书记兼院长王伟光和中共浙江省委常委、宣传部部长葛慧君等领导对做好此项工作的要求，深入研究和讨论了做好本次课题的重要意义、基本任务与目标要求。当日下午，刘迎秋主持总报告组召开第一次工作会议，结合课题组的总体部署与安排，研究探讨了总报告组的工作思路和工作重点，提出了总报告卷的研究大纲框架，进行了工作分工。4 月 23～25 日，总报告组在浙江开展第一次实地调研，分别与中共浙江省委政策研究室综合处副处长陈国强、杭州市决咨委专职副主任沈金华、湖州市委政研室处长魏继东等进行了深入座谈，然后赴湖州市安吉县横山坞、尚书圩村及德清县后坞村、文化创意园、公民道德教育馆等地开展农村文化建设、"美丽乡村"建设、生态资源保护与利用等调研，湖州市社会科学院院长、市委宣传部理论党教处处长吴晓斌，德清县委宣传部常务副部长郎阳升、县社科联副主席章卫华、县委宣传部理论党教科科长陆咏虎、县委宣传部理论党教科副科长沈瑶琦，安吉县委常委、宣传部部长王有娣，宣传部常务副部长宋焕新、理论科科长祝冬等陪同调研。

5～6 月，总报告组通过组织座谈会、借助电话和电子邮件等方式进行研讨与交流，对总报告卷各章主要内容、研究重点和基本思路等进行了深入讨论。6 月 8 日，总报告组浙江成员王金玲、陈先春、俞红霞、钟其参加中共浙江省委宣传部常务副部长胡坚主持召开的研究大纲讨论会，王金玲代表刘迎秋做了大纲初稿汇报。省委副秘书长、省委政研室主任舒国增，省政协研究室主任盛世豪，省社科联副主席邵清，省委党校巡视员马力宏以及浙江省社会科学院党委书记张伟斌、院长迟全华、副院长毛跃参加会议并对总报告卷研究大纲提出了修改完善意见。随后，刘迎秋组织总报告组全体成员结合研讨会要求对总报告卷研究大纲进行了修订。

6 月 30 日至 7 月 1 日，刘迎秋带领总报告组全体成员赴浙江开展第二次调研，分别与中共浙江省委政策研究室、省政府研究室、省人大研究室、省政协研究室、省党史研究室、省社会科学院进行了四场专题座谈与研讨会。中共浙江省委政研室主任舒国增，省政府研究室副主任董建伟、社会处处长黄辉、产业处处长徐新，省人大研究室主任王强、副主任张国强、处长洪开开、副处长邹绍平、主任科员贺伟军、副主任科员袁建辉，省政协副秘书长兼研究室主任盛世豪、办公厅副主任张润生、研究室副主任王洪中、研究室综合处处长郭峻笙，省委党史研究室副主任王祖强等分别出席座谈会并介绍有关情况，回答有关问题，提出深化研究的意见与建议。座谈会后，我们还与胡坚副部长、迟全华院长等进行了长达三个小时的深入交流与研讨，并在此基础上形成了一条思路更加清晰、内容更加深刻、归纳更加明确的总报告卷研究主线和以"48个字"为核心内容的总报告卷分析与阐述框架。7月2日，刘迎秋再次主持召开总报告课题组讨论会，研究确定了新的总报告卷研究写作大纲，并对进一步深入开展调研与研究写作等项工作、研究进度安排做出部署。数易其稿后，总报告卷研究写作大纲于7月初正式定稿并报送中国社会科学院科研局。

总报告卷研究写作大纲的主体框架、研究主线和基本思路确定后，各章执笔人开始分头进一步开展实地调研、收集资料和研究写作。9月19～20日，刘迎秋再次带队赴杭州和台州进行第三次实地调研，重点考察浙江民营银行与民营经济发展的关系，并在此基础上形成了一份《要报》。浙江省社会科学院潘志良、中国社会科学院研究生院政府政策与公共管理系博士生王新玲等参加了调研。调研工作先是在杭州进行，我们与浙江省企业联合会秘书长郑一方、副秘书长潘立生，浙江省人民政府金融办金融发展处处长许奇挺等人进行了深入交流与座谈，对浙江金融创新与经济发展的关系以及民营银行发展情况有了更深入的理解和把握。在此基础上，调研组又赶赴台州，进行了为期两天的专题调研。中共台州市委宣传部常务副部长胡韶光、市社科联副主席茅玉芬、市政府研究室副主任管文彬、市政府金融办公室副主任杨耿彪、中国人民银行台州中心支行科长奚尊夏、台州银行市场总监王伟文、浙江泰隆商业银行林奇、浙江民泰商业银行郭伯成、市经济和信息化委员会企业处处长翟爱玲、台州大陈岛养殖有限公司董事长俞淳、浙江海昌造船有限公司董事长李欠飞等相关部门负责人和企业家分别参加座谈会介绍有关情况。在调研过程中，我们还专门走访了浙江泰隆银行等机构，具体了解相关政策、遇到的问题与政策实践经验。

10月初总报告卷各章初稿基本完成。参考各章初稿，运用调研成果，11月14日由刘迎秋执笔完成主报告初稿的研究与写作。主报告初稿完成后，先是分别征求了总报告组副组长黄群慧、王金玲和总报告组秘书彭杉的修改完善意见，并在此基础上再做进一步修改，然后分别呈送中共中央第十八届候补委员，中国社会科学院党组成员、副院长兼"中国梦与浙江实践"课题组组长李培林研究员和中共中央第十八届候补委员，中共浙江省委常委、宣传部长葛慧君同志以及本课题协调人中共浙江省委宣传部常务副部长胡坚同志和浙江省社会科学院相关人员，征求他们的意见，并在吸收他们意见的基础上完成主报告最后稿。总报告卷全部文稿完成后，我们又分别征求了胡坚副部长和舒国增主任的审读意见，并在此基础上做了进一步修改和完善，充分表明现在奉献给读者的这项成果是集体智慧的结晶。

总报告卷由主报告和六章专题报告组成。总报告卷全书由彭杉负责统一进行技术统编，刘迎秋和黄群慧、王金玲审核并最后定稿。在统编过程中，我们既坚持了科学研究的一般规律，又尊重了"文责自负"的一般原则，既努力做到各章体例尽可能前后一贯，又不求各章观点必须完全一致。

本书在调研与写作过程中先后得到了中共浙江省委、省政府有关部门以及调研地市和相关单位特别是省委宣传部和浙江省社会科学院领导、专家、学者和工作人员的大力支持和配合，得到了中国社会科学院党组、课题组总协调组以及科研局的悉心指导和周密协调。在此，我们要向他们为此所付出的辛勤劳动表示衷心感谢！

最后需要说明的是，虽然总报告组全体成员以及政治卷贠杰、文化卷贾旭东两位研究员在实地调研和资料收集、整理与深入分析和广泛听取浙江省有关领导、专家学者以及企业家代表意见基础上进行了深入研究和认真写作，但限于水平，加之时间仓促，现在奉献给广大读者的这项调研成果仍难免存在这样那样的缺点、疏漏甚至错误。诚恳希望浙江省各部门、各企业和广大民众以及海内外各界读者给予批评指正！

《中国梦与浙江实践·总报告卷》课题组

2014 年 12 月 12 日

图书在版编目（CIP）数据

中国梦与浙江实践. 总报告卷/刘迎秋主编. —北京：社会科学
文献出版社，2015.8
ISBN 978 - 7 - 5097 - 7667 - 4

Ⅰ.①中…　Ⅱ.①刘…　Ⅲ.①社会主义建设成就 – 浙江省
Ⅳ.①D619.55

中国版本图书馆 CIP 数据核字（2015）第 147324 号

中国梦与浙江实践·总报告卷

主　　编/刘迎秋
副 主 编/黄群慧　王金玲

出 版 人/谢寿光
项目统筹/王　绯　曹义恒
责任编辑/曹义恒

出　　版/社会科学文献出版社·社会政法分社（010）59367156
　　　　　　地址：北京市北三环中路甲29号院华龙大厦　邮编：100029
　　　　　　网址：www. ssap. com. cn
发　　行/市场营销中心（010）59367081　59367090
　　　　　　读者服务中心（010）59367028
印　　装/三河市尚艺印装有限公司

规　　格/开　本：787mm×1092mm　1/16
　　　　　　印　张：16.25　字　数：245千字
版　　次/2015年8月第1版　2015年8月第1次印刷
书　　号/ISBN 978 - 7 - 5097 - 7667 - 4
定　　价/68.00元